新版

大きくしない！

雑木、花木の剪定と管理

石正園 平井孝幸

JN021993

＊本書は2013年に刊行された『大きくしない！雑木、花木の剪定と管理』に最新の情報と実例を収録して再編集した増補改訂版です。

主婦の友社

ヤマボウシ、イロハモミジ、コナラなどの木をアプローチの周囲に植えた前庭。家が雑木林の中に立っているように見える。

雑木、花木のある庭

建物を雑木で包むように、
庭全体で自然の景色を再現したのが
「雑木の庭」です。
芽出し、花、緑陰、紅葉と、
四季の移り変わりを身近に感じられます。

雑木に包まれた前庭

入り口から玄関までのアプローチをゆるやかな曲線にして、両側に葉がきれいで幹に表情があるモミジ類などを植えています。

店主が自らさがした陶製手榴弾を飛び石の周囲に配した通路。丸い陶器がなんともいえない風合いになっている。

通路を抜けていくとあらわれる、都心とは思えない静謐《せいひつ》な庭。

モダンな露地（茶庭）

駅から近い街中にある、本格的な露地です。庭に向かう通路も趣向を凝らしたデザインで、庭を見ながらお茶をいただくこともできます。

ササやハランの直線的なラインが引き立つ瀟洒《しょうしゃ》なギャラリーの入り口。
離岸 GALLERY & CHANOYU　https://rigan.jp/

↑東屋から見える小さな棚田をかたどった水場は、周囲を石の小端積みで仕上げている。あぜ道の部分にシバを張り、セリなどの水辺を好む植物も植えられている。

東屋と小さな棚田

埼玉県上尾市の産婦人科医院に併設された憩いの庭です。妊婦さんやその家族が自由に散策し、子どもたちが小さな生きものと触れ合えます。

←夏でも涼しくくつろげる東屋は、屋根の中心に植栽スペースを設けた「芝棟《しばむね》」になっている。

ひらしま産婦人科・皮膚科
https://www.hirashima-women-clinic.com/

デザイナーズ住宅の庭

雑木の庭は、モダンな建物にもよく似合います。シックな壁面のデザイナーズ住宅は、建物の周りに雑木を植えると、外観を彩る絵画のようです。

↑濃いグレーの壁面を背景に、木々の新緑が映えて美しい外観。

←駐車場側の植栽スペースに木製フェンスを設置し、内側にベニシダやクサソテツ、ギボウシなどで林床の雰囲気を演出している。

→ほっそりとした幹が伸びるコナラなどの下に岩で山の景色をつくり、コバノズイナなどの低木とギボウシやリュウノヒゲを植えている。

↑レンガ積みの花壇にジューンベリー、コバノズイナ、ヒメウツギ、アメリカノリノキ‘アナベル’などの白い花が咲く木を植えた。出窓の前のブドウは‘巨峰’。

白い花の咲く洋館

「さわやかな白い花の咲く庭に」という希望で、季節を通じてさまざまな白い花が咲き続けます。初夏はアメリカノリノキ‘アナベル’が一面に広がります。

←テラスの前にヒメコブシを植え、レンガ積みの花壇はアスパラガスやアイビー、クリスマスローズなどの葉がきれいな草花をグラウンドカバーに。

新版
大きくしない！ 雑木、花木の剪定と管理

もくじ

雑木・花木105

人気の雑木&花木105

注目の大きくなりやすい木5

洋風の住宅にもよく似合い、
人気が高まっている木の中で、
「大きくなって困った」というケースをよく見る
5種をご紹介します。

スモークツリー

（剪定と管理・68ページ）

ウルシ科の落葉高木。高さ3 ～ 5m。ヨーロッパからヒマラヤ地域、中国原産。雌雄異株。楕円形の葉が美しい。初夏に雌木に咲く花の後に、花柄《かへい》が煙状に伸びる。

ユーカリ

（剪定と管理・70ページ）

フトモモ科の常緑高木。高さ5～10m以上。オーストラリア～タスマニア島原産。葉は銀色がかった緑色。葉が丸いユーカリ・ポポラスが人気。温暖地に向く。

ミモザ（ギンヨウアカシア）

（剪定と管理・64ページ）

マメ科の常緑高木。高さ5 ～ 10mになる。オーストラリア原産。葉は銀灰色で細かい切れ込みが入る。春に株を覆うほどの黄色く丸い小花を咲かせる。

ネグンドカエデ

（剪定と管理・72ページ）

ムクロジ科（カエデ科）の落葉中高木。高さ10 ～ 30m。北米原産のカエデの仲間。生育旺盛な園芸品種の‘フラミンゴ’は、白い斑《ふ》の一部がピンク色になる。

シマトネリコ

（剪定と管理・66ページ）

モクセイ科の半常緑～常緑高木。高さ10m以上になる。沖縄～東南アジア原産。葉は濃い緑色でツヤがあり、観葉植物としても使われる。寒冷地では冬に落葉する。

イヌツゲ

（剪定と管理・78ページ）

モチノキ科の常緑小高木。高さ1 ～ 8m。北海道から九州に分布。ツゲの名があるがツゲ科ではなく、モチノキの仲間。身近な林の中などに生える。斑入り葉や黄金色の葉をもつ園芸品種が多数ある。刈り込みにも耐えるため、庭木や生け垣などに使いやすい。

アオキ

（剪定と管理・76ページ）

ミズキ科の常緑低木。高さ1 ～ 3m。北海道南部から沖縄まで広く分布。山地の林下に生え、耐陰性もある。春に咲く花は茶色であまり目立たないが、冬に色づく赤い実が庭のポイントに。葉はつややかで、美しい斑入りの園芸種が多く、日陰の庭を明るく演出する。

オリーブ

（剪定と管理・79ページ）

モクセイ科の常緑中高木。高さ2～10m。地中海沿岸地域原産。乾燥や荒れ地に強く、コンテナや屋上でもよく育つ。ひなたで育てる。温暖な気候を好み、寒冷地での露地栽培は難しい。自家不結実性のため、果実を実らせるには2品種以上を近くに植えることが必要。

アセビ

（剪定と管理・77ページ）

ツツジ科の常緑低木。高さ1.5～2.5m。日本、中国東部、台湾に分布。春に小さな壷形の花がたくさん咲く。育てやすく、午前中に日が当たる半日陰でよく生育する。北風が当たらない場所がよい。日陰にも耐えるが、花数は減る。生長がおだやかで、樹形が乱れにくい。

カルミア

（剪定と管理・82ページ）

ツツジ科の常緑低木。高さ1 ～ 5m。北米東部原産。ひなたから半日陰まで植えられる。葉は小さく枝も比較的細い。春にピンクの美しい花を多数咲かせる。金平糖のようなつぼみもかわいらしい。非常に花つきがよいが、咲かせすぎると翌年咲かないこともある。

カクレミノ

（剪定と管理・80ページ）

ウコギ科の常緑小高木。高さ3 ～ 5m。本州の千葉以南から沖縄にかけて分布。湿りけのある樹林内や海岸近くに多く自生し、寒冷地での栽培は難しい。日陰でもよく育つことから、建物の北側の目隠しなどに重用される。ツヤのあるユニークな形の葉に特徴がある。

カンキツ類

（剪定と管理・83ページ）

ミカンやオレンジの仲間の総称。常緑低木～小高木で高さ3 ～ 5m。アジア東南部原産で、露地植えには関東以西の暖地が適し、温暖で日当たりのよい場所を好む。ユズ、キンカン、ナツミカンなどが育てやすく、つややかな葉とさわやかな香りのする花や実が好まれる。

カラタネオガタマ

（剪定と管理・81ページ）

モクレン科の常緑小高木。高さ2 ～ 5m。中国南部原産で、別名トウオガタマ。春に花弁に厚みのある花を咲かせ、バナナに似た強く甘い香りを漂わせる。暖地性の樹木なので、寒冷地の露地植えには不向き。北風が強く当たる場所では育ちにくい。移植に弱い。

シイ

（剪定と管理・86ページ）

ブナ科の常緑高木。生長すると高さ20～30mにもなる。本州の福島県～新潟県以南、四国、九州に分布する、身近な里山の木。葉は革質で厚く、深緑色でツヤがある。実（ドングリ）は渋みが少なく、いれば食べられる。シイタケ栽培用のホダ木としても用いられる。

キョウチクトウ

（剪定と管理・84ページ）

キョウチクトウ科の常緑大低木。高さ2～4m。インド原産。強健で育てやすく、大気汚染にも耐え、防音効果も期待できるため、道路沿いの緑化にも利用されている。花つきがよく、夏じゅう絶え間なく咲く。花色は紅や白の一重が基本だが、淡い黄色や八重咲きもある。

ベニカナメモチ

（剪定と管理・87ページ）

バラ科の常緑小高木～中高木。自然樹形では高さ5～10mになる。現在流通するのは中国原産のオオカナメモチとの交雑した品種の‘レッドロビン’で、多くの販売店で取り扱いがある。新葉が鮮やかな紅色になり、丈夫で萌芽力がとても強く、刈り込みにも耐える。

キンモクセイ

（剪定と管理・85ページ）

モクセイ科の常緑小高木。高さ3～6m。中国南部原産。白い花のギンモクセイの変種で、秋にオレンジ色の小さな花が集まって咲く。フルーティーな強い芳香が魅力。日当たりを好み、日照条件が悪いと花がつきにくい。革質の厚くかたい葉をもち、刈り込みにも耐える。

ソヨゴ

（剪定と管理・90ページ）

モチノキ科の常緑小高木。高さ3 ～ 7mほどになる。本州の新潟県～宮城県以南と四国、九州、台湾、中国に分布。葉は革質でツヤがあり、縁がなだらかに波打ち、風でこすれ合うと音が出るのが特徴。春に小さな白い花をつける。実は赤くて美しく、冬の間も楽しめる。

シャクナゲ類

（剪定と管理・88ページ）

ツツジ科の常緑低木。高さ2 ～ 3m。ヒマラヤから東アジア原産で、日本でも関東以西の山地に分布。春に多数の花を球状に咲かせ、豪華。鮮やかな花色で、園芸品種も多数ある。葉は大きく革質でツヤがある。やや耐暑性に劣るため、明るい半日陰に植えるとよい。

タイサンボク

（剪定と管理・91ページ）

モクレン科の常緑高木。雄大な美しい樹形で、生長すると高さ20m以上になる。北アメリカ南部原産。葉は濃い緑色で表面にツヤがあり、裏面は褐色の毛が密集している。初夏に径20㎝にもなる大きな白い花を咲かせる。花は美しく、甘い芳香がある。

シラカシ

（剪定と管理・89ページ）

ブナ科の常緑高木。高さ20m以上になる。本州の福島県以西、四国、九州、済州島、中国中南部などに自生。関東ではポピュラーな里山の木で、強健で耐陰性も強く、防風林としても利用された。和名は材が灰白色であるため。近縁のアカガシは材が赤褐色。

ハイノキ

（剪定と管理・94ページ）

ハイノキ科の常緑小高木。高さ5～10m。本州の近畿地方以西から九州に分布。枝や葉を燃やすと、染色などに使う良質の灰ができることから名づけられた。常緑樹とは思えない、細くてさらさらとした葉が魅力で、初夏に枝先に咲く白い小花も美しい。

ツバキ、サザンカ

（剪定と管理・92ページ）

ツバキ科の常緑高木。高さ5～15m。本州の青森県以南から九州、および朝鮮半島南部に分布。葉は厚く濃い緑色で表面に光沢がある。樹肌は灰白色。ツバキは2～4月に、サザンカはやや小ぶりの花を10～12月に咲かせる。園芸品種も多く、両者の交配種もある。

ヒサカキ

（剪定と管理・95ページ）

サカキ科（ツバキ科）の常緑小高木。高さ4～10m。岩手県、秋田県以南から四国、九州、沖縄、朝鮮半島南部、台湾、中国、インド、マレーなどに分布。神事の折、サカキの代用に使われることもあって混同されがちだが、サカキのほうが葉が大きく幅が広い。ヒサカキの葉は縁にギザギザ（鋸歯）がある。

トキワマンサク

（剪定と管理・93ページ）

マンサク科の常緑低木または小高木。高さ10m以上になる。静岡県、三重県、熊本県、および中国南部、インド北東部に隔離分布する。春にマンサクに似た白い花を咲かせる。和名は葉が常緑であることから。紅紫色の花のベニバナトキワマンサクもよく見られる。

モチノキ

（剪定と管理・98ページ）

モチノキ科の常緑小高木。高さ6～10m。本州の宮城～山形県以西、沖縄、朝鮮半島南部、中国、台湾に分布。葉は濃い緑色で長楕円形、革質で厚く、ゆるく波打つ。春に緑色の花が集まって咲くが、小さくてあまり目立たない。和名は樹皮からトリモチを作ることから。

フェイジョア

（剪定と管理・96ページ）

フトモモ科の常緑小高木。高さ約5m。南米原産。葉の表面は緑色で光沢があり、裏は綿毛が密生して銀白色に見える。5～6月に深紅の雄しべがブラシのように多数ある目立つ花を咲かせる。果実は秋に熟し、パイナップルに似た甘い香りがあっておいしい。

モッコク

（剪定と管理・99ページ）

サカキ科（ツバキ科）の常緑高木。高さ5～15m。本州の千葉県以西、四国、九州、沖縄、アジア東南部に分布。樹皮は灰淡褐色で、樹皮から茶褐色の染料をとる。葉は厚く長楕円形で、新葉は黄緑色から濃い緑色になり、光沢がある。放任しても、比較的樹形が整いやすい。

マサキ

（剪定と管理・97ページ）

ニシキギ科の常緑小高木。北海道の南部以南、本州、四国、九州、沖縄、朝鮮半島、中国に広く分布。葉はつややかな楕円形で美しく、縁にゆるやかなギザギザ（鋸歯）がある。黄金葉種をはじめ、さまざまな斑入り葉をもつ園芸品種がある。日陰にも耐える。

アオダモ

（剪定と管理・102ページ）

モクセイ科の落葉小高木。高さ10～15m。北海道～九州に分布。コバノトネリコとも呼ばれる。和名にある「青」は、雨上がりに樹皮が緑青色になることに由来。枝を水につけておくと水が青い蛍光色になる。成熟した樹皮には白っぽい斑点模様ができる。バットの木としても有名。

アオハダ

（剪定と管理・103ページ）

モチノキ科の落葉小高木。高さ10～15m。北海道、本州、四国、九州、朝鮮半島、中国に分布。外皮をはぐと緑色をしていることからこの名がある。樹皮は薄くて簡単にはがれ、緑色の内皮が見える。葉は薄く、明るい緑色の卵形で、春に緑白色の花を咲かせる。

アカシデ

（剪定と管理・104ページ）

カバノキ科の落葉高木。高さ15m以上。北海道、本州、四国、九州、朝鮮半島、中国に分布。樹皮、枝、葉柄、冬芽や花芽などが赤みを帯びているため、名に「赤」がある。仲間のイヌシデやクマシデに比べると小型で枝ぶりもやわらかいため、庭にも使いやすい。

アズキナシ

（剪定と管理・105ページ）

バラ科の落葉高木。高さ15m以上。北海道、本州、四国、九州、アジア北東部に分布。木の姿がヤマナシに似ており、小豆のような実をつけるため、この名がある。5～6月にガマズミに似た白く半球状の花を咲かせ、秋に小さな楕円形でくすんだ橙色の実ができる。

ウメ

（剪定と管理・108ページ）

バラ科の落葉高木。高さ5～10m。中国原産で日本で野生化したといわれる。春には葉に先立って香りのよい美しい花が咲く。一重咲き、八重咲きなど多くの園芸品種がある。実は6～7月に黄色く熟す。幹は暗黒色で、年数を経ると風格のある割れめができる。

アブラチャン

（剪定と管理・106ページ）

クスノキ科の落葉低木。高さ3～5m。本州、四国、九州、朝鮮半島、中国中部に分布。ひこばえを伸ばして株立ち状になる。早春に黄色の小花が集まって咲く。秋に丸い実がなり、これに油分が多いことが和名の由来。果実や樹皮の油は灯油として利用された。

エゴノキ

（剪定と管理・109ページ）

エゴノキ科の落葉小高木。高さ約10m。北海道、本州、四国、九州、沖縄、朝鮮半島、中国に分布。初夏に白い清楚な花が枝いっぱいにぶら下がって咲く。樹皮は灰褐色で、葉は小ぶりな明るい緑色。実に毒性がある。日当たりを好み、日陰ではやや花つきが悪くなる。

イヌシデ（ソロ）

（剪定と管理・107ページ）

カバノキ科の落葉高木。高さ15m以上。北海道、本州、四国、九州、朝鮮半島、中国に分布。葉の両面や葉柄に毛がたくさん生えているが、仲間のアカシデ、クマシデには毛がないため区別することができる。雄花は下垂し、雌花は緑色で、ホップに似た花穂になる。

クロバナロウバイ

（剪定と管理・112ページ）

ロウバイ科の落葉低木。高さ1～2.5m。北アメリカ東部原産。株立ち状に茂り、葉は濃緑色。春～初夏に多数の花弁が集まったチョコレート色の花が咲き、甘い香りを漂わせる。普通種は花径2 ～ 3㎝ほどだが、径6㎝ほどの大きく華やかな花の園芸品種もある。

オトコヨウゾメ

（剪定と管理・110ページ）

レンプクソウ科（スイカズラ科）の落葉低木。高さ1 ～ 2m。本州、四国、九州に分布。葉は薄く、裏が紫を帯びた灰緑色で、葉脈に沿ってやや深い凹凸があり、水ぎれすると黒く変色する。春に淡いピンク色を帯びた白い小花を枝先に多数咲かせる。果実は秋に赤く熟する。

コナラ

（剪定と管理・113ページ）

ブナ科の落葉高木。高さ15～30m。北海道、本州、四国、九州、朝鮮半島、中国に分布。里山の代表的な樹種で、生長が速く薪材に使われた。樹皮は灰黒色で、古くなると縦に不規則な裂けめができ、風格を増す。秋にドングリが実り、葉は黄色から橙色に紅葉する。

カツラ

（剪定と管理・111ページ）

カツラ科の落葉高木。高さ25～30mにもなる。北海道、本州、四国、九州、中国に自生。丸くハート形の葉は、新緑は黄緑色。秋に黄葉し、茶色くなって落葉するとキャラメルのような甘い香りがする。樹皮は暗灰褐色で、老木では縦に裂け、薄片状にはがれる。

サルスベリ

(剪定と管理・116ページ)

ミソハギ科の落葉高木で、高さ5～10m。中国南部原産。フリル状に波打つ紅色やピンク色などの明るい色の花が、夏じゅう絶え間なく咲く。樹皮は赤褐色でなめらかに薄くはげ、跡が帯褐白色のまだら模様になる。白花種や紫色の花の品種もある。橙色に紅葉する。

コブシ

(剪定と管理・114ページ)

モクレン科の落葉高木。高さ8～10m。北海道、本州、四国、九州、済州島に自生。集合果は熟すに従って不規則なコブ状になる。春先に芳香のある白い花を咲かせる。花の下に葉が1枚つくのが特徴。やや小型で花弁の細いシデコブシ（写真）が庭木として人気。

サンシュユ

(剪定と管理・117ページ)

ミズキ科の落葉小高木。高さ5～15m。朝鮮半島、中国が原産地。早春のまだほかに花がない時期に、株が覆われるほどたくさんの黄色い花を咲かせる。樹皮は帯褐色で、皮がはがれた跡は淡褐色で細かい縦縞がある。成木になると、はがれた跡は赤色になる。

ザクロ

(剪定と管理・115ページ

ミソハギ科（ザクロ科）の落葉小高木。高さ5～7m、中東原産で、日本には平安時代に中国から渡来したという。樹皮は赤みがかった灰褐色、短枝の先はトゲ状になる。夏に朱色の花が咲き、秋に球形の果実が実る。実は熟すと不規則にひび割れ、中のタネが見える。

シラキ

（剪定と管理・120ページ）

トウダイグサ科の落葉小高木。高さ5～10m。本州、四国、九州、沖縄、朝鮮半島、中国に分布。樹皮はなめらかな灰白色で、林の中でひときわ目立つ。初夏にクリーム色の花を穂状に咲かせ、秋には真っ赤に紅葉する。ひとつの枝につく葉の大きさがまちまちなのが特徴。

ジューンベリー

（剪定と管理・118ページ）

バラ科の落葉低木～小高木。高さ3～ 10m。北アメリカを中心にアジアとヨーロッパに約10種が分布。春に白い花をたくさん咲かせ、6月に赤色の果実が熟す。秋には橙色に紅葉する。樹高の低くおさまるもの、花がピンク色のものなど、多彩な園芸品種がある。

ツリバナ

（剪定と管理・121ページ）

ニシキギ科の落葉低木。高さ2～5m。北海道、四国、九州、アジア東北部に分布。開花時期は初夏で、肌色の小さくて目立たない花を長い柄《え》の先につり下げて、下向きに咲かせる。実は秋に熟すと5裂し、朱赤色の仮種皮に包まれた種子が果皮片の先にぶら下がる。

シラカバ

（剪定と管理・119ページ）

カバノキ科の落葉高木。高さ10～25m。北海道、本州の福井県および岐阜県以北、アジア東北部に分布。若い木は幹が赤褐色だが、成木になると樹皮が白～白褐色になり、薄く横方向に紙状にはがれる。冷涼な気候のほうが育ちやすい。寿命が短く、80年程度まで。

ナナカマド

（剪定と管理・124ページ）

バラ科の落葉高木。高さ6～10m。北海道、本州、四国、九州、アジア東北部に分布。葉は奇数羽状複葉で、小葉が4～7対あり、互生する。初夏から夏にかけて白い穂状の花が咲き、秋には赤く実が熟す。深紅の紅葉も美しい。写真はホザキナナカマド。

ナツツバキ（シャラノキ）

（剪定と管理・122ページ）

ツバキ科の落葉高木。高さ10～20m。東北地方以西の本州から九州、および朝鮮半島に分布。ツバキに似た花を夏に咲かせることから名づけられた。花は清楚で涼しげな白。樹皮は灰褐色でまだら状にはがれ、赤褐色のなめらかな木肌があらわれる。葉は秋に橙色に紅葉する。

オオデマリ

（剪定と管理・125ページ）

レンプクソウ科（スイカズラ科）の落葉低木。高さ3～4m。日本の本州以南から九州、台湾、中国大陸まで分布するガク咲きのヤブデマリの花が手まり咲きになった品種で、花後は結実しない。初夏に咲く花は、咲き始めが薄い緑色で咲き進むと白くなる。耐寒性がある。

ナツハゼ

（剪定と管理・123ページ

ツツジ科の落葉低木。高さ1～3m。北海道から九州、および朝鮮半島南部、中国に分布。若葉と紅葉が鮮やかな紅色になり、特に紅葉が夏から始まるので「夏から爆《は》ぜる」という意味の名がつけられた。初夏に壺形の花が下向きに連なって咲き、秋に黒色に熟する。

ハナイカダ

（剪定と管理・128ページ）

ハナイカダ科（ミズキ科）の落葉低木。高さ2～3m。北海道西南部、本州、四国、九州、中国に分布。葉の上に直接小さな花が咲き実がつくので、これを筏《いかだ》にたとえた。雌雄異株で雌花は通常1個、雄花は数個が咲く。若い枝は緑色を帯び、太くなると樹皮は縦に裂けて褐色の縞模様が入る。

ネジキ

（剪定と管理・126ページ）

ツツジ科の落葉低木。高さ1～3m。本州の岩手県以南、四国、九州、中国中南部に自生する。日当たりのよい山地に生える。幹によじれたような縦筋が入るのでこの名がある。よじれは左巻きになる。初夏に白い壺形の花が多数咲き、枝から下垂して美しく咲く。

ハナカイドウ

（剪定と管理・129ページ）

バラ科の落葉小高木。高さ5～8m。中国中部原産。春に枝先に紅色の花が4～6個、サクランボのように垂れ下がって咲く。一重咲き、八重咲きがある。幹は灰色で、枝には変形したトゲが生えることもある。リンゴの仲間で、リンゴの授粉樹にも使われる。

ノリウツギ

（剪定と管理・127ページ）

アジサイ科（ユキノシタ科）の落葉低木。高さ2～5m。北海道、本州、四国、九州、南千島、サハリン、中国、台湾に分布。樹皮に含まれる粘液が和紙を漉《す》くときの糊《のり》に使われたのでこの名がある。7～8月に大きな円錐花を咲かせる。園芸品種に全部の花が装飾花となった‘ミナヅキ’がある。

ヒトツバタゴ

（剪定と管理・132ページ）

モクセイ科の落葉高木。高さ15～20m。木曽川流域（愛知県・岐阜県）と対馬、朝鮮半島、中国に自生し、分布が飛び地のように離れている。別名ナンジャモンジャノキ。４～６月に細長い花弁の白い花を咲かせ、株全体が白い雪に覆われたように美しい。

ハナミズキ

（剪定と管理・130ページ）

ミズキ科の落葉高木。高さ5～12m。北米原産。花がきれいなミズキという意味の名で、春にピンクや白の花が咲く。花弁のように見えるのは総苞片で、先端が内側にくぼむのが特徴。よく似た仲間であるヤマボウシは先端がとがる。斑入り葉や赤花など園芸種が多い。

ヒメシャラ

（剪定と管理・133ページ）

ツバキ科の落葉小高木。高さ5～8m。本州の中部以西、四国、九州の屋久島まで分布。シャラノキと呼ばれるナツツバキに似て、葉も花も小さいため「姫」がつけられた。樹皮はなめらかで淡赤褐色。表皮が鱗片となってはがれ落ちる。秋には橙色に紅葉する。

ハナモモ

（剪定と管理・131ページ）

バラ科の落葉小高木。高さ5～8m。中国北部原産。果樹のモモと同種だが、花を観賞するために品種改良されたものをハナモモと呼ぶ。花は白濃紅色で八重咲きや菊咲きなどもあり、芳香がある。樹形には立ち性、枝垂れ性、ほうき立ち性などがある。

マルバノキ

（剪定と管理•136ページ）

マンサク科の落葉小高木。高さ3～5m。本州～四国に分布。和名はハート形の丸い葉の形に由来する。濃い紅色の小さな花を秋に咲かせ、紅葉も美しいため、ベニマンサクとも呼ばれる。葉は緑色で裏は灰緑色。幹は比較的細くて、株立ち状に横に広がる。

ベニバナトチノキ

（剪定と管理•134ページ）

トチノキ科の落葉小高木。高さ10～15m。北米南部原産のアカバナトチノキとヨーロッパ原産のセイヨウトチノキ（マロニエ）の交雑種。初夏に枝先から紅色の長い花穂を伸ばして多数の花を咲かせる。若木のうちからよく開花するので、剪定で高さを抑えるとよい。

マンサク

（剪定と管理•137ページ）

マンサク科の落葉小高木。高さ5～10m。本州～四国に分布。早春にどの花にも先駆けて「まず咲く」ところから名づけられた。細い濃黄色の花弁の花には芳香があり、花どきには木全体が黄色くなったように見える。葉は左右非対称のユニークな形。秋に黄葉する。

マユミ、コマユミ

（剪定と管理•135ページ）

ニシキギ科の落葉低木～小高木。高さ2～10m。北海道から九州、および朝鮮半島、中国、アジア東部に分布。初夏に緑色の花を咲かせるが、小さくてあまり目立たない。秋の赤い実や紅葉が美しい。マユミは枝にコルク質の翼《よく》が4枚ある。コマユミは小型で翼がない。

メグスリノキ

(剪定と管理・140ページ)

ムクロジ科（カエデ科）の落葉高木。高さ20～30m。本州の宮城県以南、四国、九州に分布。樹皮を煎じて洗眼液に使ったことからの名。葉は三出複葉で切れ込みがなく、モミジの仲間には見えない。秋の紅葉は非常に鮮明で、紫がかったワインレッドで美しい。樹皮は灰色でなめらか。

ミツバツツジ

(剪定と管理・138ページ)

ツツジ科の落葉低木。高さ1～3m。本州の千葉県以西、滋賀県、和歌山県に分布。葉が枝先に3輪生することからついた名。岩場に多いことから、イワツツジとも呼ばれる。春、葉が出る前に薄紫色の花を咲かせる。トウゴクミツバツツジはより標高の高い場所に自生する。

モクレン類

(剪定と管理・141ページ)

モクレン科の落葉低木。高さ3～15m。中国南西部原産で、多くの園芸品種がある。春に濃い紅色から桃色の大きな花を咲かせ、強い香りを放つ。葉には大きくあらい毛がある。ハクモクレンは白い花を咲かせる近縁種で、大型で10～15mに達する。葉に先立って開花する。

ムクゲ、フヨウ

(剪定と管理・139ページ)

アオイ科の落葉低木。高さ2～4m。四国、九州、沖縄、台湾、中国、済洲島などに分布。半耐寒性で暖地を好む。夏の間じゅう、花を絶え間なく咲かせる。フヨウはよく枝分かれして枝が横に広がるのに対し、ムクゲはすらっと直立した樹形になり、やや高さもある。

ヤマコウバシ

（剪定と管理・144ページ）

クスノキ科の落葉低木。高さ5mほど。本州の関東地方以西、四国、九州、朝鮮半島、中国に分布。葉はやや厚く、明るい緑色でマット質で、もむと芳香が出るのでこの名がある。幹は灰褐色。枯れた葉は冬でも落ちずに枝に残り、新芽が出ると落ちる。

モミジ類

（剪定と管理・142ページ）

ムクロジ科（カエデ科）の落葉高木。高さ20～30m。本州の福島県以南の太平洋側、四国、九州、朝鮮半島、中国東部に分布。イロハモミジ、オオモミジ、ヤマモミジ、ハウチワカエデ、コハウチワカエデなど多くの種類がある。日陰でも育ち、新緑から紅葉まで見どころが多い。

ヤマボウシ

（剪定と管理・145ページ）

ミズキ科の落葉高木。高さ5～10m。本州から九州、朝鮮半島、中国に分布。初夏に白い花が咲く。果実は秋に赤く熟して美しく、甘く食用にもなる。実の大きな‘ビッグアップル’、落葉しない‘ホンコンエンシス’、斑入り葉の‘ウルフアイ’などがある。

ヤナギ類

（剪定と管理・143ページ）

ヤナギ科の落葉低木～高木。高さ5～15m。北半球の暖帯から寒帯、少数が南半球にも分布。代表種はシダレヤナギで、ほかに枝が波打つウンリュウヤナギ、大きな白い花穂のフリソデヤナギなどがある。多くは川の近くなどの湿地を好むが、山地を好むものもある。

リョウブ

（剪定と管理・148ページ）

リョウブ科の落葉高木。高さ3～ 15m。北海道南部～九州、済州島、中国、台湾に分布。幹肌が美しく、樹皮が薄くはがれて淡い茶褐色のまだら模様ができるので、床柱などにも利用される。夏にクリーム色の花穂がたくさんつき、樹冠が白く見えるほどよく咲く。

ライラック

（剪定と管理・146ページ）

モクセイ科の落葉低木。高さ3～7m。ヨーロッパ南東部原産。フランスではリラと呼ばれる。春に甘い芳香がある小花を多数咲かせる。花色は普通種は紫色で、白、赤、赤紫、青色など多くの品種があり、八重咲き種もある。水はけのよい冷涼地でよく育つ。

ロウバイ

（剪定と管理・149ページ）

ロウバイ科の落葉低木。高さ2～4m。中国原産で、江戸時代初期に渡来した。花弁が半透明で、ウメに似た花であることからこの名がある。木は淡い灰色で株立ち状に茂る。葉は明るい緑色の長楕円形で、やや薄い。秋に実る実は有毒なので、気をつける。

リキュウバイ

（剪定と管理・147ページ）

バラ科の落葉低木。高さ2～4m。名前から在来種のように思われがちだが、中国の南部原産で、明治末期に渡来。春に咲く白く清楚で華やかな花が魅力で、茶花によく使われる。葉は長楕円形で薄く、裏面は粉白色。葉と花がほぼ同時期に展開する。樹形は不整形。

イトヒバ、チャボヒバ

（剪定と管理・154ページ）

ヒノキ科の常緑高木～小高木。イトヒバは高さ8～10m。スイリュウヒバ、ヒヨクヒバとも呼ばれ、枝は粗生で長く下垂する。チャボヒバは高さ2～4m。葉は短く密生し、濃い緑色。生長はおだやかで、刈り込みにも耐え、樹形はコンパクトな円錐形になる。

アカマツ

（剪定と管理・152ページ）

マツ科の常緑高木。高さ30～35m。北海道の西南部以南、本州、四国、九州、朝鮮半島、中国北東部に分布。樹皮は明るい赤茶色で、内陸部に多い。海岸近くにはクロマツが多い。クロマツに比べて葉が細くやわらかく、手で触れてもあまり痛くない。やせ地でも育つ。

イヌマキ

（剪定と管理・155ページ）

マキ科の常緑高木。高さ20m以上になる。関東南部以西、四国、九州、南西諸島、中国、台湾に分布。樹皮は灰白色で縦に浅く裂け、薄くはげる。葉は互生して密につき、先は鈍くとがり、革質で全縁、扁平な線形。丈夫で育てやすく、庭木として人気がある。

イチイ

（剪定と管理・153ページ）

イチイ科の常緑高木。高さ15～20m。北海道、本州、四国、九州、アジア東北部、シベリア東部に分布。耐陰性、耐寒性が強い。葉は長さ2㎝ほどで先がとがり、枝の左右に出る。秋に実る果実は赤色で美しく、甘くて食べられるが、中の種子は有毒なので気をつける。

ヨシノスギ

（剪定と管理・158ページ）

スギ科の常緑高木。高さ30～50m。本州の秋田県以南、四国、九州に分布。濃い緑色の葉は光沢があり、幹はまっすぐ上に伸びる。耐陰性、耐寒性にすぐれ、強健で育てやすい。肥沃な用土で育てれば花粉を大量に発生させることはなく、庭木としても扱いやすい。

カヤ

（剪定と管理・156ページ）

イチイ科の常緑高木。高さ20～35m。宮城県以南、四国、九州、朝鮮半島に分布。全体に独特の芳香があり、葉は深い灰緑色で2列に並び、先がトゲのようにとがり、触ると痛い。材で作られた碁盤・将棋盤は最高級品とされ、実からとれる油は食用として重用される。

レイランドヒノキ

（剪定と管理・159ページ）

ヒノキ科の常緑高木。高さ25m以上。モントレーイトスギとアラスカヒノキとの属間雑種。コンパクトな円錐形の樹形にまとまるので、庭でも使いやすい。刈り込みにも耐えるので、生け垣にも利用される。黄緑色の葉の園芸品種もある。

ヒノキ、サワラ

（剪定と管理・157ページ）

ヒノキ科の常緑高木で、高さ30～40m。本州の岩手県以西、四国、九州に分布。サワラはヒノキに比べて葉の緑色が明るく、枝ぶりもやわらかい印象。全体にさわやかな芳香があり、古くから木材としても重用されている。庭木としてはサワラの園芸種が多く使われる。

シロヤマブキ

（剪定と管理・170ページ）

バラ科の落葉低木で、高さ1～2m。本州の一部、朝鮮半島および中国に分布。

ジンチョウゲ

（剪定と管理・170ページ）

ジンチョウゲ科の常緑低木で、高さ1～2m。中国原産。

ダンコウバイ

（剪定と管理・171ページ）

クスノキ科の落葉小高木で、高さ3～7m。関東以南、四国、九州、朝鮮半島、中国に分布。

ドウダンツツジ

（剪定と管理・164ページ）

ツツジ科の落葉低木で、高さ2～3m。本州、四国、九州に広く自生。

トサミズキ、ヒュウガミズキ

（剪定と管理・171ページ）

マンサク科の落葉低木で、高さ1～3m。四国および本州の一部、台湾に自生。

ナンテン

（剪定と管理・172ページ）

メギ科の常緑低木で、高さ1～3m。関東以西から九州、中国の中部に自生。

ニシキギ

（剪定と管理・172ページ）

ニシキギ科の落葉低木で、高さ2～3m。本州から九州、朝鮮半島、中国に自生。

バイカウツギ

（剪定と管理・173ページ）

アジサイ科（ユキノシタ科）の落葉低木で、高さ2～3m。本州～九州と北米に広く自生。

ブルーベリー

（剪定と管理・165ページ）

ツツジ科の落葉低木で、高さ1.5～3m。北米に自生。

ヤマブキ

（剪定と管理・173ページ）

バラ科の落葉低木で、高さ1～3m。北海道～九州および中国に分布。

アジサイ

（剪定と管理・162ページ）

アジサイ科（ユキノシタ科）の落葉低木で、高さ1～2m。本州、四国、九州に広く自生。

ガマズミ、ミヤマガマズミ

（剪定と管理・166ページ）

レンプクソウ科（スイカズラ科）の落葉低木で、高さ2～3m。日本、朝鮮半島、中国に自生。

カマツカ

（剪定と管理・163ページ）

バラ科の落葉低木で、高さ3～7m。本州、四国、九州、朝鮮半島、中国などに自生。

キャラボク

（剪定と管理・166ページ）

イチイ科の常緑低木で、高さ1～3m。主に本州の日本海側を中心に分布。

クチナシ

（剪定と管理・167ページ）

アカネ科の常緑低木で、高さ1.5～3m。本州の静岡県以西～沖縄、台湾、中国などに分布。

コデマリ

（剪定と管理・167ページ）

バラ科の落葉低木で、高さ1.5～2m。中国の中部に自生。

コバノズイナ

（剪定と管理・168ページ）

ズイナ科（ユキノシタ科）の落葉低木で、高さ1～2m。北米の東部に自生。

コムラサキ

（剪定と管理・168ページ）

シソ科（クマツヅラ科）の落葉低木で、高さ1～2m。本州、四国、九州、沖縄、朝鮮半島、中国などに自生。

サワフタギ

（剪定と管理・169ページ）

ハイノキ科の落葉低木で、高さ2～4m。北海道、本州、四国、九州、朝鮮半島、中国に自生。

シロモジ、クロモジ

（剪定と管理・169ページ）

クスノキ科の落葉低木で、高さ2～6m。本州、四国、九州、中国に分布。

ナンテン

シロヤマブキ

コデマリ

アジサイ

ニシキギ

ジンチョウゲ

コバノズイナ

ガマズミ

バイカウツギ

ダンコウバイ

コムラサキ

カマツカ

ブルーベリー

ドウダンツツジ

サワフタギ

キャラボク

ヤマブキ

トサミズキ

クロモジ

クチナシ

写真で見る剪定❶

常緑樹の剪定

常緑樹の剪定は、
ツバキやカンキツ類などのように
花や実を楽しむものと、
ヒサカキ、イヌツゲなどのように
葉や姿を観賞するものの、
2つのパターンがあります。

ツバキの春の剪定

花を楽しむ花木です。剪定で枝先の花芽を落としてしまわないように注意しましょう。

1 剪定前のツバキ（5月上旬）。冬の剪定から半年ほどたち、丈も伸び、枝葉も茂って風通しが悪くなっている。

2 作業は上から行う。まず、頂部に伸びた枝を落として樹高を調整する。

3 上から順に、混み合った枝を抜いていく。枝は付け根から切る。花芽は枝先についているので、残す枝は枝先を切らないようにする。

ヒサカキの春の剪定

葉を楽しむ樹木です。
古い枝を切って新しい枝に更新しましょう。

1 冬の剪定から半年たったヒサカキ。古い枝を切って小さくしたい。

2 剪定後のヒサカキ。樹高は½ほどになり、樹冠もコンパクトになった。この状態が理想。

4 下のほうの枝も同様に切る。枝先を切って樹形を整えようとすると、花芽を切ってしまうことになり、花が咲かなくなる。

5 剪定後のツバキ。全体の約⅓を枝を付け根から切った。左下が落とした枝。丈は低く、樹冠はスリムに、枝数も減って風通しがよくなったが、枝先は残っているので花は咲く。

写真で見る剪定❷

落葉樹の剪定

落葉樹の剪定は
休眠中(落葉中)の冬がメインですが、
春にも枝を少し整理すると、
すっきりした樹形で
夏を迎えることができます。

アカシデの春の剪定

1 冬の剪定後、半年ほどたった姿。樹高も伸び、枝数が多くなって混み合っている。

2 右半分の枝を透かした状態。この後、残りの半分を切っていく。脚立を立てるのにじゃまになる下枝は、最初に切っておく。

3 全体の約⅓を切った剪定後のアカシデ。右下が落とした枝。樹高は低く、樹冠はスリムに。枝数も減って風通しがよくなったが、枝先までしなやかな状態は維持している。

写真で見る剪定❸

針葉樹の剪定

針葉樹は全体の樹形を
美しく保つことが大切です。
樹冠や樹高をコンパクトに保つには、
全体の⅓～⅖程度と多めに枝を抜きますが、
それぞれ枝先まで
しなやかな流れを保たせた姿に整えます。

カヤの春の剪定

1 冬の剪定後、半年たった姿。樹高も伸びて、全
に密度が高く、風通しが悪い状態。

2 上半分程度を切った状態。この後、もう一回りコンパクトにしていく。

3 剪定後のカヤ。全体の約⅓を切った状態。右下が切り落とした枝。丈は低く、樹冠はかなりスリムになった。密度も減ったため、風通しがよくなった。

写真で見る剪定❹

冬の剪定

落葉樹にとっては、
冬の剪定は一年の起点となる剪定で、
非常に大切です。
全体の⅓～⅖程度の枝を抜きます。
切り口もきれいに処理し、
大きな切り口には癒合剤を塗っておきます。

アオハダの冬の剪定

1　春の剪定から半年たった姿。樹高も高くなり、全体に枝が絡んだりしてバランスが悪い。株立ちになっている主幹を1本切る。

2　太くなった主幹を1本、地際から切った状態。この後、左側から伸びてＶ字に分かれた枝のうち、中央の枝の後ろ側に重なった右側の枝を付け根の際で切る。

3　剪定後のアオハダ。全体の約⅓の枝を切った。枝先までしなやかな状態で、樹冠はスリムになり、枝数も減って風通しがよくなった。

剪定の基礎と管理

＊剪定の図では、茶色で示した枝が切り取る枝です。

なぜ剪定をするのか？

自然に生えた雑木類に占拠された玉川上水の周辺。真横から見ると、両側のサクラ並木はほとんど見えず、中央の雑木が山のように大きく茂っている。

太くて大きい雑木が伐採された区域。細くて若い株は一部が残されている。明るくて風通しがよく、水の流れもよくなった。

枝の先端部まで、しなやかに細い枝が連なる自然樹形のシラカシ。こうして枝の先まで徐々に細くなるところに本来の美しさがある。

幹の上部をブツ切りにしたシラカシ。幹から細い枝が吹き、葉も密生している。街路樹なのに景観が悪く、夏の木陰も期待できない。

放任すると川をふさぐほど大きく伸び、切り方が悪いと風情が失われる

もともと雑木林に生えていた樹種は、すぐ伸びて薪《まき》になるような生長の速いものでした。山や林で大きな木の陰になり、採光も風通しも十分ではない環境でも育つほど強健な樹種が多いため、庭でよい生育条件を与えた場合、驚くほどグングン生長していきます。

右ページは東京都の玉川上水の周辺です。50年以上も放置されてきた水路際の雑木が巨大化し、水路をふさぎ、隣に植えたサクラも咲かなくなってしまいました。最近は伐採され始めましたが、日当たりがよく、水分や栄養分が豊富な環境で雑木を放任するとこのように太く大きくなります。

一方で、育ちすぎたと気がついて太い幹を途中から切ると、切り口から噴水のように小枝が吹き、木の本来もつ樹形がそこなわれて、上の写真の街路樹のように見るも無残な姿になってしまいます。

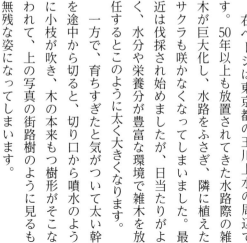

庭を維持するための剪定

Before
できたばかりの雑木の庭。
雑木の庭は3年たって完成する。
本格的な剪定は
植えた3年後から。

モダンなリビングに面した和と洋が融合した雑木の庭。杉皮を張った板塀が雑木の幹のラインや葉を引き立てる。

剪定がじょうずなら庭はどんどんよくなり、手入れしだいで雑木は太らない

この2枚の写真は、同じ場所の20年前と現在です。庭木がしっとりとちょうどよい状態に茂っていますが、20年もたったとは思えないほど、幹は太っていません。樹冠の大きさや枝ぶりのしなやかさも保っています。雑木は環境のよい場所ではどんどん大きくなると書いたばかりなのに、どうしてなのか、不思議に思うでしょう。

雑木の庭の完成直後は、グラウンドカバーに植えた下草などもまばらで、やや散漫な印象ですが、1年もすればコケや下草が適度に茂り、約3年で完成形に仕上がります。日常の手入れはしますが、本格的な剪定が必要になるのは3年後からです。適期に適切な剪定をしていけば、左の写真のような美しい庭になります。

雑木の庭はその後の管理が重要で、じょうずに剪定すれば、年を追うごとにすばらしくなります。

After

20年たって味わい深くなった庭。
適切な剪定をすれば
雑木はあまり太らず、
風格が増した庭に。

20年たっても楚々とした雰囲気で木があまり太くなっていない。
花が美しく咲き、バランスもとれて美しさが増した。

用意したい道具

自分の体に合ったサイズが大切、ハサミはよく切れるものを選ぶ

剪定には、剪定バサミ、木バサミ（植木バサミ）、剪定用ノコギリの3つをそろえましょう。そのほかに、ほうきや脚立《きゃたつ》などもあると便利です。

刃物類は使用後の手入れが大切です。樹液や泥などの汚れや水けは、必ずふき取っておきましょう。切れないハサミを使うと手がすぐに痛くなり、体に負担がかかります。よく切れる状態を維持しましょう。

ほうきは目の細かいものがおすすめで、できるだけ落ち葉やゴミを残さないものを使います。コケの上などは小ぼうきが便利です。

脚立は重要な道具で、足をかけてみて使いやすい高さを選びましょう。おすすめは、脚が3本のものです。狭い場所や周囲に草花が植えてあるところでも立てやすく、木の近くに固定しやすいため、驚くほど作業がしやすくなります。

木バサミ

混み合った小枝を間引いたり、枝を付け根の際いっぱいで切りたい場合は、刃の厚い剪定バサミよりも木バサミが使いやすい。

剪定用ノコギリ

ハサミでは切れない太い枝を切る。剪定用ノコギリは生木を切っても木くずが目に詰まらないように工夫されている。

脚立

三本脚のタイプが断然便利。乗ってみて使いやすいものを選ぶ。アルミ製のものなど、ホームセンターなどで入手できる。

小ぼうき

細かい落ち葉や針葉樹の葉、コケの上や花壇の落ち葉などを取り除くのに便利。

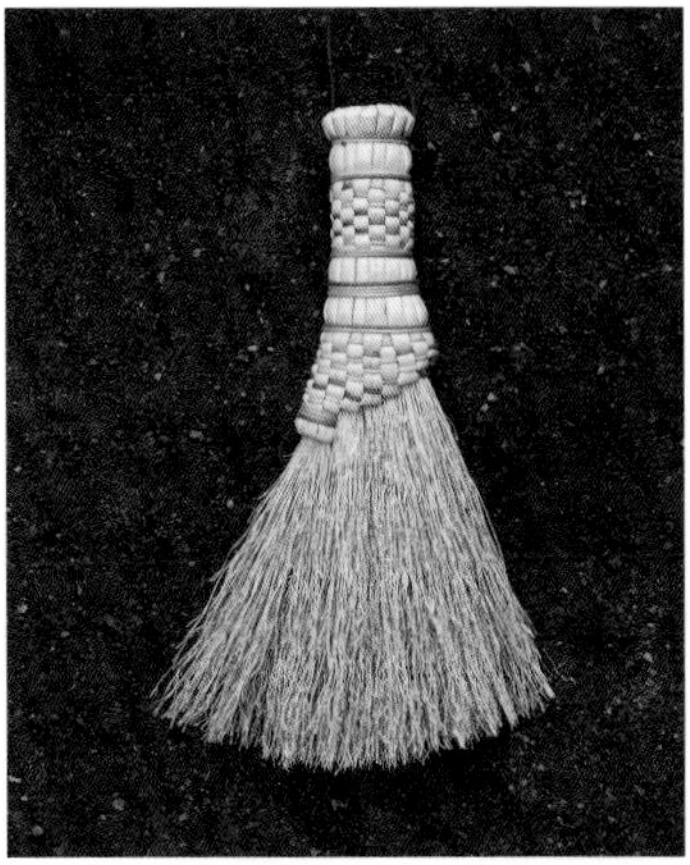

地下足袋

脚立の上り下りや植え込みの間など、狭いところにもスイスイ入れて安定感が抜群。先が割れていない長靴タイプもある。

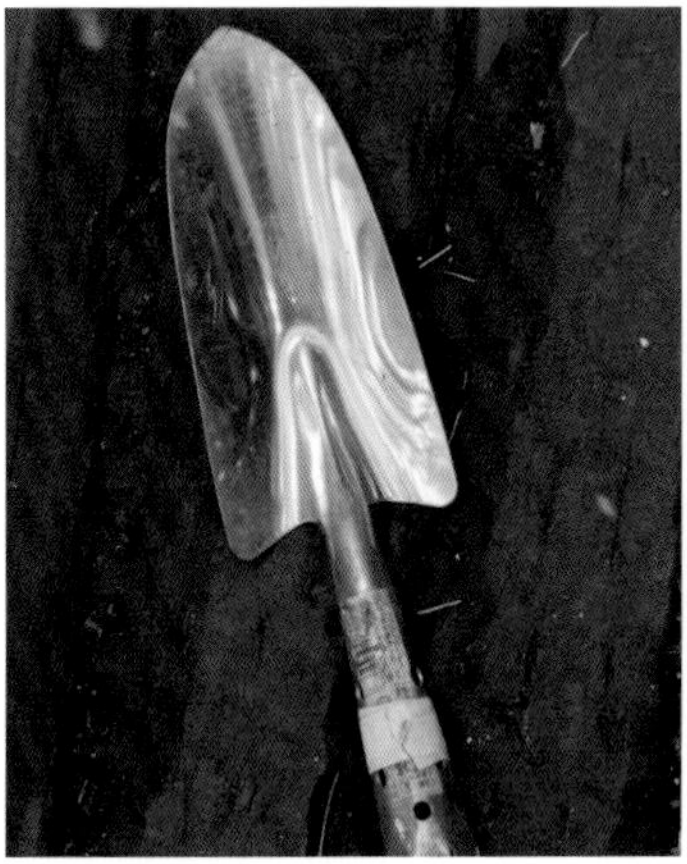

移植ゴテ

小型の苗の植えつけや植えかえのほか、雑草や水場のゴミなどをとるのに便利。幅が細めで柄までが金属製の一体型がおすすめ。

軍手

トゲがあったり、初夏はケムシを触ってしまうことがあるので、軍手を使ったほうが安全。

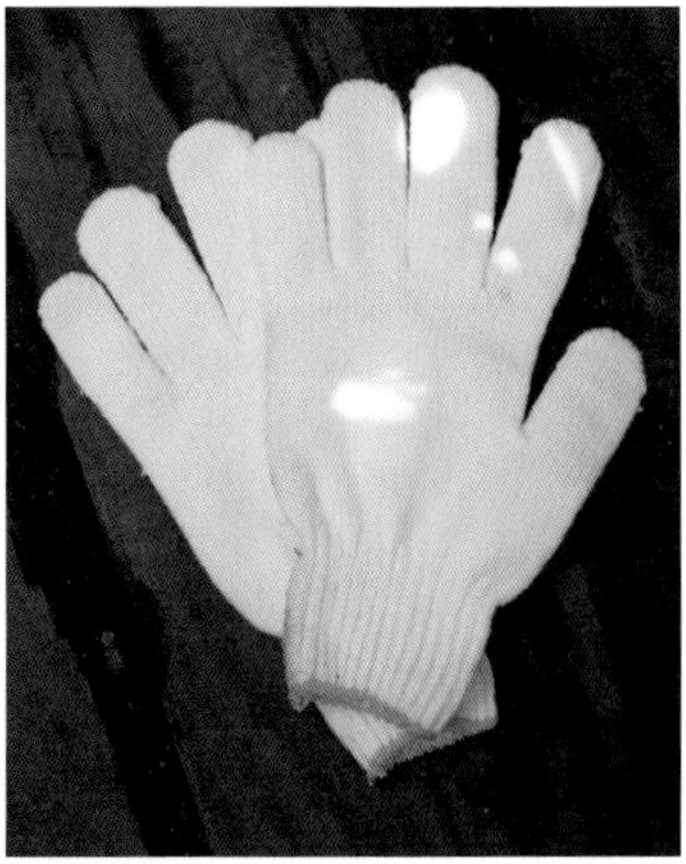

噴霧器

薬剤散布などで使用する。手押しポンプでタンク内の圧力を高めて薬液を噴霧する蓄圧式が便利。電動式もある。タンクの容量は必要に応じた大きさのものを選ぶ。

くまで、竹ぼうき、竹竿

先の間隔が狭く詰まったものを選ぶと、効率よく掃除ができる。先端の部分が樹脂製のものもある。竹竿は、切った枝が途中に引っかかったときにたたいて落とすのに用いる。

枝の切り方

太い枝は2回に分けて、下から上に切り口は平らにならす

安全に効率よく剪定するために、正しい枝の切り方を知っておきましょう。順序よく作業すれば、短時間で作業できるようになります。

太い枝の切り方

1 低い位置から出ている太い下枝は、樹形を乱すので切り取る。一度に切ろうとすると枝の重みで木が裂けてしまうことがあるので、2回に分けて切る。

2 幹から50～70㎝離した位置にノコギリを当て、枝先側を支えて上から下へ切る。

3 枝先を切り落としたところ。これから仕上げに入る。

4 切り落とす位置は、幹の付け根の際。下からノコギリの刃を当てて$\frac{1}{3}$くらいまで切り進む。

細い枝の切り方

1 木バサミを使う。枝先側を持って分岐する付け根の際に刃を当てる。深すぎず、浅すぎず、付け根ぎりぎりがよい。

2 一気に力を入れて切り落とす。切り口がきれいに平らで、残す枝から自然なラインになるようにする。

5 上側の付け根ぎりぎりの位置にノコギリの刃を当て、下から入れた切り目に向かって切り落とす。

6 切り口が凸凹していたら、平らになるように切る。幹から出っ張らず、自然な状態になるようにする。

枝を切る位置

分岐している枝は分岐点で切る 幹から出ている枝はつけ根で切る

樹形を美しく保つためには、どこで切るかが重要です。適した位置で剪定すると、枯れ込みが少なく、吹き出すように出る枝も出にくく、そして切った跡の回復も早くなります。理想的な剪定位置を知っておくことが、剪定を上達させる秘訣です。適切な位置で切ることは、次回以降の剪定時の効率のよい作業につながります。

分岐した枝を切る（ツバキ）

1 分岐した付け根の股と、切り落とすべき枝の付け根の際に刃を当て、切り落とす部位をハサミの刃ではさむ。

2 切り口が平らで、残す枝からなめらかなラインでつながるようにする。切り取った箇所が、凸状に出っ張らないように注意。

幹から下垂する枝を切る（アカシデ）

ハサミの刃を幹の付け根ぎりぎりに当て、際で切り落とす。はじめから生えていなかったように、切り口は平らにする。切り口が凸状になったら、再度切り直すか、小刀などで削り落とす。

針葉樹の主幹を切る（カヤ）

幹から小枝が上向きに吹いている場合は、その枝の付け根の位置で、幹を低く切り戻す。この時点で小枝が真上を向いていなくても、やがて立ち上がって主幹になる。下から見上げたとき、頂部が立って見えればよい。

地際で古い幹を切る（ヒサカキ）

1

古い主幹の地際に、ほぼ真横から水平にノコギリの刃を当てて切り進む。太い場合は、半分ほど切ったら、反対側から刃を当てて残りを切り進む。

2

平らできれいな切り口になるように切り落とす。凸凹があると水がたまって腐ることがあるので、平らに切り直す。

太い枝を分岐部分で切る（アカシデ）

1

ノコギリの刃で切り落とす部分に横から線を引き、写真のように付け根の際のぎりぎりの位置で切り落とす。

2

切り落としたあとの切り口。切った跡が凸状にならないようにする。はじめから枝が生えていなかったかのように、できるだけ自然に見えたら成功。

切り口が目立たないのがじょうずな切り方（アカシデ）

何カ所か切り口が見えるが、どれもほぼ凸状に残っておらず、なだらかなラインで切り取られている。このように切り口が出っ張らないように切り落とせれば、切り口から吹くように枝が出ることも少なく、切り口に水がたまって腐ることもない。また、自然に木の皮が修復していくので、傷口が早くふさがる。

剪定の時期

常緑樹の年間管理

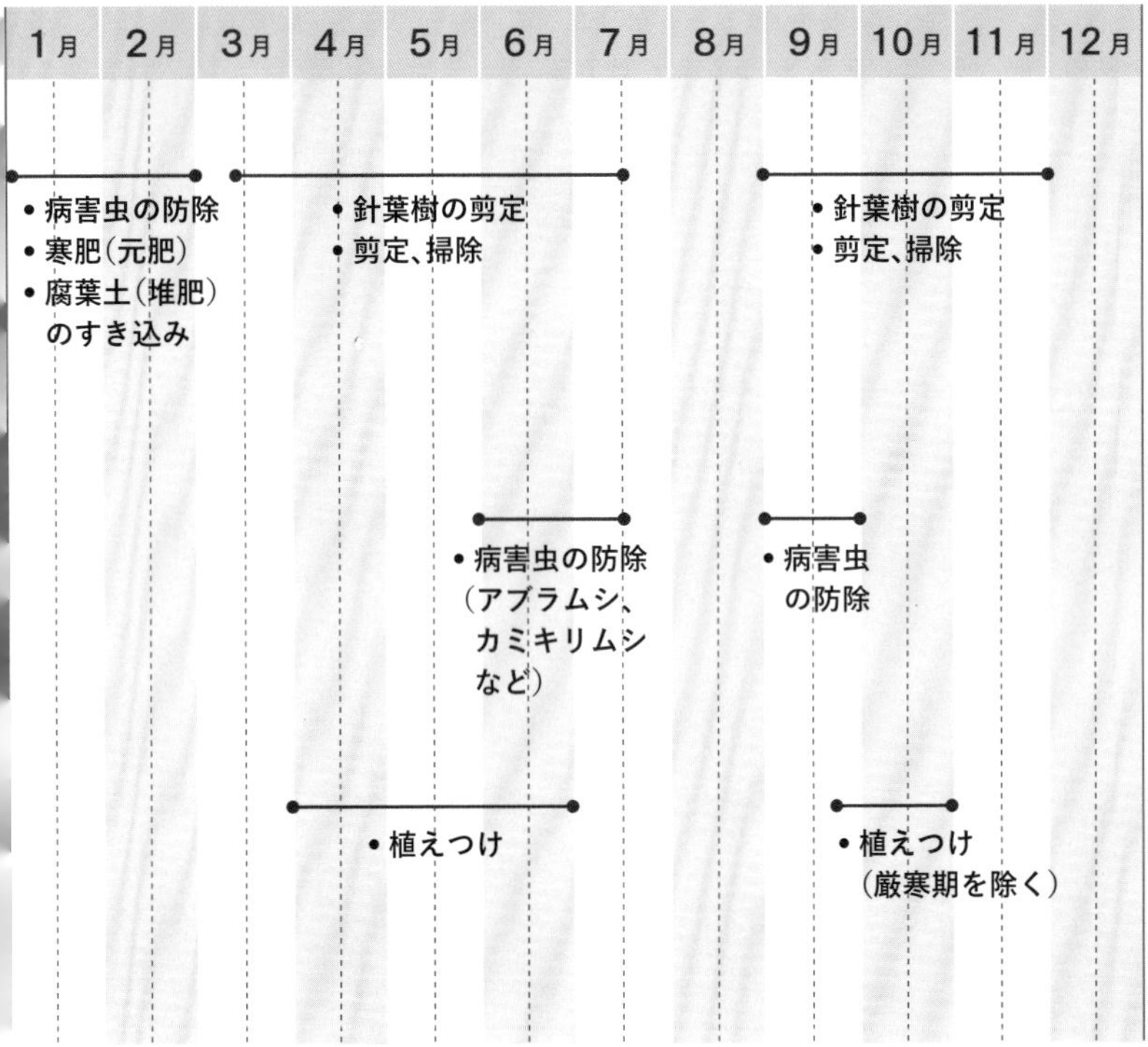
1月
2月
3月
4月
5月
6月
7月
8月
9月
10月
11月
12月
• 病害虫の防除
• 寒肥（元肥）
• 腐葉土（堆肥）のすき込み
• 針葉樹の剪定
• 剪定、掃除
• 針葉樹の剪定
• 剪定、掃除
• 病害虫の防除（アブラムシ、カミキリムシなど）
• 病害虫の防除
• 植えつけ
• 植えつけ（厳寒期を除く）

常緑樹の剪定は6～7月と秋
植えつけは暖かい時期に

常緑樹は落葉樹に比べて芽吹きの時期が遅いので、剪定は新葉が出そろう6～7月ごろに行います。枝を主幹の付け根から間引いて自然な樹形に整えます。また、寒さに備えるため、秋から厳寒期の前までに、枝葉の数を減らす剪定をします。

常緑広葉樹は落葉樹より寒さに弱い種類が多く、盛夏と厳冬期を除いた暖かい時期に植えつけます。逆に、針葉樹は広葉樹より寒さに強い種類が多いので、秋から冬に剪定で樹形を整えます。芽吹く前に、翌年の生長を予測しながら、樹種ごとの伸び方を考えて大きさをコントロールします。

ツバキやシャクナゲなど花を楽しむもの以外は、大きくなりすぎたり間伸びするのを防ぐため、肥料はあまり与えません。寒さに弱い種類は、冬前に株元にワラや腐葉土を敷き詰めて保護します（マルチング）。

落葉樹の年間管理

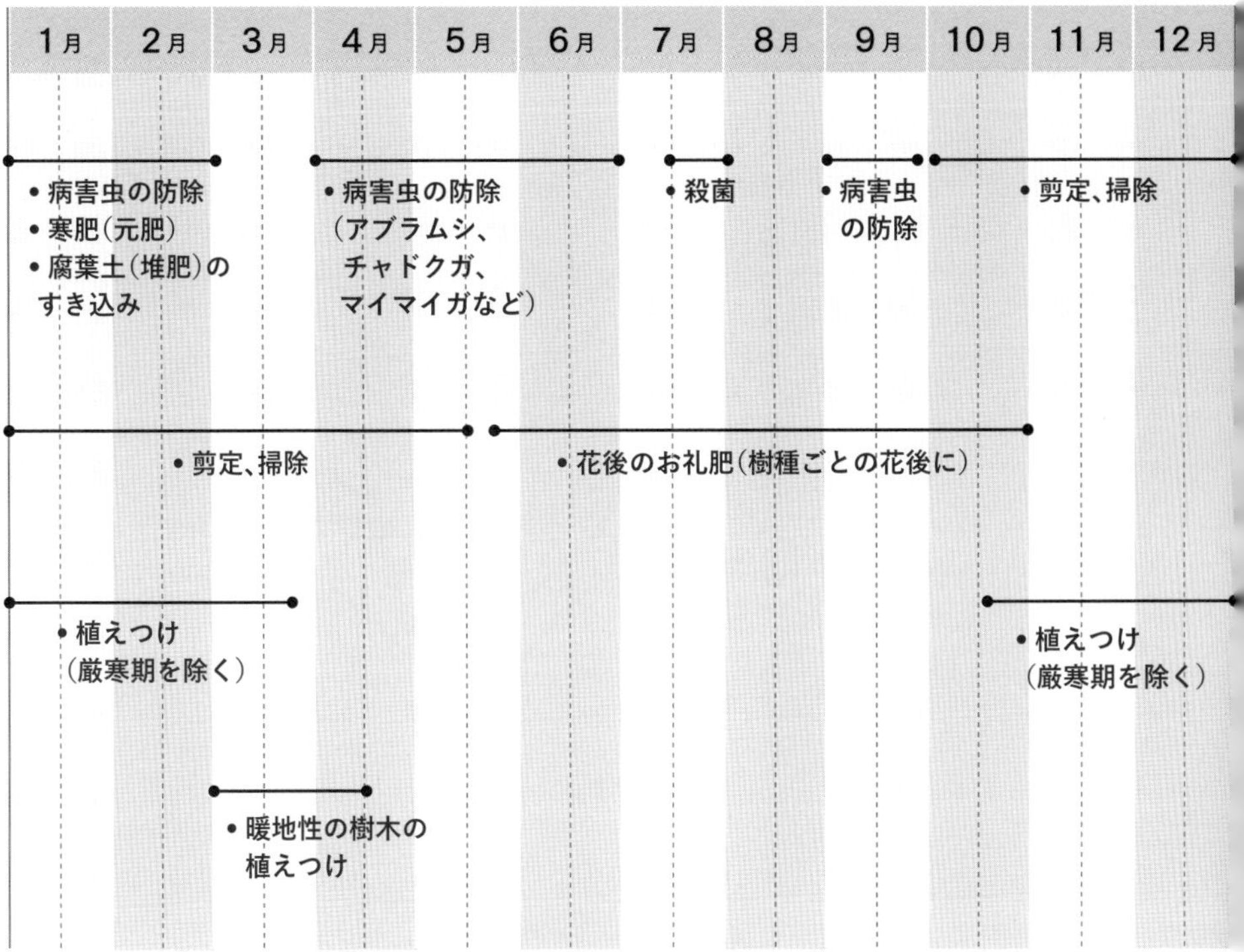
1月
2月
3月
4月
5月
6月
7月
8月
9月
10月
11月
12月
・病害虫の防除
・寒肥(元肥)
・腐葉土(堆肥)のすき込み
・病害虫の防除(アブラムシ、チャドクガ、マイマイガなど)
・殺菌
・病害虫の防除
・剪定、掃除
・剪定、掃除
・花後のお礼肥(樹種ごとの花後に)
・植えつけ(厳寒期を除く)
・植えつけ(厳寒期を除く)
・暖地性の樹木の植えつけ

落葉樹の剪定は晩秋から冬と初夏 植えつけや施肥も同時期に

多くの落葉樹は、晩秋から冬の落葉期にしっかり剪定して樹形を整えます。この時期には、全体の1/3〜2/5程度の枝を切り落とすのが基本ですが、切る位置や切り方は樹種によって異なります。

1年分の生長を予測し、樹種ごとにコントロールするのが目的です。

冬は翌年の備えをする重要な時期です。苗の植えつけや病害虫の防除など、手を抜くと春以降の生育に差が出ます。

初夏の剪定は、伸びすぎた枝や混み合った枝を切って間引き、調整するのが目的です。新芽や不定芽の伸びが止まったところで枝を間引き、葉数を調整すると、枝の太りを抑えられます。

うっとうしいからといって枝の伸びが止まる前に剪定すると、勢いよく枝葉が吹き出てくるので注意が必要です。

春のアブラムシ、初夏のカミキリムシの幼虫に注意し、早めに駆除します。

自然な樹形を保つ剪定

自然な樹形に整える冬の剪定（ナツツバキ）

ナツツバキの自然樹形

横枝の間隔が混み合わず、先端までしなやかな枝が細くなっていくシルエットが理想的な姿。

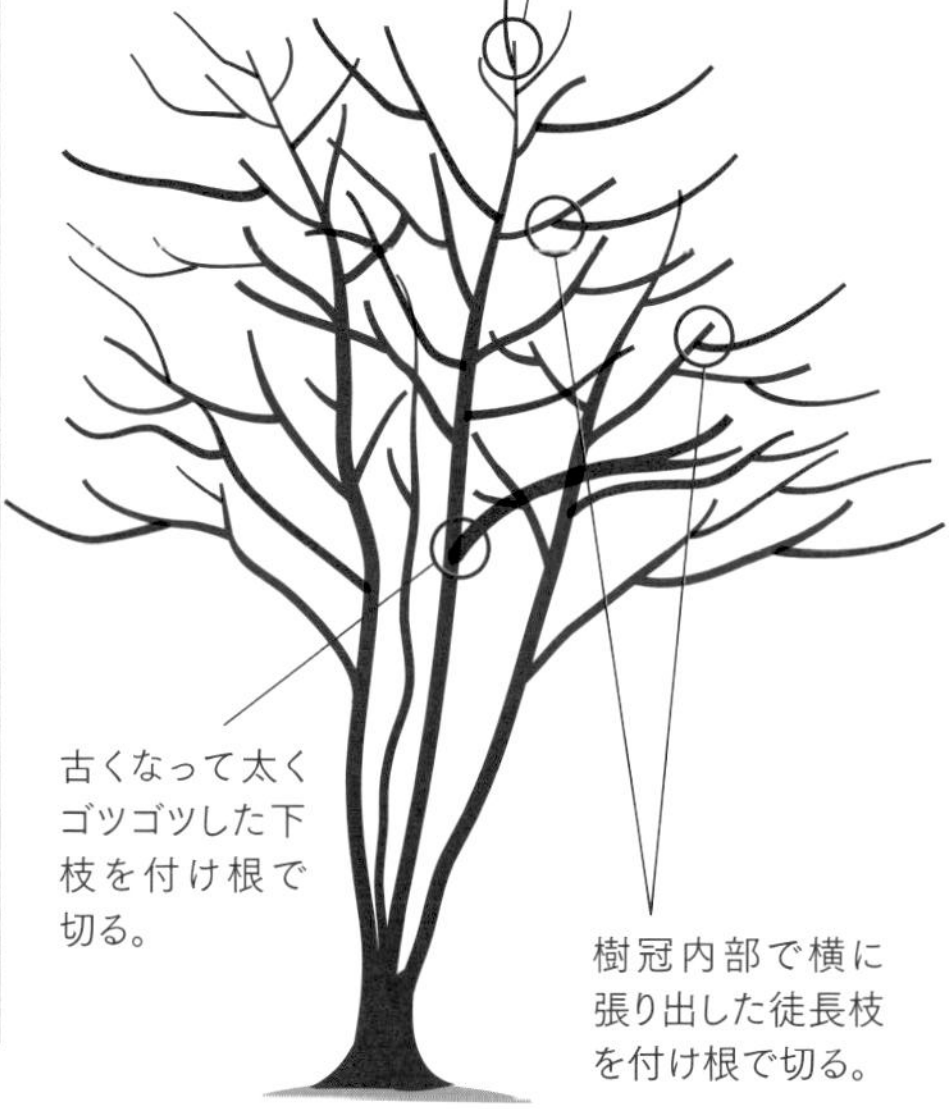
上部に出やすい立ち上がる徒長枝は付け根で切り落とす。
古くなって太くゴツゴツした下枝を付け根で切る。
樹冠内部で横に張り出した徒長枝を付け根で切る。

幹を太らせないためには葉の数をふやさない！

雑木の庭の骨格をつくる落葉樹は、コナラのように生長するスピードが比較的速いものが多く、そのまま健やかに育つとぐんぐん幹が太くなり、樹冠もすぐに大きくなってしまいます。しなやかな細い幹の状態を維持するには、木を太らせないことが大切です。そのためには、栄養分をつくる葉をふやさないことが重要なポイントになります。

木全体の葉の枚数をふやさないためには、枝ごと葉を切り落とすのが効率的です。しかし、枝の途中から先端だけをブツ切りにしてしまっては、自然な枝ぶりからはかけ離れてしまいます。枝を間引くように、毎年全体の⅓程度の枝を剪定していくのが大きなポイントです。

しなやかな枝を残したまま、一定の生長ペースで木を維持することが理想です。

自然な樹形に整える冬の剪定（ヨシノスギ）

ていねいに剪定した
ヨシノスギの樹形

幹の美しさを見せながらも枝を適度に間引き、すべての枝が細くしなやかな状態が理想的な姿。

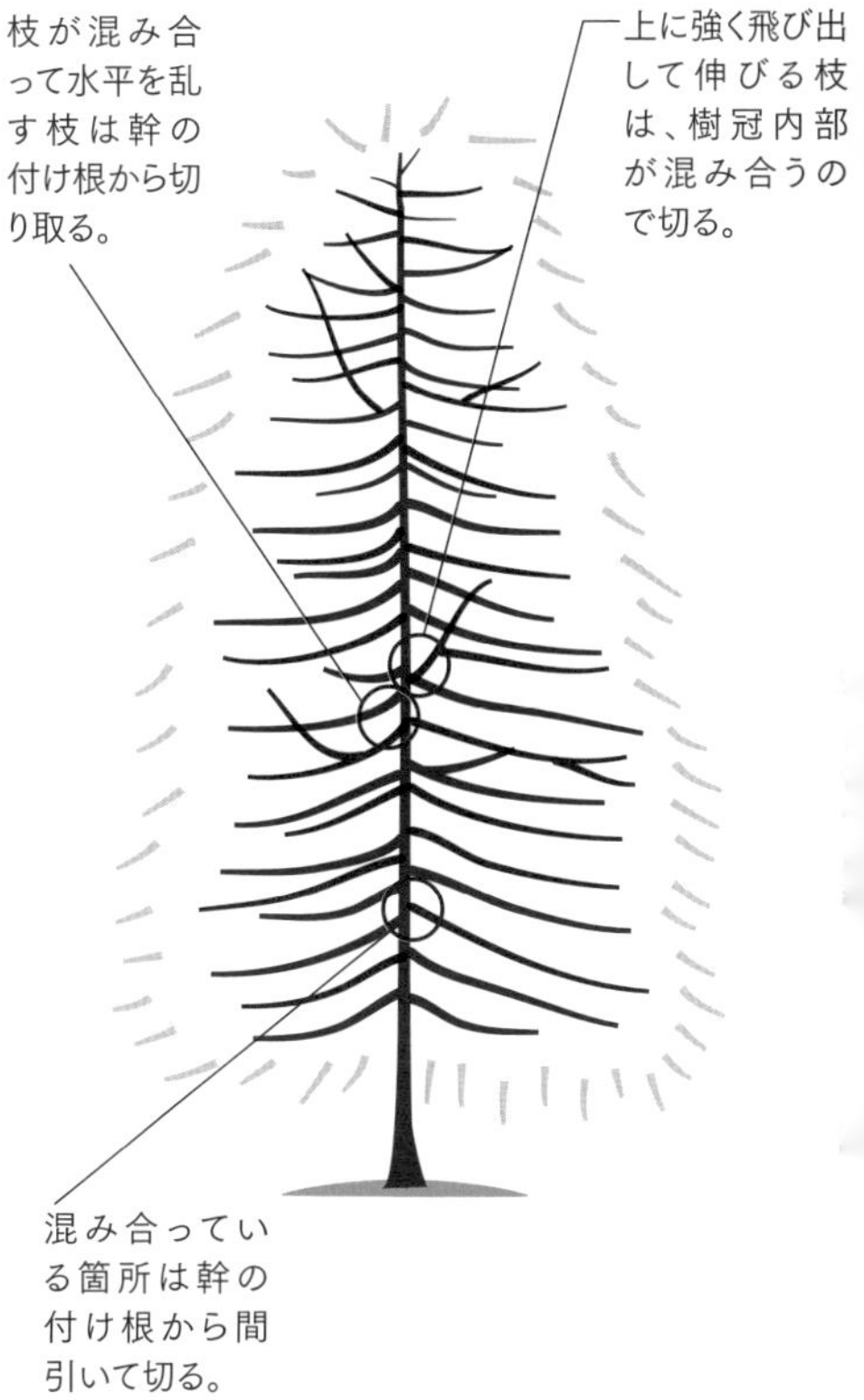
枝が混み合って水平を乱す枝は幹の付け根から切り取る。
上に強く飛び出して伸びる枝は、樹冠内部が混み合うので切る。
混み合っている箇所は幹の付け根から間引いて切る。

横枝が密になりやすい種類は間引いて枝数を減らすと葉も減る

木の種類によって枝の出方が異なります。幹から横枝が出やすい常緑樹や針葉樹は、古くなった横枝を幹の付け根から間引くように切り落とし、新しく生えてきた横枝を選んで残します。間引いた枝といっしょにその枝についていた葉も落ちるので、効率よく葉の数を減らすことができます。切り落とす枝の量は、やはり樹種によって異なりますが、常緑樹は落葉樹よりも葉がある期間が長く、生育が速いため、全体の⅖〜½くらいまで切り落とすことになります。

高さが伸びすぎてしまったときは、低い位置から伸びた胴吹き枝を新しい主幹として立て直し、そのすぐ上で古い主幹を切り戻して低く仕立て直します。

一回りスリムで風通しのよい状態に整えられたら、剪定は成功です。

花木の剪定

花を楽しむ種類の剪定（カラタネオガタマ）

春の剪定

花がたくさん咲く。冬の剪定時に枝を落としたことで花数が抑えられ、咲き疲れしないので、隔年開花にならない。花をたくさん咲かせすぎると、株が疲れて翌年は花が減ることがある。

冬の剪定

枝の先端部が充実して花芽をつけるので、切り落とす枝があっても花芽はたくさん残る。剪定することで株がさらに充実するので、花つきはよくなる。剪定のあとに肥料を与えるとよい。

花芽ができる時期を知り 施肥と剪定で開花をコントロールする

雑木の庭は四季の変化を楽しむ庭です。洋風のローズガーデンなどのように、ある時期だけ花が密集するような咲かせ方は目指していません。咲くべき時期に十分に花が楽しめるように手入れをします。

花を楽しむ花木の剪定時期は、花芽分化の時期に左右されます。花芽分化の40〜50日以上前に剪定するのが基本です。徒長枝や混み合った枝を切っても、残す枝の先端部を落とさなければ、あまり花数は減りません。反対に、先端部をすべて切ってしまうと、花芽をすべて落とすことになるので、花が咲かなくなります。

春から夏に花が咲く樹種には、厳寒期に寒肥を施します。おすすめは、油かすと骨粉などを混ぜた固形有機質肥料か、緩効性の粒状化成肥料です。ただし、量は控えめとし、数カ所に分けて土に埋めるか、土によく混ぜておきます。

花芽と開花

ハイノキ（常緑樹）

冬に花芽が先端にできている状態。

春の開花。先端部とその周辺に花が咲く。

クロモジ（落葉樹）

冬に花芽が対に飛び出している
ユニークな姿。

春の開花。先端部と節の近くに花が咲く。

大きくなりすぎた木はどうしたら？

ひこばえを主幹に差しかえる（ヒサカキ）

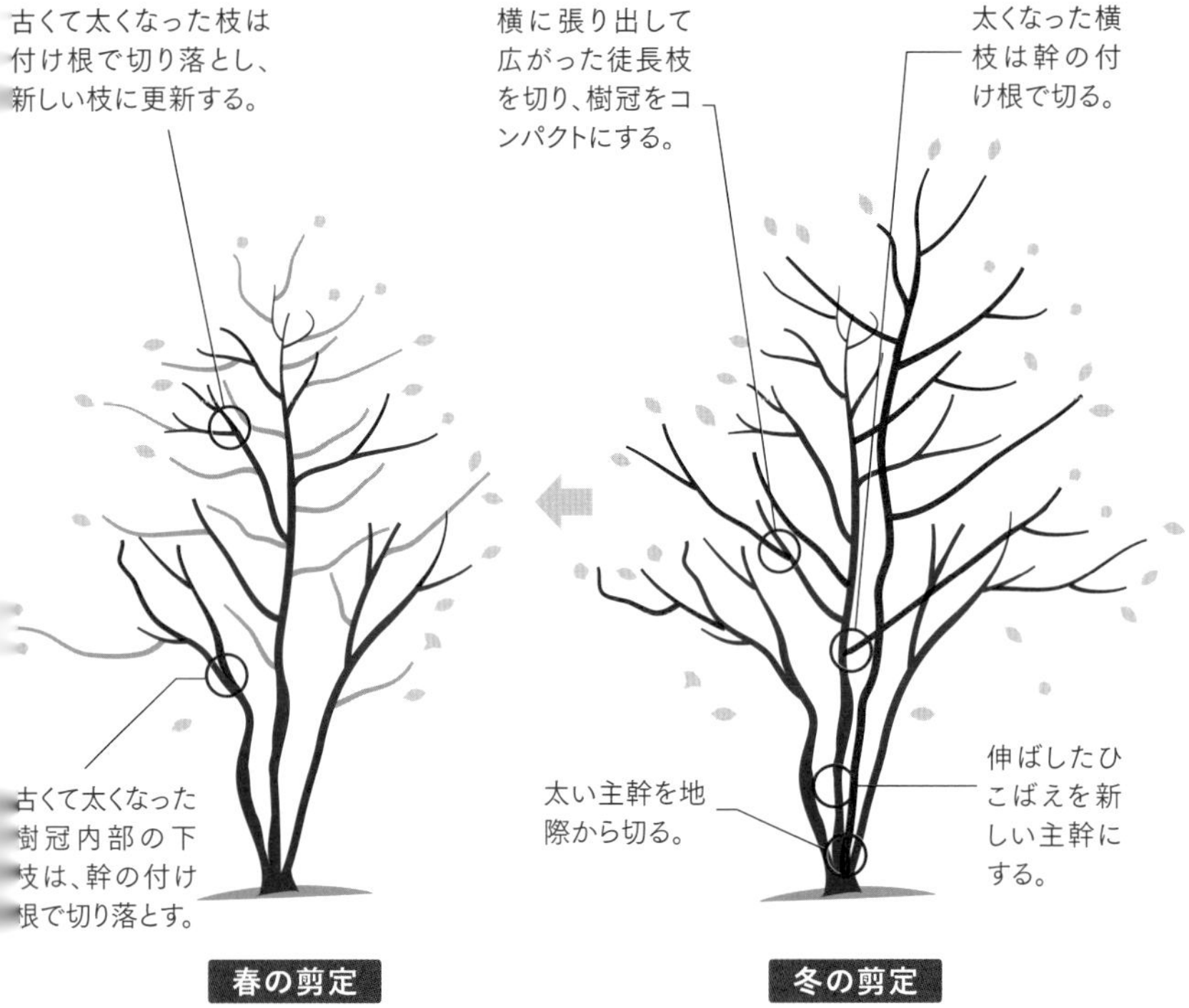
古くて太くなった枝は
付け根で切り落とし、
新しい枝に更新する。
横に張り出して
広がった徒長枝
を切り、樹冠をコン
パクトにする。
太くなった横
枝は幹の付
け根で切る。
古くて太くなった
樹冠内部の下
枝は、幹の付け
根で切り落とす。
太い主幹を地
際から切る。
伸ばしたひ
こばえを新
しい主幹に
する。
春の剪定
冬の剪定

古くなった太い幹を地際で切り、ひこばえに更新する。
徒長枝は付け根から切り、全体の$2/5$程度を落とす。

古い主幹を地際から切り戻して伸ばしたひこばえに切りかえる

地際から新しいひこばえがよく出る灌木類などは、自然にきれいな株立ちの樹形になります。しかし、古い幹には花がつきにくくなったり、古い幹だけを残しておくと突然枯れて腐ったりすることがあります。幹にも枝にも「働き盛り」の時期があります。古くなった幹は地際で切り取り、下から生えてきたひこばえを伸ばしましょう。

多く出たひこばえの中で姿がよく、樹勢が強すぎないもの、また出てきた位置のバランスがよいものを選んで残し、育てます。その他の必要のないひこばえは地際で切り落としてかまいません。ある程度の大きさに伸びたところで、古い主幹を切り、新しい幹に更新します。

このように主幹を切りかえると、株全体の新陳代謝がよくなり、大きく太くならずに維持できます。

胴吹き枝を主幹に差しかえる（マユミ）

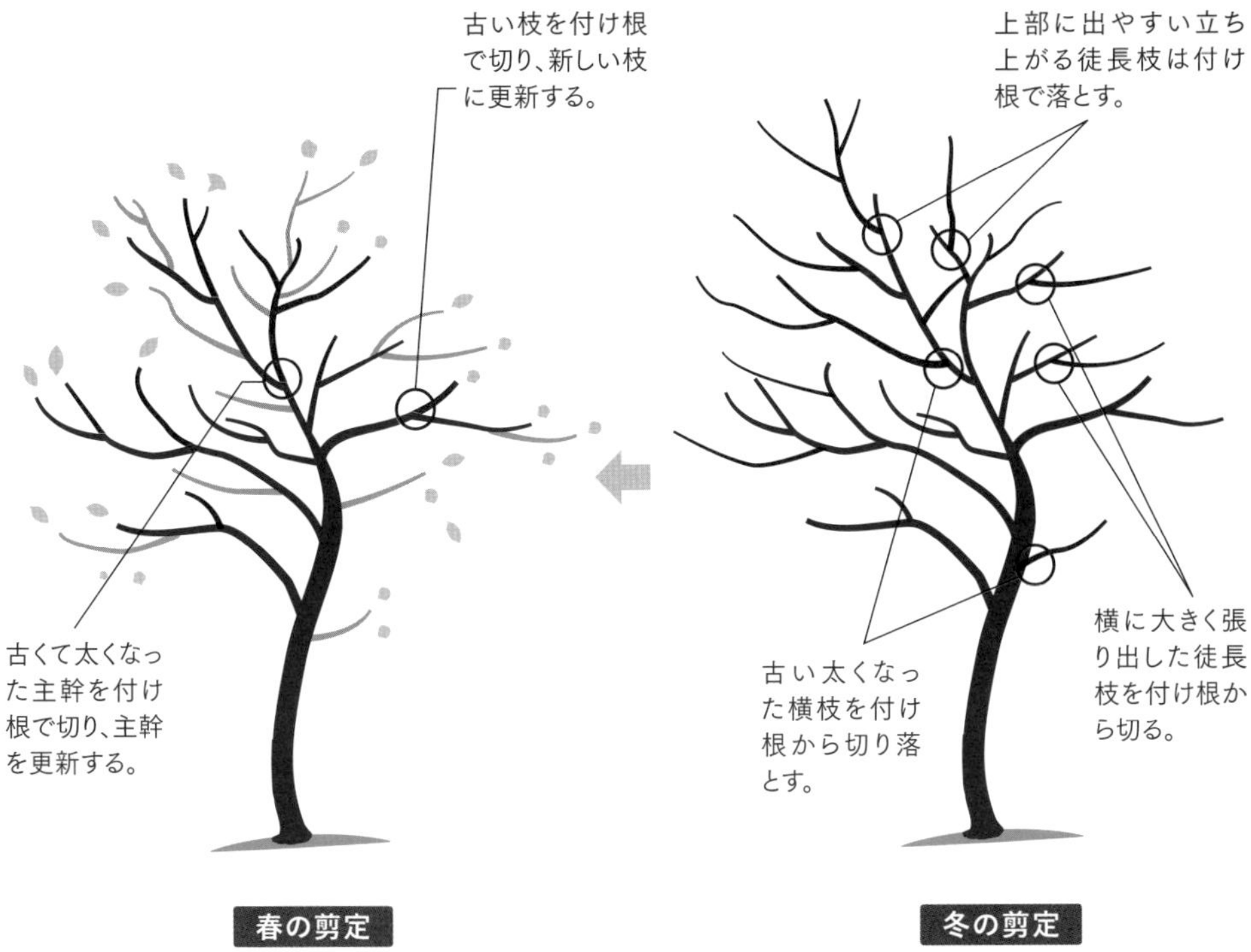

古い枝を付け根で切り、新しい枝に更新する。
上部に出やすい立ち上がる徒長枝は付け根で落とす。
古くて太くなった主幹を付け根で切り、主幹を更新する。
古い太くなった横枝を付け根から切り落とす。
横に大きく張り出した徒長枝を付け根から切る。
春の剪定
冬の剪定

先端の徒長枝や樹冠内部の混み枝や、
下垂枝を全体の⅓くらい付け根で切る。
さらに主幹を更新して樹高を抑える。

細くしなやかな枝ぶりのまま
主幹を低く仕立て直して樹冠を小さく

基本的には毎年、幹から横に伸びてくる枝を生え際から間引いて生長を抑えますが、枝先までしなやかな状態のままで樹冠を小さくするためには、数年に一度は主幹の更新を行う必要があります。現状よりも二回りくらい小さな樹冠にするイメージをもって主幹を切り戻します。

下のほうから伸びている若くて細い枝を新しい主幹に見立て、そのうえで古い主幹を切り戻します。新しく主幹にした枝は、切ったばかりのときはやや斜めに立っていても、やがて自然にまっすぐに立ってきます。多少傾いていても心配ありません。

主幹を更新すると、先端まで自然に細くなる枝ぶりはそのまま残ります。木が本来もっている自然なシルエットを変えずに樹冠を小さくするのが、雑木の手入れの重要なポイントです。

生け垣の剪定

シラカシの生け垣。ある程度の間隔をあけつつも、先端の枝を更新し、側面は間引き剪定で整え、密集して風通しが悪くならないように剪定している。

いわゆる「刈り込み型」ではない スクリーン状の生け垣をつくる

雑木の庭は、いわゆる「和風の庭」とは違い、山野の自然の景観をお手本に、その風情を取り込むスタイルです。したがって、人工的で作為的な「玉散らし仕立て」や「刈り込み仕立て」の生け垣は似合いません。刈り込みで仕立てられる生け垣と同じようなシルエットの生け垣をつくる場合でも、枝の更新や枝抜き、切り戻しを使い分け、幹や枝が太くゴツゴツした状態にならないようにコントロールしていきます。

上や次ページの写真は自然な樹形を生かした生け垣の例で、素朴な自然樹形のまま、先端までやわらかいラインの枝や葉で、生け垣になっています。

株を境界近くにまとめて配置して、スクリーン状に整えるのがポイントです。

ソヨゴの生け垣。高さをもたせることで目隠しや境界を示す効果を維持しながらも、より自然な印象の生け垣になっている。

自然な生け垣の仕立て方

刈り込みバサミは使わず、木バサミか剪定バサミを使って形を整えます。高さをそろえるには、横から見て飛び出した枝を付け根から切り、ほぼ同じ高さになるようにします。幅や厚みが出ないようにするには、前と横から見ながら横枝の量が均一になるように間引きます。切る場合は必ず付け根で切り落としましょう。多少ばらつきがあっても、いずれ枝が伸びてきて自然な感じになるので、焦って刈り込んだりしないように注意します。

苗の植えつけ

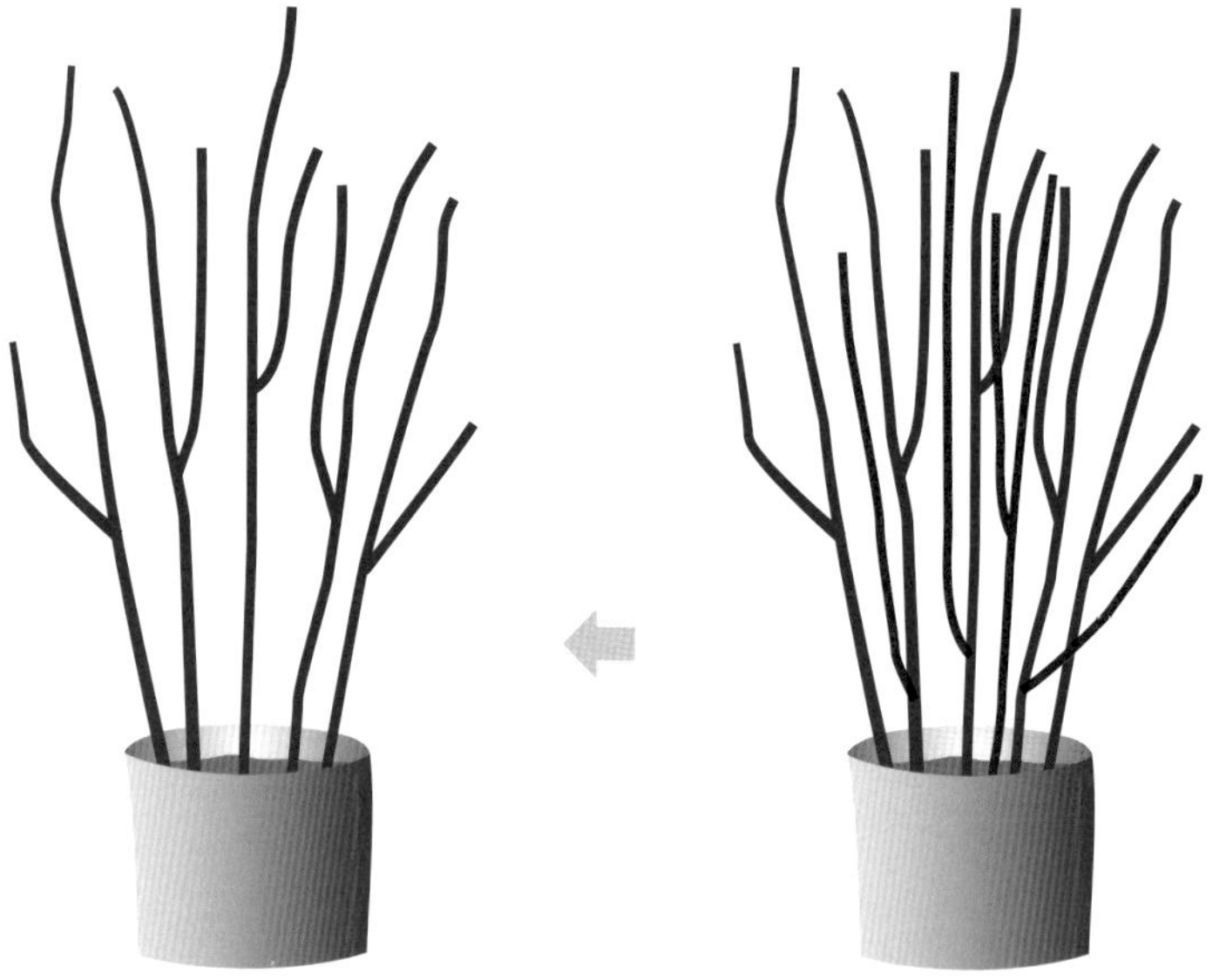

1　幹や枝配りを見きわめ、全体の$\frac{1}{3}$を切る

スムーズに根づかせるには、植えつけ前に全体の$\frac{1}{3}$の枝を切る。下枝や樹冠内部の混み合った枝を付け根から切る。

2　枯れ枝や病害虫の有無を点検してから植えつける

枯れ枝が残っていたら切って取り除き、根元にアリの巣穴がないか、ガやカミキリムシの痕跡がないかをチェックしてから植えつける。

苗に負担をかけずに活着しやすい株に整える

苗には根巻き苗とポット苗があります。ポット苗は、盛夏と厳冬期以外ならたいていの季節に植えることができますが、根巻き苗は、落葉樹は冬、常緑樹は春先が植えつけの適期です。

庭木の苗木は、山や畑から掘り上げられたときに、すでに多くの根を切られてダメージを受けています。さらに、新しい土に植えられて根をおろすときには、再び大きな負担がかかります。

そんなときに葉がたくさんついていると、水分の蒸散が盛んに行われ、さらに負担がかかります。根が十分に張る前に蒸散する水分が多いと、根張りが遅れたり、枝が枯れたりすることもあります。

苗を安全に活着させるには、植えつけ前に全体の$\frac{1}{3}$程度の枝を落とし、蒸散を抑えるのがポイントです。枯れ枝を切り、下枝や樹冠内部の混み合った枝を付け根から切り落とします。同時に、病害虫の有無を確認しておきましょう。

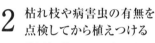

落葉樹の苗木の植えつけ後の管理

1年目	秋	●**苗木の植えつけ(10~2月)** 全体の$\frac{1}{3}$~$\frac{1}{2}$を切って植える。
1年目	冬	
2年目	春	●**水やり・雑草とり(3~9月)** コナラなどの生長が速い種類は初夏に軽く枝を払う。ほかは手を入れない。ほぼ毎日水やりし、夏の水ぎれに注意が必要。
2年目	夏	
2年目	秋	●**最初の剪定(10~2月)** 生長の速い種類は軽く剪定する。落ち葉はていねいに取り除く。
2年目	冬	
3年目	春	●**水やり・雑草とり(3~9月)** コナラなどの生長が速い樹種は初夏に軽く枝を払う。ほかは手を入れない。前年より水やりの頻度は少なくてよいが、夏の水ぎれに注意する。
3年目	夏	
3年目	秋	●**本格的な剪定開始(10~2月)** この段階からすべての樹種で本格的に手入れを開始する。落ち葉はていねいに取り除く。
3年目	冬	

植えつけ方とその後の管理

植え穴は大きく掘り、水をたっぷり注いで苗木を揺すり、水で土と根を密着させます。根鉢の下にも土が入るようにしましょう。土が沈んできたら、へこんだ部分に土を足します。水泡が出てこなくなったら、残った土で土手を築いて水鉢をつくり、再度たっぷり水を注ぎます。水が引いたら土手をくずしてならし、しっかり踏み固めます。

この方法を「水ぎめ法」と呼びます。「水ぎめ法」は多くの樹種で行われるおすすめの植え方です。植えつけのときに手を抜くと、初期生長が悪く、樹形にも影響が出るので、ていねいに植えたいものです。

雑木の多くは、植えつけて3年ほどでようやく木が土となじんで株が充実してきます。根元にコケものって、庭としても味わいが増してきます。この間、生長が速いものから必要に応じて剪定しますが、本格的な手入れが必要になるのは3年後からになります。

水やり

ジョウロで表面をぬらすだけの水やりでは雑木の根には水が届かない。ホースを使って奥までしっかり水をやる。

植えつけ後は1本ずつ念入りに水をやる。水鉢にたっぷり水を注ぎ、引いたらまた水を注ぐ。

植えつけ後の1年が重要 水やりはたっぷりと

庭木の植えつけ後、最初の1年間は水ぎれは禁物です。毎日、朝か夕方にたっぷりと水やりします。ほかに何も手入れをしなくても、ぜひ、これだけはやってほしいものです。

雑木の根は草花より深く張るので、根鉢全体に届くように、しっかりと水やりすることが大切です。表面だけがぬれていても、根に届かずに枯れるのは残念なことです。サッとぬらすのではなく、根の深いところまで水を届けるつもりで、ゆっくりと水をやります。

庭の表情を見ながら、じっくり水まきするのも楽しいものです。また、表面に緑の美しい地ゴケを生やすには、適度な水分が不可欠です。早ければ3カ月くらいでうっすらと表面が緑色になってきます。落ち葉やゴミ、雑草はコケの生育を妨げるので除きましょう。

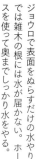

雑木、花木105

樹種別
大きくしない剪定のコツ

大きくなりがちな人気の木

剪定の基礎

生長のスピードが速いため、植えてからすぐに剪定を開始する

多くの雑木や花木は、植えてから3年目くらいから枝がよく伸びるようになり、剪定によるコントロールが必要になってきます。ところが、ここで紹介する「ミモザ（ギンヨウアカシア）」「シマトネリコ」「スモークツリー」「ユーカリ」「ネグンドカエデ」の5つの樹種はとても生長が速く、植えた年や翌年から積極的に剪定していかないと、あっという間にどんどん大きくなり、幹や枝が太くなってしまいます。

どれもが日本よりも温暖な地域を原産地とする樹種で、放任すると手に負えないほど大きくなることがあります。一度枝が太くなってしまうと、仕立て直しには時間がかかり、難しいものです。木が若いうちから年に2回は剪定で樹勢を抑えていき、しなやかで自然な樹形を維持しましょう。

ユニークな葉や美しい葉色を生かし庭のアクセントやシンボルツリーに

5種の木はモダンな洋風の住宅に似合うことから人気が高まり、日本に導入されたのは比較的新しい時期であるという共通点があります。ミモザの愛称で親しまれるアカシアの仲間の代表種がギンヨウアカシアで、銀灰色の丸い葉が特徴的なユーカリとともにオーストラリア原産です。

オーストラリアは日本と反対側の南半球にあり、日本よりも温暖な気候であることから、日本では冬越しがやや難しいとされてきました。近年の温暖化の影響で、庭植えで冬越しできる植栽範囲が広がり、関東の平野部以西で育てやすくなったことも、人気の一因です。ミモザは春の花が圧巻ですが、花のない時期も葉が美しく、シンボルツリーに使われています。

樹形の特徴を生かしながら枝や葉の数を減らすと大きくなりにくい

ネグンドカエデやシマトネリコ、スモークツリーは、葉の美しさも大きな魅力です。「大きくしない」ということは、樹高を低く抑えるという以前に、しなやかな自然樹形を保つことが重要になります。木が生長するには、葉で光合成をした養分を蓄えることが必要なので、生長を抑えるには剪定で枝や葉の数を減らせばよいのです。太い枝や強く伸びた枝を切り、細くてしなやかな枝を残すと、自然な樹形のまま木をコンパクトに維持していくことができます。

太い枝や強く伸びた枝を年２回は切り、植えた年から樹勢を抑えていく

外国原産で、日本に導入されたのが比較的新しい樹種群。温暖な気候を好むものが多く、生長が速いため、放任するとすぐに大きくなりすぎる傾向がある。年２回は剪定で樹勢を抑える。

ミモザ（ギンヨウアカシア）

春に株全体を覆うほど、黄色い小花が一面に咲く姿が魅力的。日本の冬の寒さが苦手だが、近年の温暖化の影響で関東平野部以西なら、地植えで越冬できる。

ユーカリ

銀灰色の丸い葉が魅力で、モダンな洋風住宅のシンボルツリーとしても人気。とにかく生長が速いため、剪定で樹勢を抑える。

スモークツリー

初夏に枝先に伸びる、ふわふわした穂状の花柄《かへい》がユニーク。品種によって、淡い緑色から赤紫色まで、穂の色が異なる。

ミモザ（ギンヨウアカシア）銀葉金合歓

分類／マメ科　常緑高木　樹高／5～10m　花色／黄　実色／茶　根／浅い
生長／速い　日照／ひなた　乾湿／やや湿潤　植えつけ／4～9月

ポイント

温暖な気候を好みますが、関東の平野部以西なら庭植えができます。黄色の花が魅力で切り花でも人気が高く、庭に植える人がふえています。生長がとても速く、植えた年からどんどん伸びるので注意します。

切れ込みがある銀灰色の葉、強健で黄色い小花がかわいい

特徴　オーストラリア原産で、春の早い時期に黄色くて小さな丸い花が株を覆い尽くすほどたっぷりと咲きます。細かい切れ込みが入った銀灰色の葉が一年中美しく、花がない時期にもカラーリーフとして楽しめるため、庭のシンボルツリーに使われています。

枝の切り方と管理　温暖な気候を好むため、暖かくなってから植えつけます。比較的浅い場所に根が伸び、風に弱いため、幹を支柱でしっかりと支えます。

ある程度の乾燥には耐えますが、とても水が好きで、与えるとどんどん水を吸ってよく伸びます。

生長がとても速いため、植えつけた年から剪定を行います。横に張り出した太い枝を幹の付け根で切り落とします。また、木の上部が伸びやすく、風にあおられやすいので、樹冠の上部を多めに切ってボリュームを減らすとコンパクトにできます。毎年、年に2回は剪定し、枝や葉の数を減らして生長を抑えます。

<table>
<tr><td>4</td><td>5</td><td>6</td><td>7</td><td>8</td><td>9</td><td>10</td><td>11</td><td>12</td><td>1</td><td>2</td><td>3</td></tr>
<tr><td colspan="12">展葉</td></tr>
<tr><td>開花</td><td></td><td></td><td></td><td colspan="3">結実</td><td></td><td></td><td></td><td colspan="2">開花</td></tr>
<tr><td></td><td colspan="2">剪定</td><td></td><td></td><td></td><td colspan="4">剪定</td><td></td><td></td></tr>
</table>

植えつけた年から剪定し、上部や太い枝を多めに切る

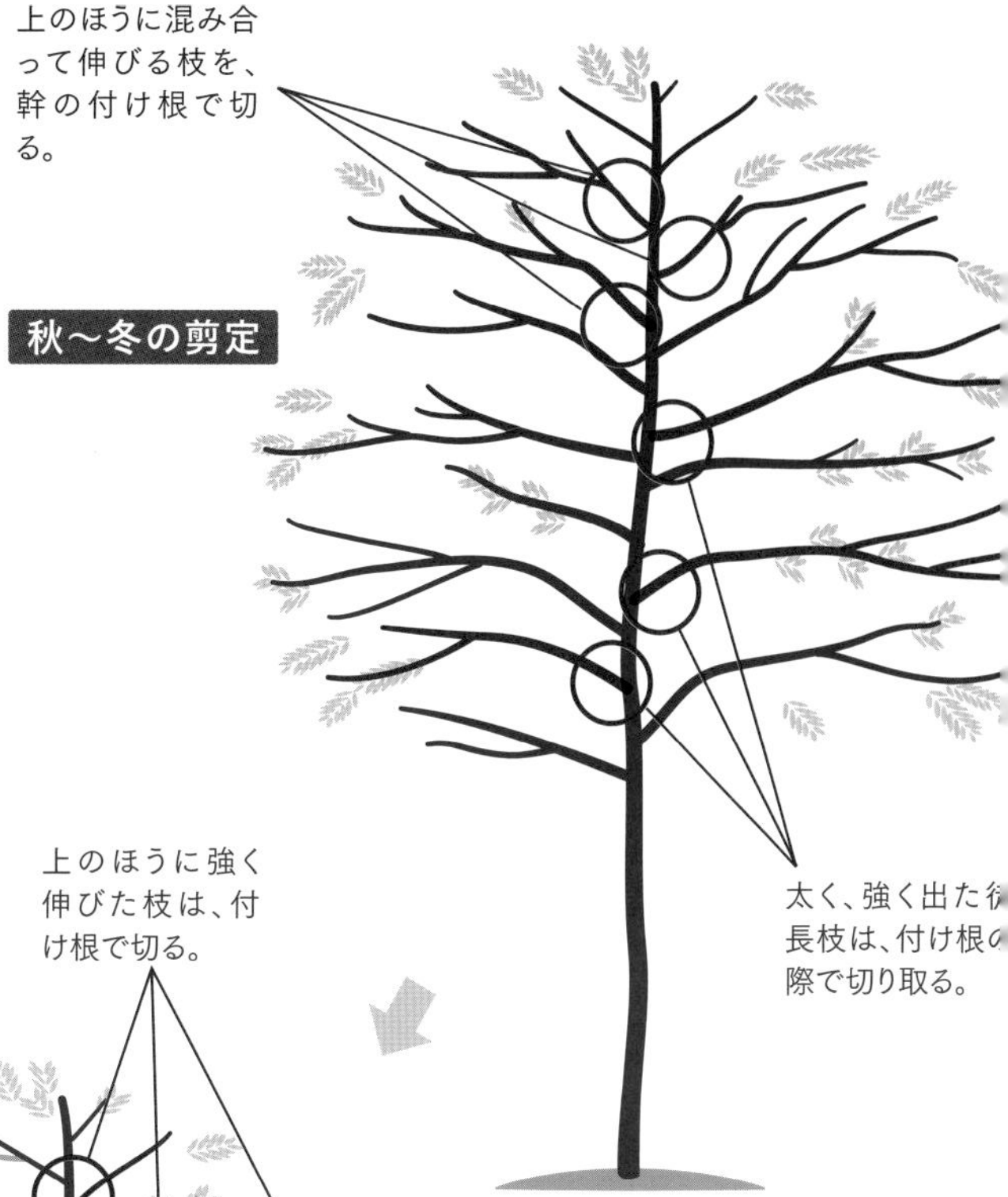
上のほうに混み合って伸びる枝を、幹の付け根で切る。
秋～冬の剪定
太く、強く出た
長枝は、付け根
際で切り取る。

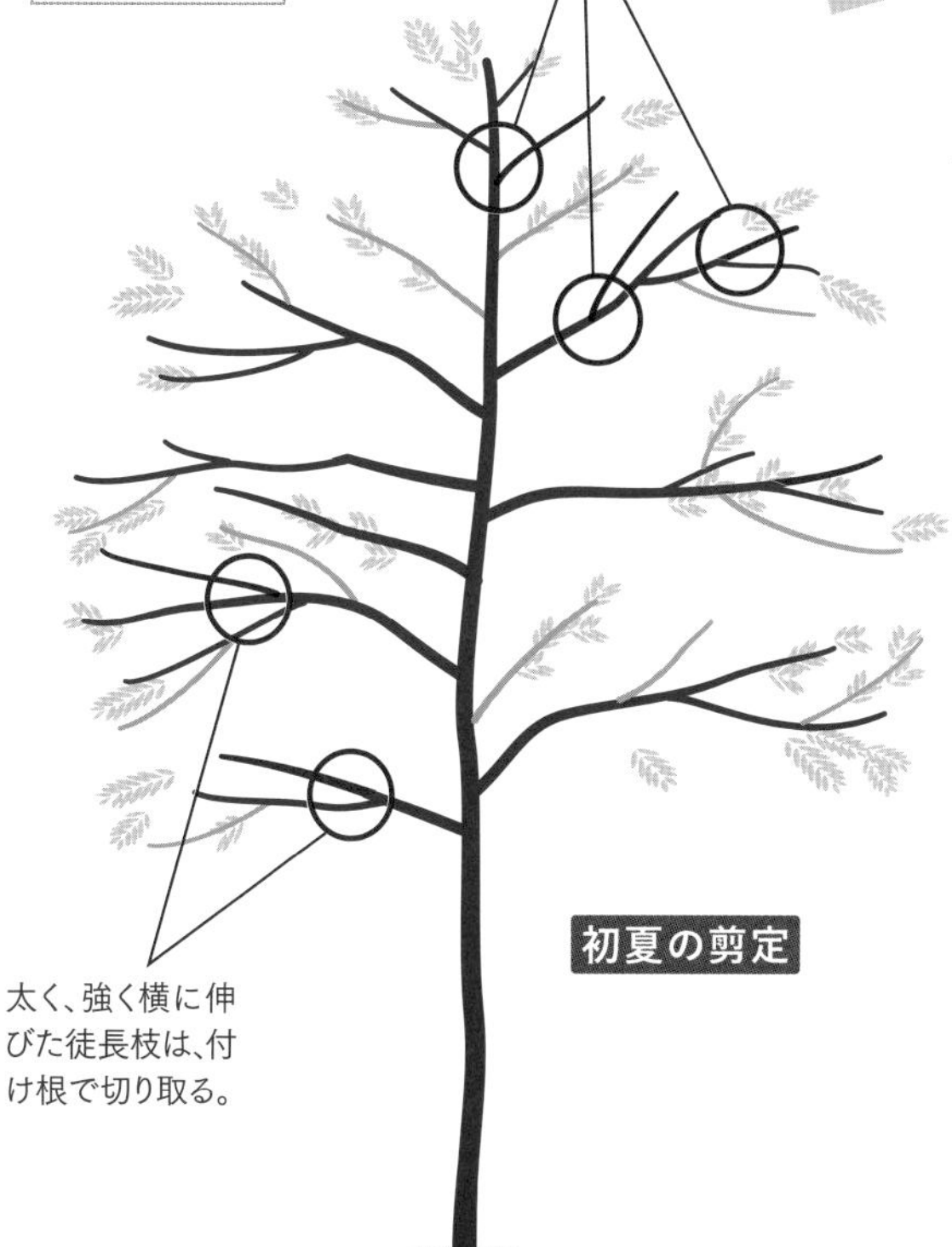
上のほうに強く伸びた枝は、付け根で切る。
初夏の剪定
太く、強く横に伸びた徒長枝は、付け根で切り取る。

年に2回は、太い枝を付け根から切り落とす。とくに秋から冬は、全体の約½を切り落として成長を抑える。

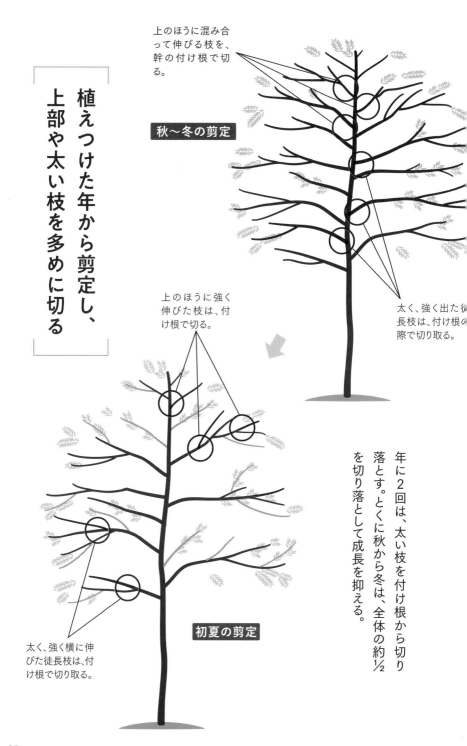

シマトネリコ

島戸練子

分類／モクセイ科　半常緑〜常緑高木　**樹高**／10m以上　**花色**／白　**実色**／茶　**根**／深い
生長／速い　**日照**／ひなた〜半日陰　**乾湿**／中間　**植えつけ**／5月上旬〜10月

ポイント

細くて涼しげな常緑の葉をもち、とても丈夫で育てやすく、和洋を問わずどんな環境でも適応しやすいことから、人気の樹種になりました。生長が速く、3年目くらいから急激に育つので注意します。

南国生まれで土質を選ばず、強健で病気や害虫にも強い

特徴　沖縄〜東南アジア原産で、樹勢が強く、普通の常緑樹とは異なった細くさらりとした葉が涼しげな印象です。花は白い穂状で、開花期には株を覆うほど花つきがよく、夏には白いサヤができます。

たいへん丈夫なことや、常緑で育てやすいことから近年非常に人気がありますが、寒さに弱く、暖地向きです。

枝の切り方と管理　生育旺盛で伸びすぎてしまうことがあり、放任すると10m以上に育ちます。できれば年に2回剪定するようにします。ゴツゴツとしたかたい枝が出やすいので、徒長枝や太い枝を幹の付け根から大きく間引くように切り落とします。全体の⅓より多めに切り落とします。

春から夏によく育つので、水ぎれは禁物。朝か夕方にしっかりと水やりします。施肥は不要です。春先から秋まではアブラムシがつきやすいので注意します。

4	5	6	7	8	9	10	11	12	1	2	3
										展葉	
		開花		結実			果実熟期				
剪定					剪定					剪定	

しなやかさを保つには、徒長枝や太い枝を切る

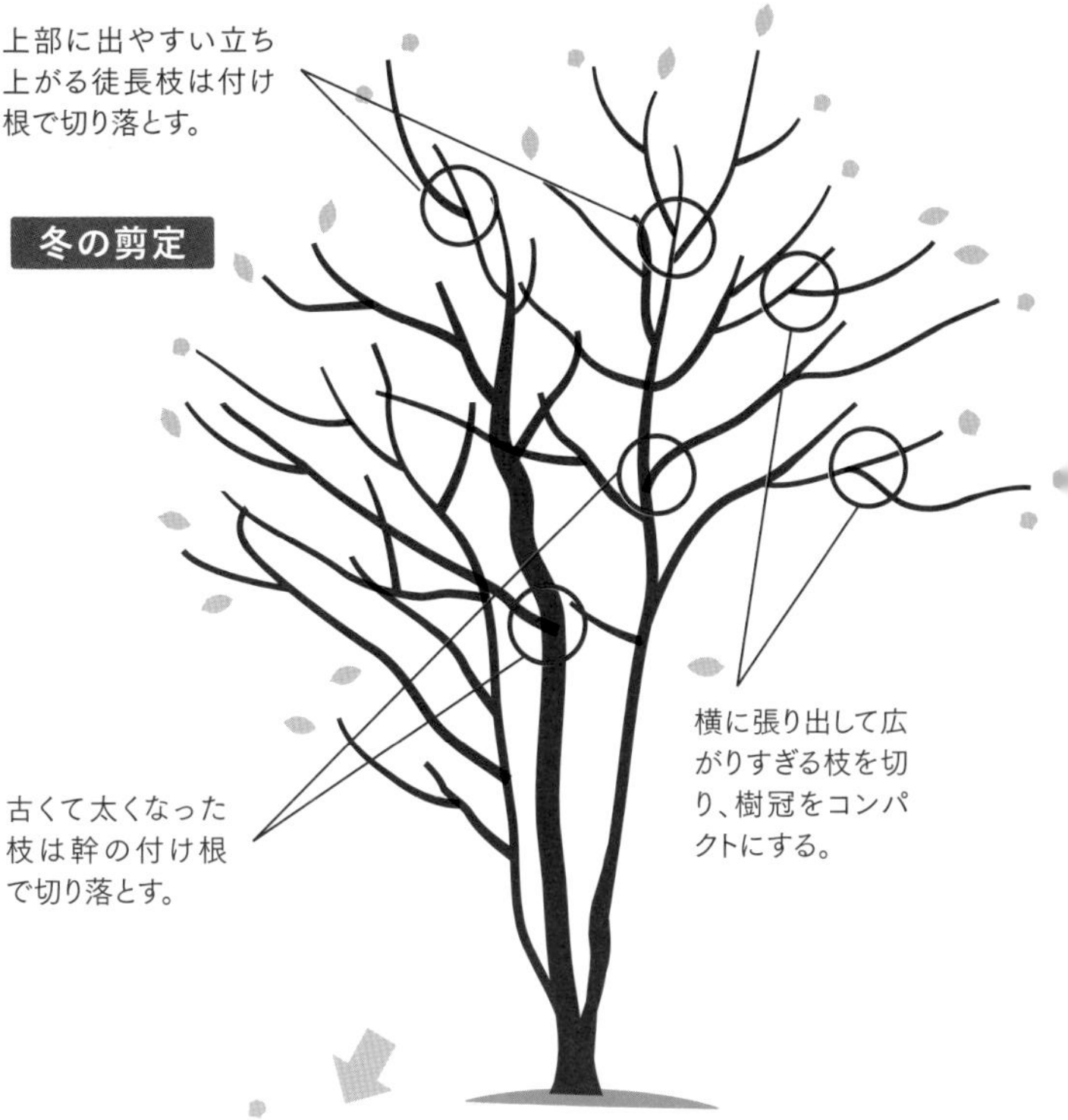
冬の剪定
上部に出やすい立ち上がる徒長枝は付け根で切り落とす。
横に張り出して広がりすぎる枝を切り、樹冠をコンパクトにする。
古くて太くなった枝は幹の付け根で切り落とす。

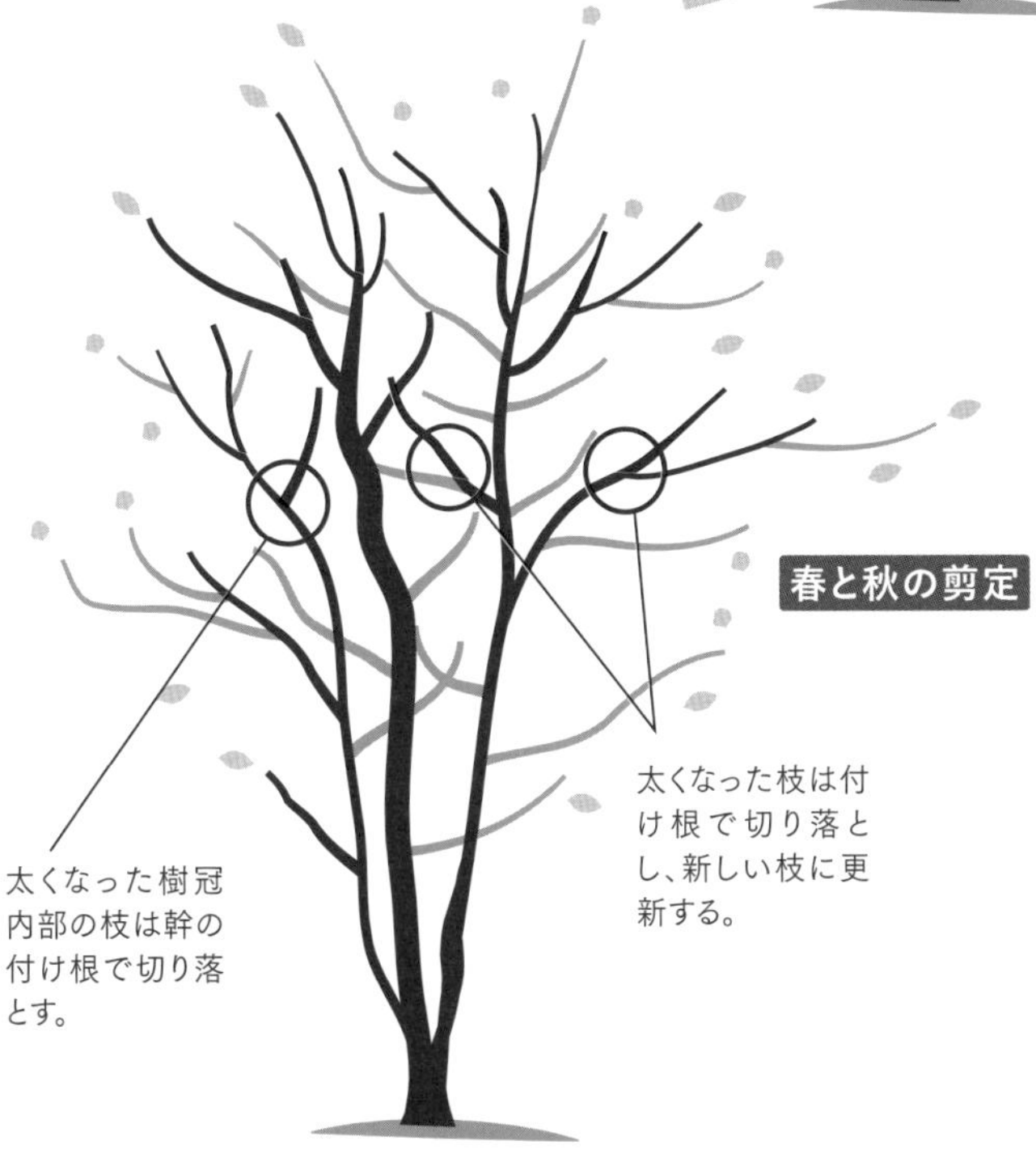
春と秋の剪定
太くなった枝は付け根で切り落とし、新しい枝に更新する。
太くなった樹冠内部の枝は幹の付け根で切り落とす。

年2回、伸びた枝を付け根から切り落とす。全体の$\frac{1}{3}$より多めに切る。数年に一度、古い幹を切って更新する。

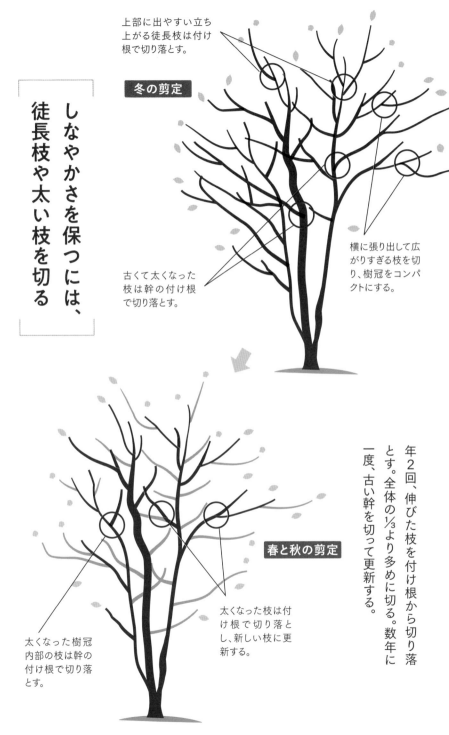

スモークツリー

分類／ウルシ科　落葉高木　樹高／3～5m　花色／緑、赤　実色／茶　根／浅い
生長／速い　日照／ひなた　乾湿／やや乾燥　植えつけ／11～3月上旬

ポイント

ふわふわとした花後の花柄《かへい》が煙のように伸びてかわいらしいことから、庭でシンボルツリーにする人がふえています。切り花でも人気です。生長が速く、2年目から急に大きくなりますが、移植しにくいので気をつけます。

雌雄異株で煙状になるのは雌木、楕円形の葉は紅葉も美しい

特徴 初夏に咲く花木の中でも開花期が長く、切り花で人気があります。雌雄異株で、煙状になるのは雌木です。ヨーロッパから中国にかけて自生し、耐寒性も耐暑性もあります。葉色は緑のほか、暗紫色や黄金色もあり、楕円形です。秋の紅葉もきれいです。

枝の切り方と管理 苗のときはおとなしそうに見えるため、目立つところに植えてしまいがちです。生長が速くて2年目から急激に大きくなり、3年目以降にあわてて移植するケースを見かけます。根の量が少なく、移植がとても難しい木なので、どうしても移植したい場合は葉からの蒸散を抑えるために事前に約1/3の枝を間引き、根を切らないように掘り上げます。

冬の剪定では、太い枝や徒長枝を中心に、全体の約1/2を付け根で切ります。夏の剪定は、花後の枝を花の下2～3節下で切るほか、強く伸びた枝を間引くように切り落とし、ふわっとした樹形を維持します。

4	5	6	7	8	9	10	11	12	1	2	3
	展葉					紅葉	落葉期				
			開花	結実							
				剪定					剪定		

太い枝と徒長枝を中心に切り、ふわっとした樹形に整える

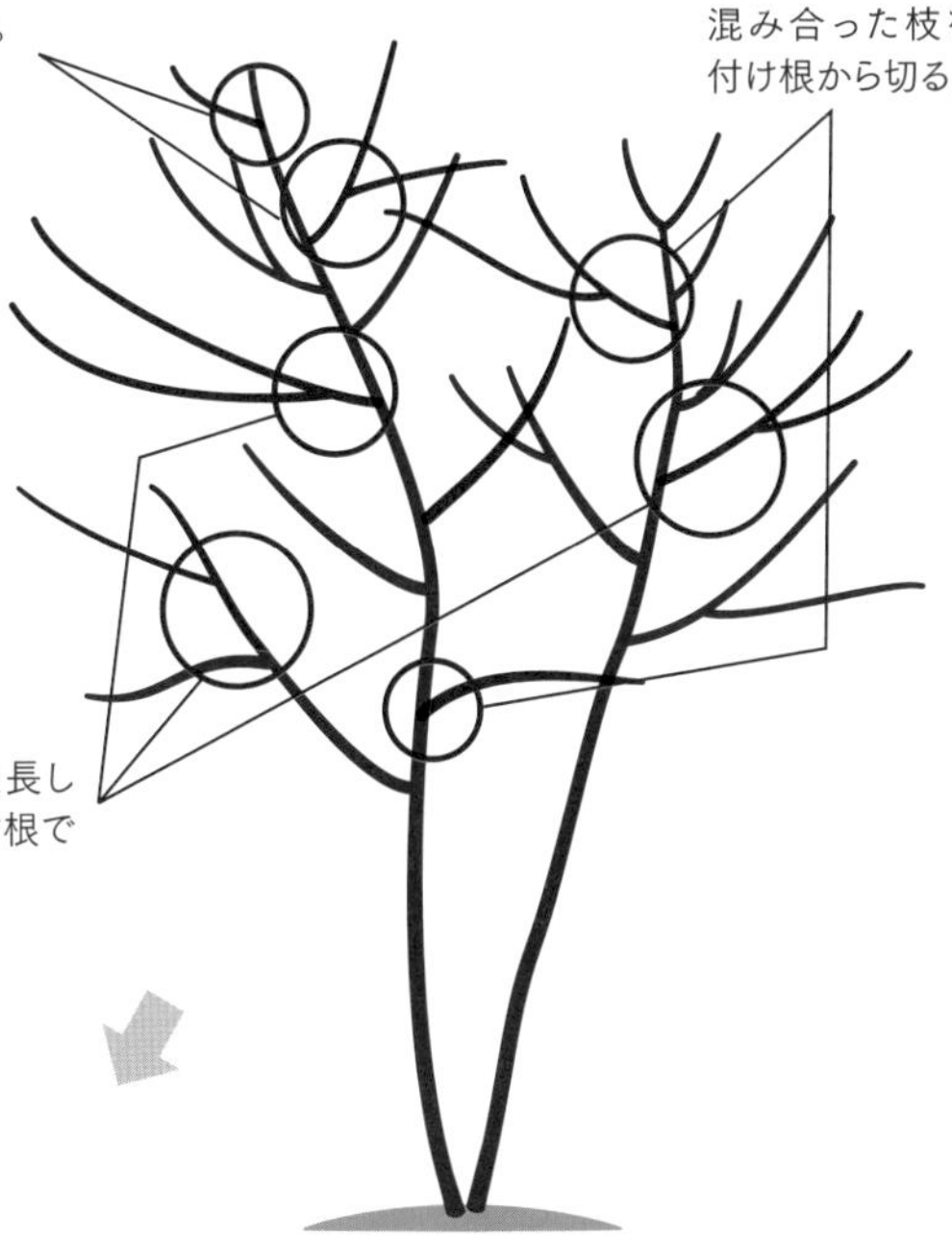
冬の剪定
太く強く出た頂部付近の枝は、幹の際で切り落とす。
樹冠内部に伸びる、交差する枝や混み合った枝を付け根から切る。
太い枝や徒長した枝を、付け根で切り落とす。

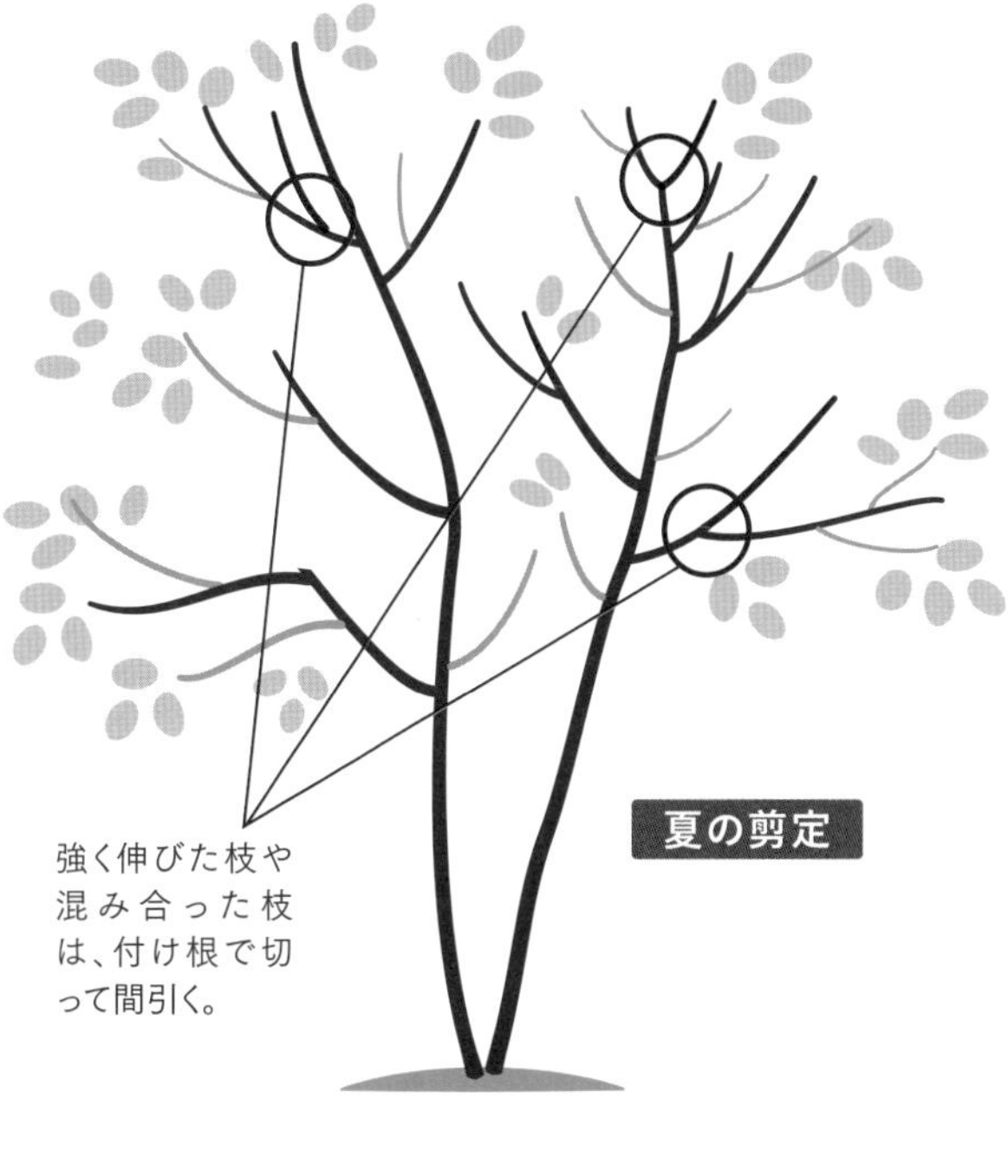
花が咲いた枝は、花がら切りをかねて花の2〜3節下で切る。
強く伸びた枝や混み合った枝は、付け根で切って間引く。
夏の剪定

冬は毎年、幹の際から½程度を切り落とす。夏は開花した枝を切り戻し、強く伸びた枝を間引く。

ユーカリ

分類／フトモモ科　常緑高木　**樹高**／5〜10m以上　**花色**／赤、白　**根**／浅い
生長／速い　**日照**／ひなた　**乾湿**／乾燥　**植えつけ**／4〜5月と9〜10月

ポイント

銀灰色の丸くて楕円形の葉が美しく、一年中楽しめます。モダンな洋風の住宅に似合うことから、庭植えのシンボルツリーとして人気があります。生長がとても速く、丈夫でどんどん大きくなります。

洋風な庭のアクセントに 銀灰色の葉が一年中美しい

特徴　オーストラリア原産で、コアラが食用とすることでも知られます。銀灰色の丸い葉が美しく、常緑なので一年中観賞できます。主に庭で使われるのは、ユーカリ・ポポラスとユーカリ・グニーで、ポポラスは春に開花し、グニーは秋に開花します。

枝の切り方と管理　温暖地を好みますが、関東平野部以西なら、庭植えができます。とにかく生長が速く、放任するとあっという間に大きくなります。植えつけた年から剪定を開始し、葉や枝の数を減らすことで大きくならないように樹勢を抑えます。乾燥には強いのですが、根が浅めに張るので、支柱などで補助します。

剪定は2〜5月と7〜10月に行い、特に7〜10月の期間には2〜3回、強く伸びた枝や樹冠内部を乱す枝を付け根から切って間引きます。2〜5月の剪定は、樹冠内部の太い枝や混み合った枝を付け根から切り、全体の約1/3を切り落とします。

4	5	6	7	8	9	10	11	12	1	2	3
展葉											
開花（ポポラス）					開花（グニー）						
剪定			剪定							剪定	

夏から秋は2～3回剪定し、葉や枝を減らして樹勢を抑える

太い枝や混み合った枝を、付け根で切る。

春の剪定

樹冠内部に立ち上がる徒長枝は、付け根で切り落とす。

強く伸びる枝や混み合った枝を間引くように付け根で切る。

夏～秋の剪定

＊期間内に2～3回

樹冠内部に立ち上がる徒長枝は、付け根で切り落とす。

春は強く伸びた徒長枝を約1/3付け根で切る。夏～秋は剪定適期に2～3回、間引くように切る。

ネグンドカエデ

分類／ムクロジ科（カエデ科） 落葉中高木 **樹高**／10～30m **花色**／茶 **実色**／茶
根／深い **生長**／速い **日照**／ひなた～半日陰 **乾湿**／中間 **植えつけ**／12～1月

ポイント

さわやかな斑《ふ》入りや黄緑色などのカラーリーフが現代の住宅によく似合うことから普及しました。生長がとても速く、丈夫で育てやすい半面、2年目ぐらいから急激に大きくなるので要注意です。

カラフルな斑入り葉を生かして庭のフォーカルポイントに

特徴 北米原産の落葉中高木で、葉に美しい白や黄色の斑が入るものが主流です。多く流通するのは新芽がピンク色に染まる'フラミンゴ'で、夏には白い斑に変化します。斑入り種は夏に涼しげな葉色で、秋には淡い紅色に色づき、洋風の住宅に似合います。遠目にも目立つ樹木なので、庭のフォーカルポイントにもなります。

日当たりがよく、水はけがよい適湿地を好みます。日当たりが悪いと、斑がきれいに出ません。

枝の切り方と管理 自然樹形を維持しながら剪定するのがコツです。生長が速く、樹勢が非常に強いので、細い枝を残し、かたくて太い徒長枝を幹の付け根から切り落とします。全体の⅓よりも多めに切ります。

カミキリムシの幼虫が好んで寄生するので、幹に穴があいていないか、穴からおがくずが出ていないかなど、注意して観察します。

4	5	6	7	8	9	10	11	12	1	2	3
		展葉			紅葉			落葉期			
開花				結実							
		剪定						剪定			

樹勢を抑えるには、細い枝を残していく

冬の剪定
樹冠内部の混み合った枝を付け根で切る。
古くなって太くゴツゴツした下枝を付け根で切る。
樹冠内部で横に張り出した徒長枝を幹の付け根で切る。

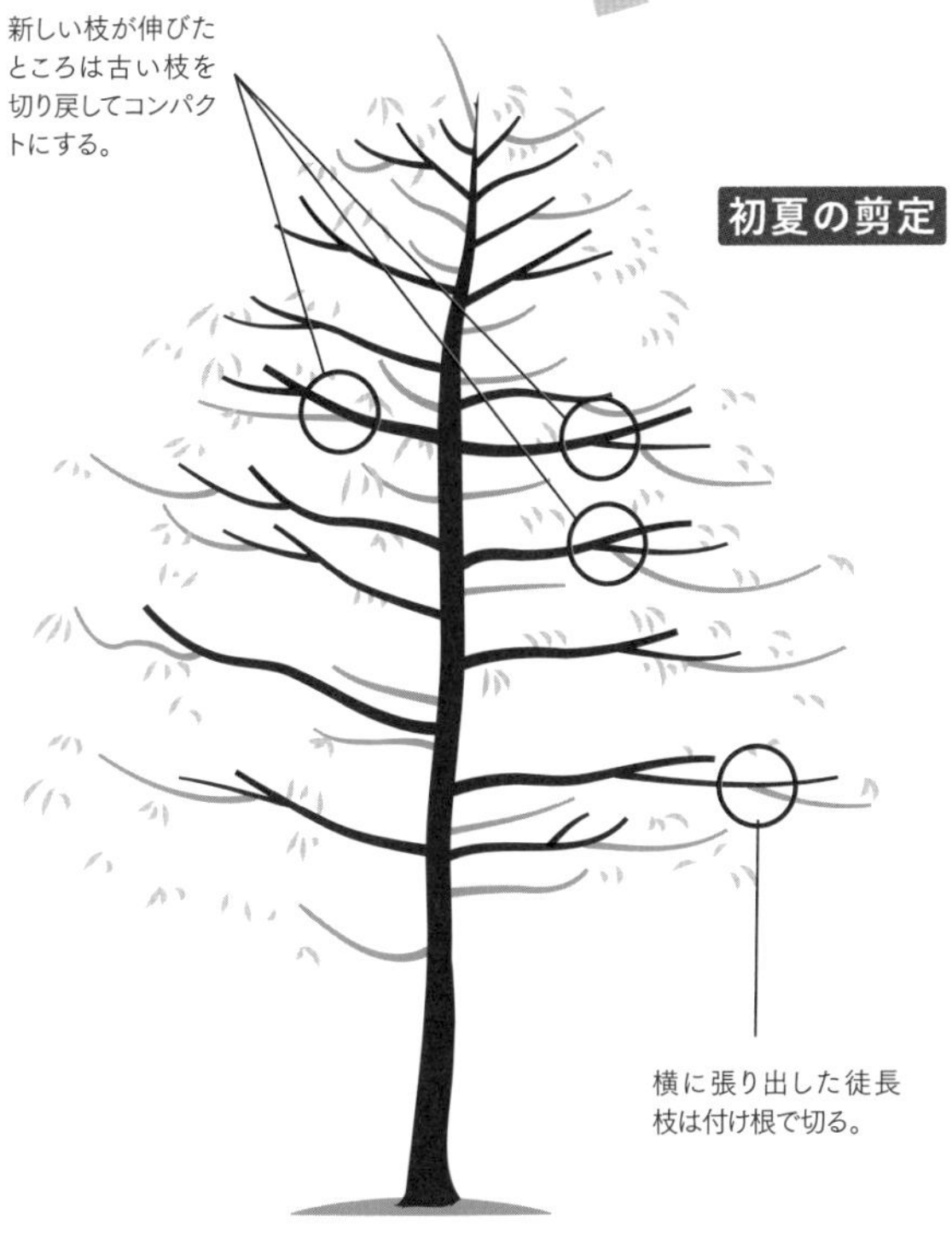
初夏の剪定
新しい枝が伸びたところは古い枝を切り戻してコンパクトにする。
横に張り出した徒長枝は付け根で切る。

毎年、大きく伸びた枝を幹の付け根から切り落とす。数年に一度、古い幹を切ってコンパクトに更新。

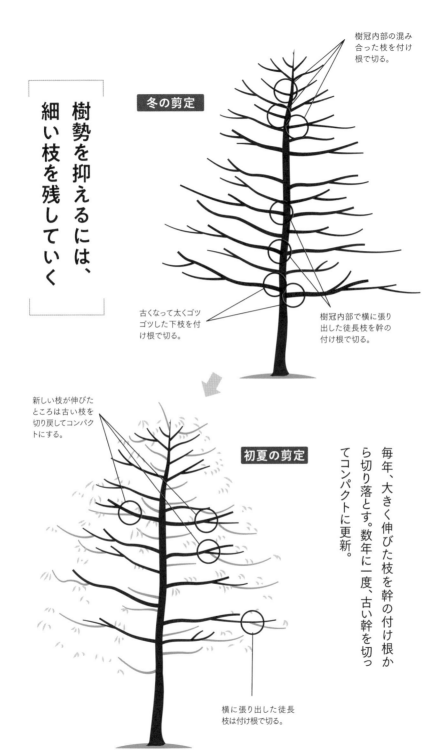

常緑樹の剪定

剪定の基礎

力強く伸びる幹、光沢のある革質の葉を庭の背景やアクセントに使いこなす

常緑広葉樹の花は、大ぶりで華やかなシャクナゲのようなタイプと、花があまり目立たないカクレミノのようなタイプに分かれます。ほかにはソヨゴなどのように、主に実を楽しむタイプがあります。人間の視線から近い位置で花が咲いたり果実が実るので、庭の中では季節を演出するアクセントになるグループです。花や実を楽しめる樹種は、建物から見える場所や、通路の近くに植えるのが、季節が巡ってきた喜びを実感しやすく、おすすめです。

剪定には知識と技術が必要ですが、比較的生長するスピードが速いので、コントロールしやすいのもこのグループの特徴です。

「胴吹き枝」を活用して枝と主幹を更新し コンパクトな姿を保つ「バランス更新型」

ツバキはこのグループの代表的な生育パターンをもつ樹木のひとつです。手入れをしないと、樹高は15mほどまで伸び、樹冠も大きく広がります。数年に一度は主幹の立てかえを行い、コンパクトな樹形を保ちましょう。そのためには、毎年横に張り出す胴吹き枝の中で、低い位置から主幹に沿って伸びているものを選んで、数年後に差しかえるために残しておきます。

毎年の手入れは、張り出して伸びた枝を1/3～2/5ほど、付け根から切り落とします。

樹冠が大きくなったら、残しておいた新しい主幹に更新して、先端までしなやかな枝ぶりのまま、一回り小さな樹冠に整えます。

主に花を楽しむ樹種は 花芽を減らさないように剪定する

このグループの場合、ほとんどの樹種では、翌年の花芽の形成時期は、花後すぐから数カ月後までです。遅れて剪定すると、すでにできている花芽を、知らずに切り落としてしまうので、花後、できるだけ早く剪定しましょう。

また、生け垣やスクリーンにする場合でも、刈り込みバサミで先端だけをすべて切ってしまうと、翌年の花が咲かなくなります。剪定バサミで間引くように切ると、多少花が減っても、ある程度の開花は見込めます。

古枝や徒長枝を毎年切り
新しくしなやかな枝に更新する

主に美しい葉を落葉樹の背景として使う常緑広葉樹。胴吹き枝が比較的出やすいので、毎年古い枝を更新したい。高くなりがちな樹高を切り戻して低く抑え、しなやかな姿に保つのがコツ。

カルミア

和洋を問わず、どんな庭にも似合う。耐陰性もあり、木陰のポイントにぴったり。つぼみがかわいらしく、開花すると手まり状の花がたくさん集まって咲くので、周囲が明るい印象になる。

カクレミノ

つややかな緑でユニークな形の葉がアクセントになる。丈夫で育てやすく、耐陰性も強い。北側や通路の目隠しに最適。

シャクナゲ類

常緑樹の中でも、華やかで大きな花が魅力。カラフルな西洋シャクナゲよりも淡いピンク色の花の小型種が多いヤクシマ系の園芸種がおすすめ。

アオキ 青木

分類／ミズキ科 常緑低木 樹高／1〜3m 花色／茶 実色／赤 根／中間
生長／遅い 日照／半日陰〜日陰 乾湿／中間〜湿りがち 植えつけ／3〜5月、10〜11月

4	5	6	7	8	9	10	11	12	1	2	3
展葉	展葉	展葉	展葉	展葉	展葉	展葉	展葉	展葉	展葉	展葉	展葉
開花	開花						結実	結実			
		剪定	剪定			剪定	剪定	剪定	剪定	剪定	剪定

日陰でも、つややかな赤い実と葉

特徴 他の木が育ちにくい場所でも根づけば丈夫に育つので、軒下などの日陰で乾燥する場所や、建物の裏や目隠しなどにも利用できます。茶色の花は地味で目立ちませんが、ツヤのある美しい葉と冬に赤く色づく実が庭のポイントになります。斑入りの園芸品種が多数あります。雌雄異株で、実を楽しむには雌株を植えます。

枝の切り方と管理 できるだけまとまった樹形に整えると見ごたえがあるので、図にあるようなまんじゅう形をイメージしながら、自然な樹形に整えます。立ちぎみに伸びてくる枝が多いので、それは付け根から切り落とします。株元からひこばえが伸びてきたら、姿がよく、勢いが強すぎないものを選んで残し、数年に一度、主幹を地際から切り倒して更新します。株が小さいころには、2月に少量の肥料を与えるとよいでしょう。

立ちぎみに伸びてくる枝は付け根から切り落とす。
古くて太くなった枝は幹の付け根で切り落とす。
徒長枝や下垂枝は付け根の際から切り落とす。
冬の剪定

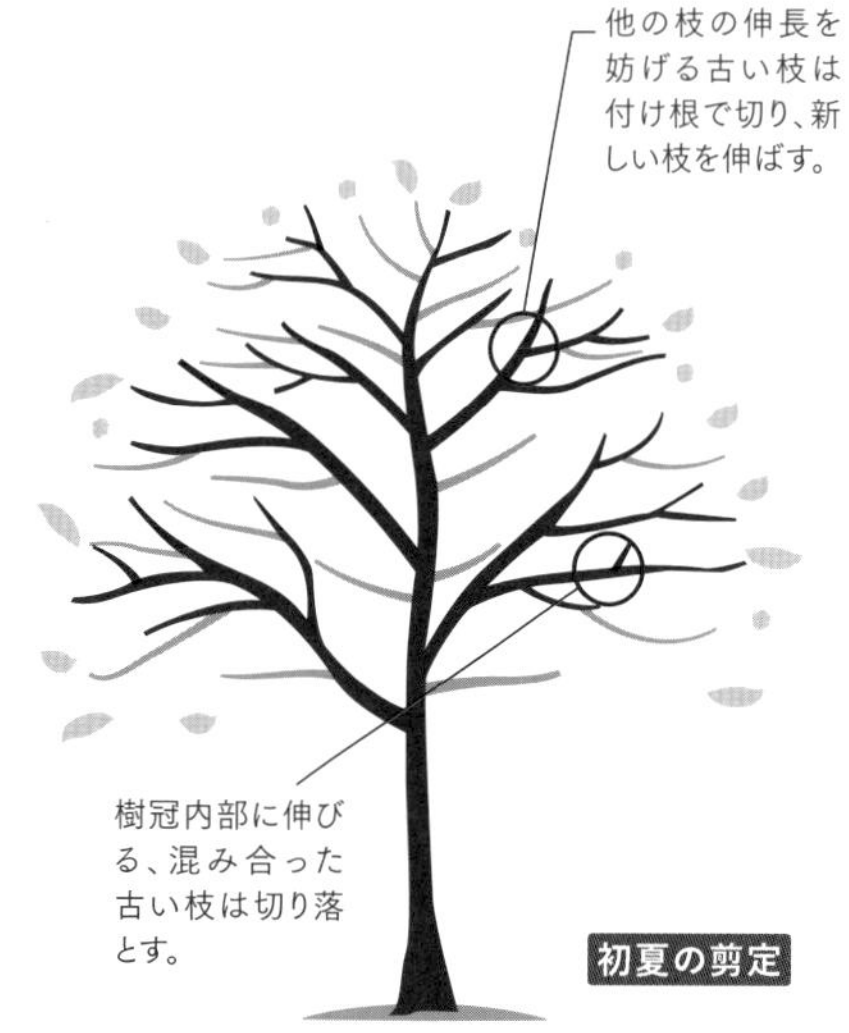
他の枝の伸長を妨げる古い枝は付け根で切り、新しい枝を伸ばす。
樹冠内部に伸びる、混み合った古い枝は切り落とす。
初夏の剪定

樹冠内部の立ち枝、下垂枝、徒長枝を付け根で切り、全体の約1/3を切る。数年に一度、主幹を更新する。

アセビ　馬酔木

分類／ツツジ科　常緑低木　**樹高**／1.5～2.5m　**花色**／白、桃、赤　**根**／深い　**生長**／遅い
日照／ひなた～半日陰　**乾湿**／乾燥～中間　**植えつけ**／厳寒期と盛夏を除くいつでも

<table>
<tr><td>4</td><td>5</td><td>6</td><td>7</td><td>8</td><td>9</td><td>10</td><td>11</td><td>12</td><td>1</td><td>2</td><td>3</td></tr>
<tr><td colspan="12">展葉</td></tr>
<tr><td>開花</td><td></td><td></td><td></td><td></td><td colspan="2">結実</td><td></td><td></td><td></td><td></td><td>開花</td></tr>
<tr><td></td><td colspan="2">剪定</td><td></td><td></td><td></td><td></td><td colspan="3">剪定</td><td></td><td></td></tr>
</table>

茶庭に欠かせない半日陰向きの木

特徴　濃い緑色の葉が印象的で、春に枝先にたくさんの壷形の小花を下向きに咲かせます。名前は馬が食べると神経がマヒして酔ったような状態になるところに由来し、かつては葉を煮出して殺虫剤として利用されました。園芸品種にアカバナアセビがあります。生長が遅いので、狭い庭でも使いやすい木です。木漏れ日程度の半日陰で丈夫に育ちます。

枝の切り方と管理　手をかけなくても姿が乱れにくいのが特徴ですが、放置すると枝が隙間なく固まった感じになってしまいます。毎年、全体の約⅖を切って新しく伸びてきた枝に更新します。幹の途中から胴吹き枝が出やすい、剪定しやすい木です。古い枝は花つきも悪くなるので、数年で幹の付け根から切ります。主幹の更新などの大きな剪定を行う場合は花後のほうが適します。花がつきすぎると弱るので、つぼみの時期に間引きます。グンバイムシやハマキムシに注意します。

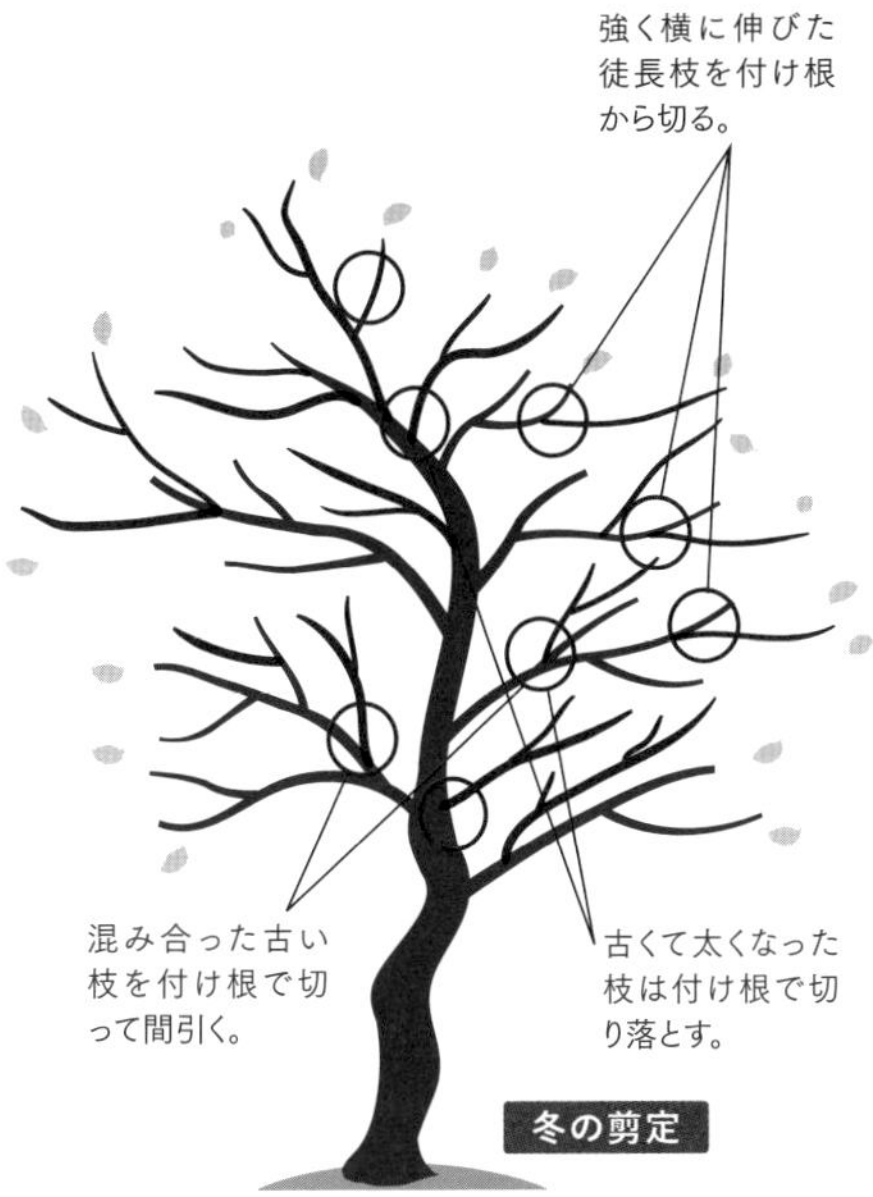
強く横に伸びた徒長枝を付け根から切る。
混み合った古い枝を付け根で切って間引く。
古くて太くなった枝は付け根で切り落とす。
冬の剪定

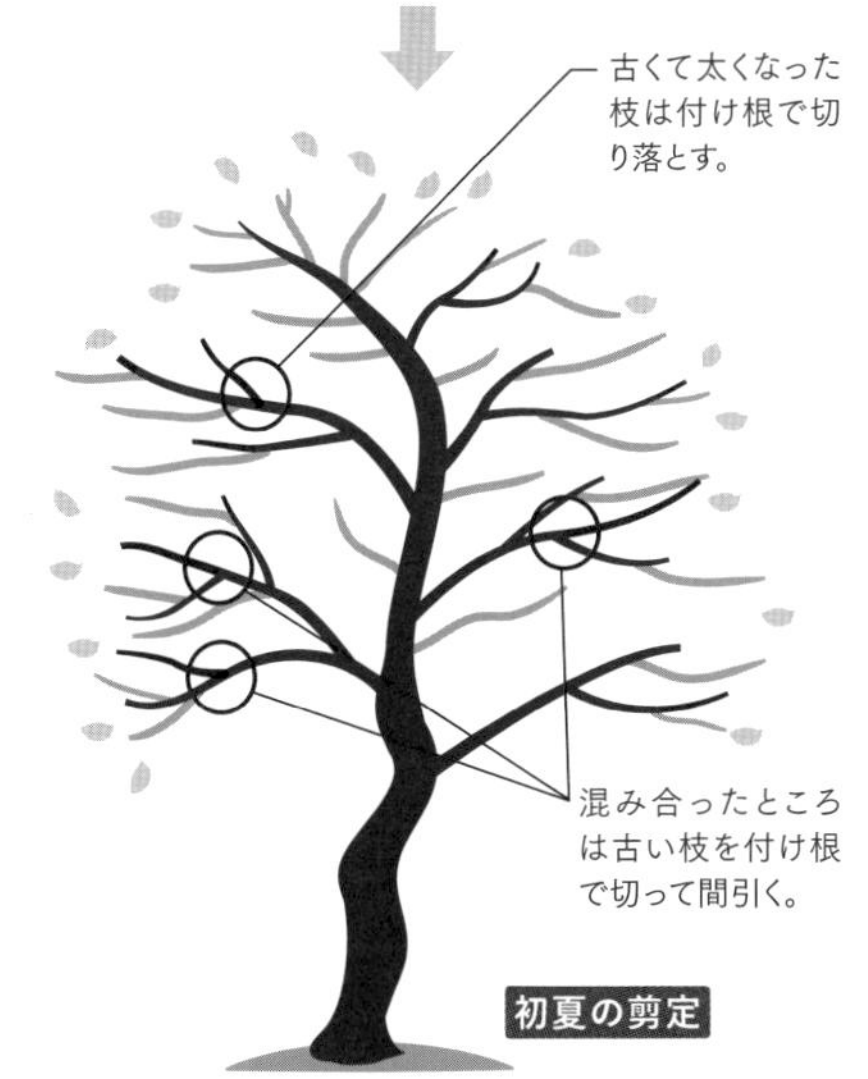
古くて太くなった枝は付け根で切り落とす。
混み合ったところは古い枝を付け根で切って間引く。
初夏の剪定

混み合った枝を⅖ほど付け根から切り落とし、胴吹き枝を生かして株全体をしなやかな姿に保つ。

イヌツゲ

犬黄楊

分類／モチノキ科　常緑小高木　樹高／1～8m　花色／白　実色／黒　根／中間
生長／速い　日照／日なた～半日陰　乾湿／中間　植えつけ／3～4月、9～10月

4	5	6	7	8	9	10	11	12	1	2	3
展葉	展葉	展葉	展葉	展葉	展葉	展葉	展葉	展葉	展葉	展葉	展葉
	開花	開花				結実	結実				
剪定	剪定		剪定	剪定	剪定	剪定					剪定

本来の自然樹形で葉の質感を楽しむ

特徴　ツゲと名がついていますが、じつはツゲの仲間ではなく、モチノキの仲間です。材が細工物に使われるツゲとは違い、有用でないことからイヌと名づけられましたが、庭に使う場合はツゲよりも他の雑木になじみやすくおすすめです。マメツゲ、キンメツゲなど、品種も豊富です。

枝の切り方と管理　生育はやや速いのですが、コントロールしやすい木です。刈り込まずに枝先を伸ばして緑陰をつくりましょう。主幹から細かい枝が横に伸びるので、まず、立ち枝と下垂枝、徒長枝をすべて付け根で切り取り、全体の約½の枝を切り取ります。すんなり伸びた横枝のみに整えます。樹冠から強く飛び出した徒長枝は、そのまま放置すると樹形を乱す原因になるので、必ず早めに幹の際から切り取ります。病害虫は、春と秋にハマキムシがつきやすいので、見つけしだい、早めに防除するように心がけます。

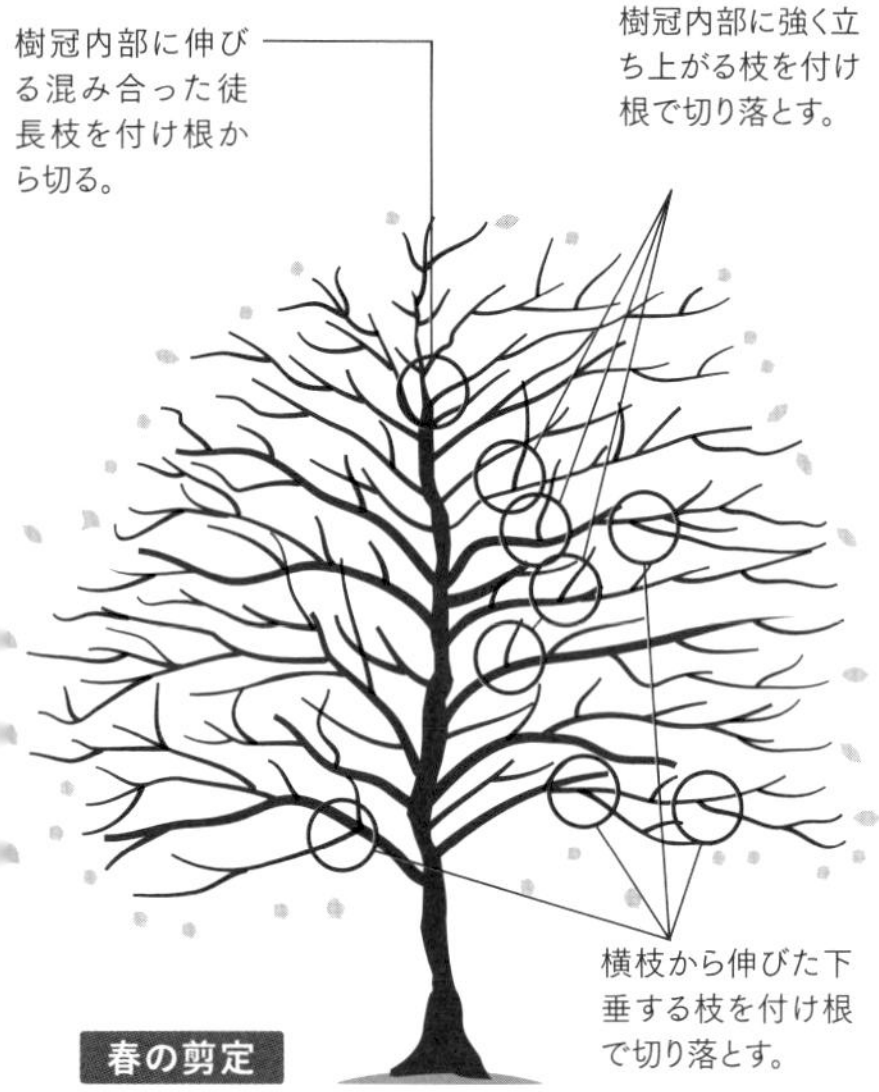

樹冠内部に伸びる混み合った徒長枝を付け根から切る。
樹冠内部に強く立ち上がる枝を付け根で切り落とす。
横枝から伸びた下垂する枝を付け根で切り落とす。
春の剪定

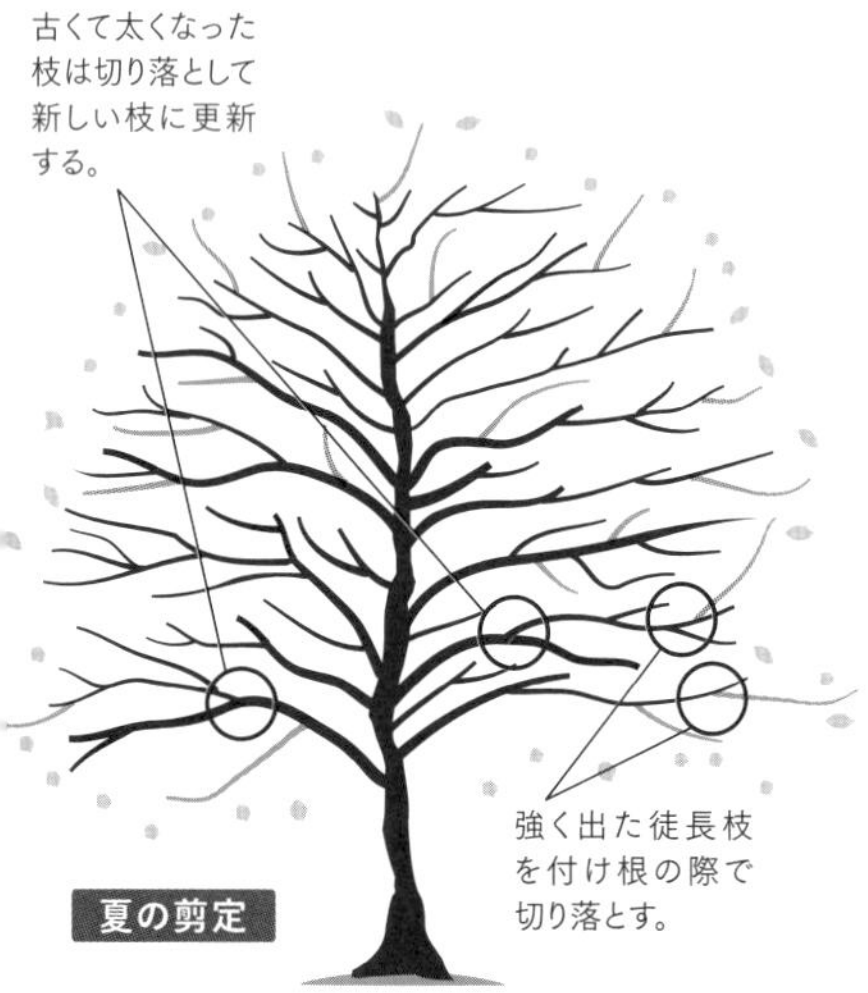

古くて太くなった枝は切り落として新しい枝に更新する。
強く出た徒長枝を付け根の際で切り落とす。
夏の剪定

横枝を残し、立ち枝、下垂枝、徒長枝を付け根で切り、自然な樹形に整える。全体の½程度を切り取る。

オリーブ

分類／モクセイ科　常緑中高木　**樹高**／2〜10m　**花色**／黄白色　**根**／深い
生長／中間　**日照**／日なた　**乾湿**／乾燥　**植えつけ**／3〜4月

4	5	6	7	8	9	10	11	12	1	2	3
展葉	展葉	展葉	展葉	展葉	展葉	展葉	展葉	展葉	展葉	展葉	展葉
	開花	開花			結実	結実					
剪定			剪定	剪定	剪定	剪定				剪定	剪定

風で裏返ると銀色の葉が光って美しい

特徴　地中海沿岸地域を代表する果樹で、乾燥に強く、寒さを嫌います。葉はかたい披針形で、風で揺れると、葉の裏側がちらちらと見え、銀灰色がかった緑色の表面も相まって、美しい点景木として盛んに植えられています。荒れ地でも丈夫に育ち、ベランダや屋上でのコンテナ栽培にも適しています。5〜6月に黄白色の小花を穂状に咲かせますが、自家受粉しないので、果実を結実させるには2品種以上を植える必要があります。小豆島などでは果実が生産されています。

枝の切り方と管理　徒長した枝や立ち枝が多く出るので、細くてしなやかに伸びる枝を残し、ほかは枝の付け根から切り取ります。古くなってゴツゴツした枝も切って更新します。病気はそれほど心配ありませんが、ゾウムシの被害にあいやすいので、幹からおがくずが出ていたら注意深く観察し、食入穴を見つけて駆除します。

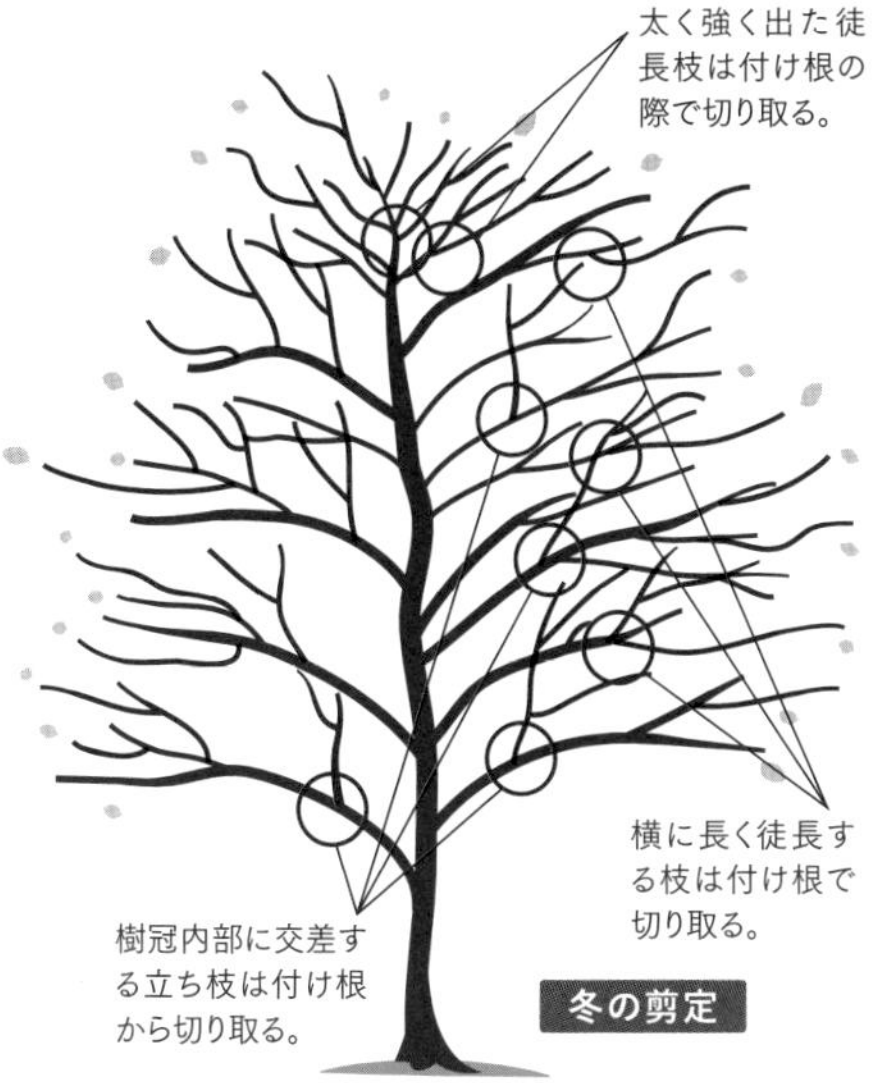
太く強く出た徒長枝は付け根の際で切り取る。
横に長く徒長する枝は付け根で切り取る。
樹冠内部に交差する立ち枝は付け根から切り取る。
冬の剪定

太く強く出た徒長枝は付け根の際で切り取る。
古くて太くなった枝は付け根で切り落とし、新しい枝に更新する。
夏の剪定

樹冠内部で交差する立ち枝は付け根から切り取り、数年に一度は主幹も更新して差しかえる。

カクレミノ
隠蓑

分類／ウコギ科　常緑小高木　**樹高**／3〜5m　**花色**／黄緑　**実色**／黒　**根**／深い
生長／中間　**日照**／半日陰　**乾湿**／中間　**植えつけ**／4〜5月

4	5	6	7	8	9	10	11	12	1	2	3
展葉	展葉	展葉	展葉	展葉	展葉	展葉	展葉	展葉	展葉	展葉	展葉
			開花	開花	結実	果実熟期	果実熟期				
		剪定	剪定	剪定				剪定			

ツヤのあるユニークな葉、日陰と乾燥に耐える

特徴　細い幹がすらりと立ち上がって株立ちになり、上部に葉をつけた姿を身を隠す蓑《みの》に見立てて名づけられました。ツヤのある卵形の葉は、大きく2〜3つに裂けます。夏に黄緑色の小花を球状につけ、果実は秋に黒く熟し、地味ながらも風情があります。耐陰性があるので、建物の北側の目隠しや軒下などに適します。腐植質に富み、保湿性と水はけを兼ね備えた土を好みますが、乾燥ぎみでも育ちます。寒さに弱いので寒冷地では育ちません。

枝の切り方と管理　比較的生育が速く、丈夫で、放任すると樹高が伸びます。混み合った枝を付け根から切り落とし、先端に強い徒長枝が出たら、早めに付け根で切り戻します。全体の約⅖を切ります。樹高が伸びたら下のほうから主幹を切り、胴吹き枝を生かして芯を更新します。2月と8月に少量の固形肥料を施します。特に目立った病害虫はありません。

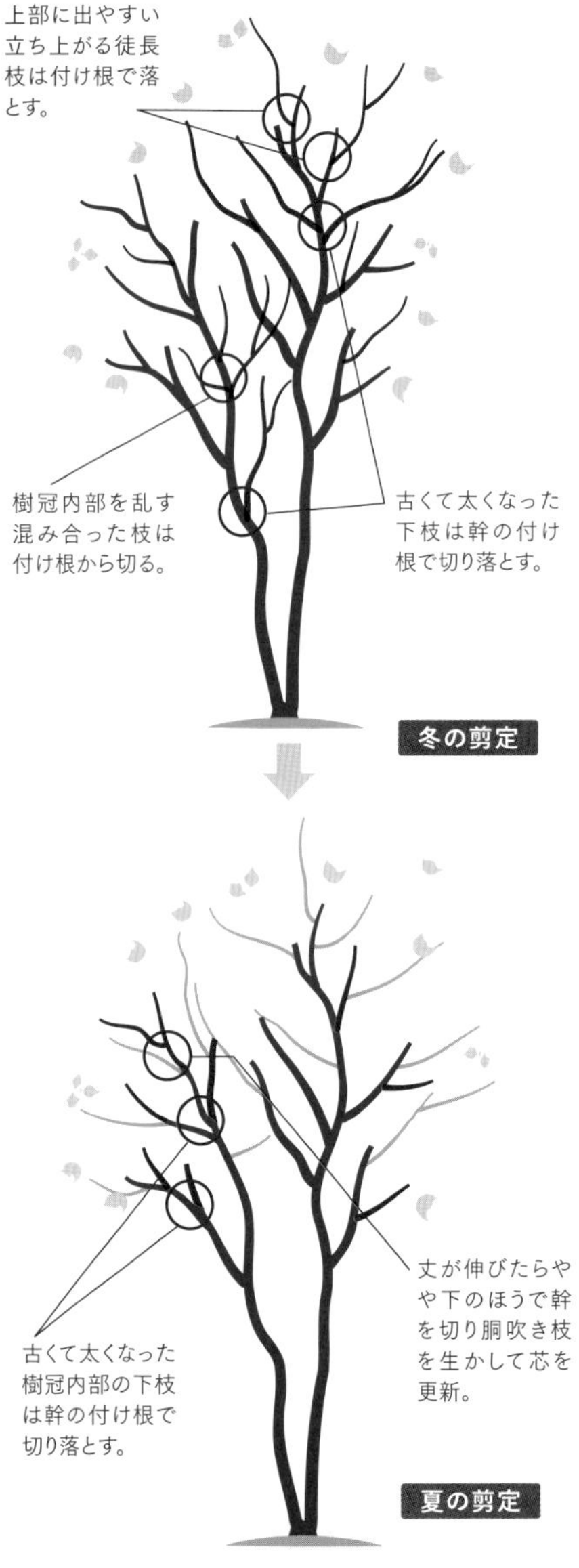
上部に出やすい立ち上がる徒長枝は付け根で落とす。
樹冠内部を乱す混み合った枝は付け根から切る。
古くて太くなった下枝は幹の付け根で切り落とす。
冬の剪定
丈が伸びたらやや下のほうで幹を切り胴吹き枝を生かして芯を更新。
古くて太くなった樹冠内部の下枝は幹の付け根で切り落とす。
夏の剪定

混んだ枝と徒長枝を⅖程度、付け根で切る。主幹が伸びたら低い位置で切り戻し、胴吹き枝に更新。

4	5	6	7	8	9	10	11	12	1	2	3
											展葉
	開花		結実			果実熟期					
		剪定				剪定					

カラタネオガタマ

唐種招霊

分類／モクレン科　常緑小高木　**樹高**／2～5m　**花色**／黄　**実色**／茶　**根**／深い
生長／遅い　**日照**／ひなた～半日陰　**乾湿**／中間　**植えつけ**／7～9月

遠くから、かぐわしい甘いにおいを放つ花

特徴　樹高が伸びないので小さな庭でも使いやすい木で、トウオガタマとも呼ばれます。普通種は淡い黄色の花で、離れていてもバナナのような甘い香りがします。シックな赤紫色の花が咲く園芸品種の'ポートワイン'は、バニラに似た甘い香りが魅力です。寒さに弱いので、植え場所に冬に冷たい北風が当たるところは避けましょう。植えつけは十分暖かくなった7～9月に行うのがポイントです。

枝の切り方と管理　徒長枝も少なく、生長も遅いので、花後に幹に出てきた下枝を幹の付け根から切り落とし、余分な脇枝を切り落とす程度です。風通しをよくしておきましょう。切り落とす枝の量は、全体の1/4～1/3程度に抑えます。

施肥は3～4月と7月に行いますが、きちんと肥料をやると耐寒性や花つきがぐっと向上するので、忘れずに与えます。

樹冠内部を乱す余分な脇枝を際で切り落とす。
幹に出てきた下枝を幹の付け根から切り落とす。
秋の剪定

混み合ったところでは、古くて太い枝を付け根から切る。
古くて太くなった枝は付け根で切り落とし、新しい枝に更新する。
初夏の剪定

生長がおだやかなので混み合った脇枝を切るだけでよく、適期に忘れずに施肥を行う。

カルミア

分類／ツツジ科　常緑低木　**樹高**／1～5m　**花色**／白、桃、紅　**根**／浅い
生長／遅い　**日照**／ひなた～半日陰　**乾湿**／中間　**植えつけ**／3～4月、9～10月

4	5	6	7	8	9	10	11	12	1	2	3
										展葉	
	開花										
		剪定				剪定					

お菓子の金平糖に似た愛らしいつぼみ

特徴　シャクナゲの近縁種ですが、葉も花も小型です。丈夫で花もよく咲き、集まって咲く花は花弁が浅く5つに裂け、基部に紅紫色の斑点があります。つぼみは金平糖に似ています。園芸品種が多数あり，'オスボレッド'は和洋を問わず使いやすい花色です。

半日陰でも育ちます。乾燥に弱いので、植えつけるときは植え穴に多めに堆肥を混ぜ込み、株元を腐葉土で厚めにマルチングします。

枝の切り方と管理　幹は細くよく枝分かれして、こんもりとした樹形になるので、混み合った枝を切り落として、しなやかなラインを出すように整えます。

日当たりが悪いと花つきが減ります。花つきをよくするには、3月と6月、9月に固形肥料を置き肥します。花がらをそのままにすると、病気になったり、結実して樹勢が衰えたりするので、こまめに摘み取りましょう。

部に出やすい
立ち上がる徒長
は、幹の付け根
落とす。
樹冠内部の混み合った枝は、際から切り落とす。
樹冠内部に立ち上がった枝は、付け根から切る。
秋の剪定
古くて太くなった枝は付け根で切り落とし、新しい枝に更新する。
初夏の剪定

引くように混み合った枝を付け根から切る。隙間がな
ズングリした樹形にしないように注意。

カンキツ類

柑橘類

分類／ミカン科　常緑低木～小高木　**樹高**／3～5m　**花色**／白　**実色**／黄、橙
根／深い　**生長**／遅い　**日照**／ひなた　**乾湿**／中間　**植えつけ**／3月中旬～4月上旬

4	5	6	7	8	9	10	11	12	1	2	3
展葉	展葉	展葉	展葉	展葉	展葉	展葉	展葉	展葉	展葉	展葉	展葉
	開花				結実	結実	結実	結実	結実	結実	結実
			剪定	剪定	剪定	剪定	剪定				剪定（枝抜き）

香りがよくおいしい、親しみのある果樹

特徴　木にも花にもよい香りがあるナツミカンやスダチ、カボスのほか、寒さにも強く立ち姿に野趣のあるユズやキンカンがおすすめです。5月に咲く甘くさわやかな香りのする白い花が魅力で、秋から冬にかけて黄色く熟す果実も長く楽しむことができます。植え場所は、冬に寒風の当たらない、日当たりのよいところが適します。

枝の切り方と管理　枝が混むと通風と採光が悪くなるので3月上旬～中旬に枝抜きをします。徒長枝を付け根から、全体の⅓程度を切り取ります。古い枝には実がつきにくくなるので、数年に一度は胴吹き枝を生かして切り戻し、枝を更新します。施肥は2月～3月上旬と6月中旬～7月、9月中旬～10月ですが、伸びすぎたり野趣がそこなわれるので控えめに与えます。病気はそれほどありませんが、アゲハチョウの幼虫が葉を食害するので、見つけしだい捕殺します。

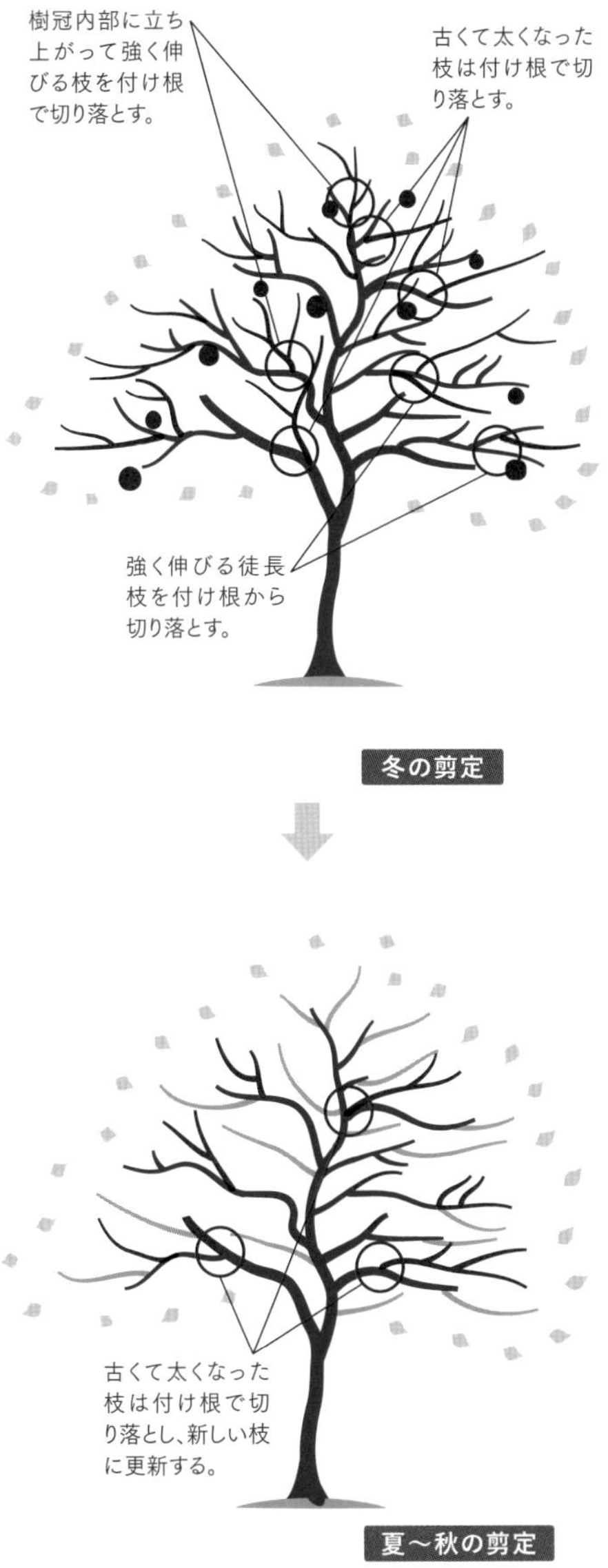
樹冠内部に立ち上がって強く伸びる枝を付け根で切り落とす。
古くて太くなった枝は付け根で切り落とす。
強く伸びる徒長枝を付け根から切り落とす。
冬の剪定
古くて太くなった枝は付け根で切り落とし、新しい枝に更新する。
夏～秋の剪定

徒長枝を全体の約⅓切り、数年に一度、胴吹き枝を生かして古枝を切り戻して更新する。

キョウチクトウ

夾竹桃

分類／キョウチクトウ科　常緑低木　**樹高**／2～4m　**花色**／桃、白、赤、オレンジ　**実色**／褐色
根／浅い　**生長**／速い　**日照**／ひなた　**乾湿**／やや湿潤　**植えつけ**／4～6月、9月

	4	5	6	7	8	9	10	11	12	1	2	3
展葉	■	■	■	■	■	■	■	■	■	■	■	■
結実・開花	結実		開花	開花	開花	開花						結実
剪定	剪定					剪定	剪定					剪定

強健で大気汚染に強く、夏じゅう絶え間なく咲く

特徴　夏から秋まで絶え間なく咲き、大気汚染にも強いので道路わきなどにも植えられます。春に枝先に花芽がつくられます。日当たりのよい場所を好み、日当たりが悪いと花が減ります。水はけがよく有機物の多い保水性のある土が適します。暖かい地域の樹木なので、植えつけ後、発根するまでは、ある程度の期間、土の温度が下がらない時期を選んで植えつけます。

花、葉などすべてに有毒成分が含まれているので、切り口から出る汁が皮膚に触れないように注意します。

枝の切り方と管理　生育が速いので放任すると大きく伸びます。花が終わる9月から翌年の3月までの間に、伸びた枝や太くなった枝の間引きや切り戻しを行います。花つきをよくするには2月ごろに有機質肥料を株元の周辺に施します。4月以降の暖かい時期は、炭そ病とアブラムシに注意します。

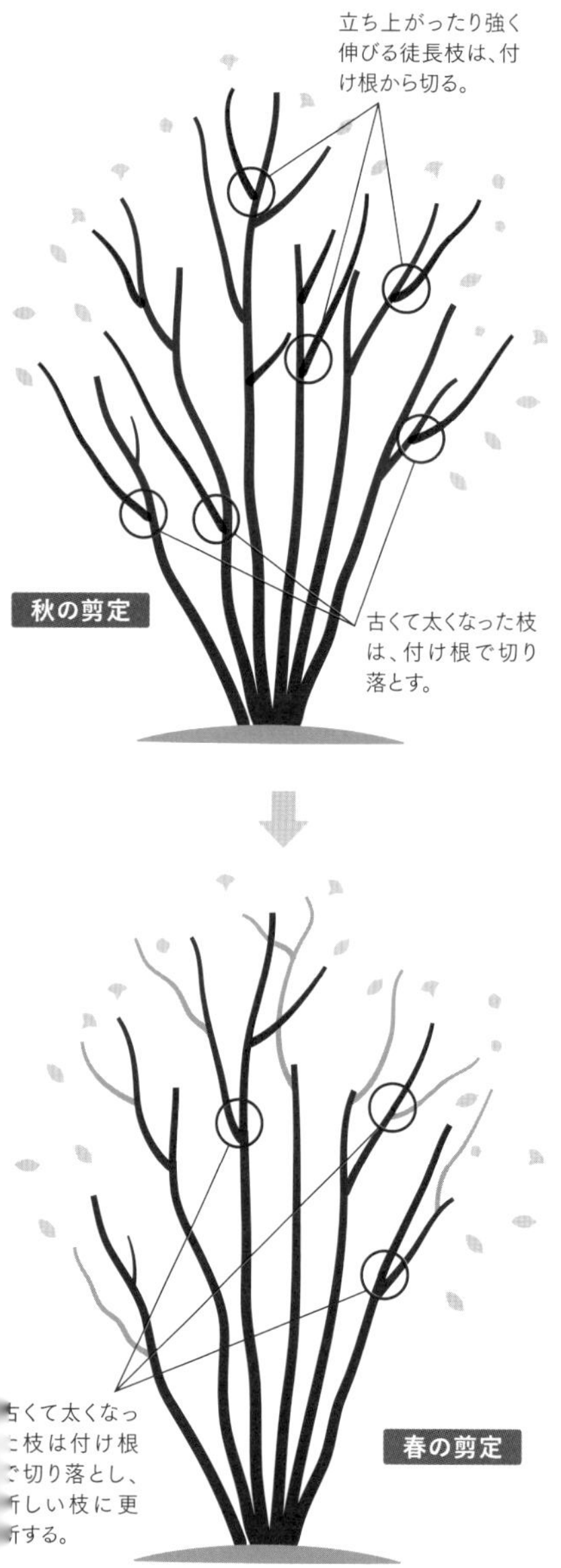
立ち上がったり強く伸びる徒長枝は、付け根から切る。
秋の剪定
古くて太くなった枝は、付け根で切り落とす。
春の剪定
くて太くなっ
枝は付け根
切り落とし、
しい枝に更
する。

長枝や太くなった枝を付け根から切り、全体の⅔程度
間引くように、混み合った部分を多めに切る。

<table>
<tr><td>4</td><td>5</td><td>6</td><td>7</td><td>8</td><td>9</td><td>10</td><td>11</td><td>12</td><td>1</td><td>2</td><td>3</td></tr>
<tr><td colspan="12">展葉</td></tr>
<tr><td></td><td></td><td></td><td></td><td></td><td colspan="2">開花</td><td></td><td></td><td></td><td></td><td></td></tr>
<tr><td></td><td></td><td colspan="2">剪定</td><td></td><td></td><td></td><td colspan="5">剪定</td></tr>
</table>

キンモクセイ

金木犀

分類／モクセイ科　常緑小高木　樹高／3～6m　花色／橙　根／深い

生長／遅い　日照／ひなた～半日陰　乾湿／中間　植えつけ／2月下旬～3月上旬

秋の深まりを感じさせる芳香花木

特徴　日本の三大芳香花木に数えられる香りのよい木で、秋にオレンジ色の芳香花をたくさん咲かせます。ギンモクセイの変種とされます。雌雄異株ですが、日本には雄株しか渡来していないため、果実はできません。花色の薄いウスギモクセイもあります。植えつけは2月下旬～3月上旬に行います。

枝の切り方と管理　刈り込みに強いため、庭や公園などで生け垣に使われ、ろうそく仕立てにもされます。雑木として庭で使うときは、1本でも林の雰囲気を出しやすいので、刈り込まずに自然樹形にしたほうが、持ち味を発揮できます。剪定は混んだ枝と徒長枝を付け根から間引く程度にし、全体の⅖程度の不要枝を切り取ります。剪定の時期は主に花後から3月上旬にかけてです。

小さい株には、1月下旬～2月に固形肥料を少量与えます。大きくなった木には施肥は必要ありません。

冬の剪定
上部に出やすい立ち上がる徒長枝は幹の付け根で落とす。
樹冠内部の古くて太くなった下枝は付け根で切り落とす。
横に張り出して広がりすぎる枝を切り樹冠をコンパクトにする。

初夏の剪定
古くなった樹冠内部の枝は付け根の際で切り落とす。
古くて太くなった枝は付け根で切り落とし、新しい枝に更新する。

混んだ枝と徒長枝を付け根から間引くように切り取り、全体の約⅖の混み合った不要枝を切る。

シイ

椎

分類／ブナ科　常緑高木　**樹高**／20～30m　**花色**／黄　**実色**／茶　**根**／深い
生長／中間　**日照**／半日陰　**乾湿**／中間　**植えつけ**／3月上旬～4月、9月下旬～10月

4	5	6	7	8	9	10	11	12	1	2	3
											展葉
	開花		結実		翌年	果実熟期					
			剪定			剪定					剪定

秋のドングリがなじみ深い雑木

特徴　子どものときに、だれもが一度はドングリで遊んだ懐かしい木です。

スダジイは葉が細くて先がとがり、丸みのある樹形で、山地に生えます。マテバシイは葉先が丸く、がっしりした樹形で、沿岸地に生えます。

花は穂状で雄花がよく目立ち、スダジイは垂れ下がりマテバシイは立ち上がります。葉色の明るいスダジイが、雑木の庭にはよく合います。

ひなたから日陰まで順応しますが、半日陰がコントロールしやすいです。

枝の切り方と管理　どちらも丈夫で刈り込みにも耐えます。枝がよく出るので、立ち枝や下垂枝、徒長枝を中心に付け根で切り、約⅖を切り取ります。樹高が高く伸びやすいので、数年に一度は低い位置に出た胴吹き枝の上で切り、主幹を切り戻して低く抑えます。

特にかかりやすい病害虫はありません。

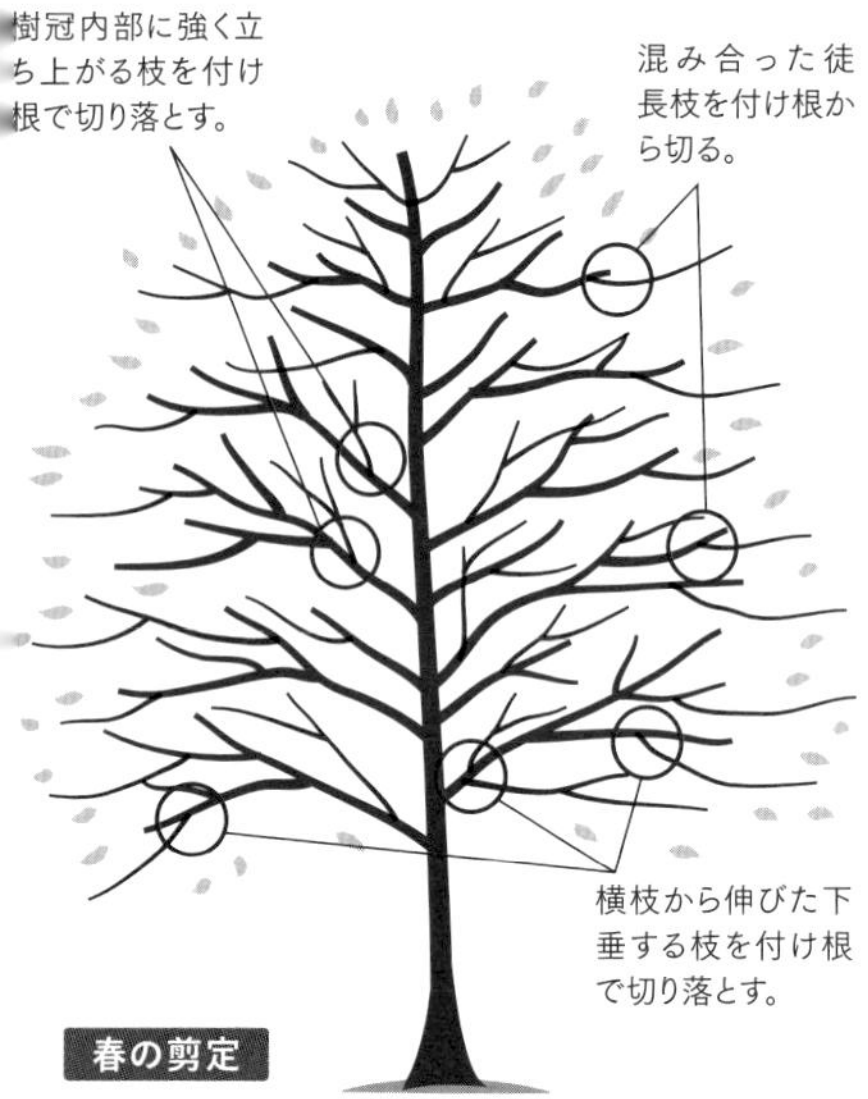

樹冠内部に強く立ち上がる枝を付け根で切り落とす。
混み合った徒長枝を付け根から切る。
横枝から伸びた下垂する枝を付け根で切り落とす。
春の剪定

古くなった樹冠内部の枝は混み合ったら付け根の際で切る。
初夏と秋の剪定

長が速く、立ち枝や下垂枝、徒長枝を付け根で約⅖を
る。数年に一度は、主幹を低く切り戻す。

ベニカナメモチ

紅要黐

分類／バラ科　常緑小高木〜中高木　**樹高**／5〜10m　**花色**／白　**実色**／赤　**根**／太く深い
生長／速い　**日照**／日なた〜半日陰　**乾湿**／中間　**植えつけ**／3〜4月と9〜10月

4	5	6	7	8	9	10	11	12	1	2	3
展葉	展葉	展葉	展葉	展葉	展葉	展葉	展葉	展葉	展葉	展葉	展葉
開花	開花	開花			結実	結実					
	剪定	剪定			剪定	剪定		剪定	剪定	剪定	剪定

赤くて美しい芽出しの葉色を楽しむ

特徴　強健で刈り込みに耐え、萌芽力があるため、生け垣に使われることが多い樹種です。ベニカナメモチとして流通しているものは、ほぼ園芸品種の,レッドロビン,です。刈り込むと赤い新芽が伸びてくるので、こまめに切り戻せば何度も赤い葉を見られます。

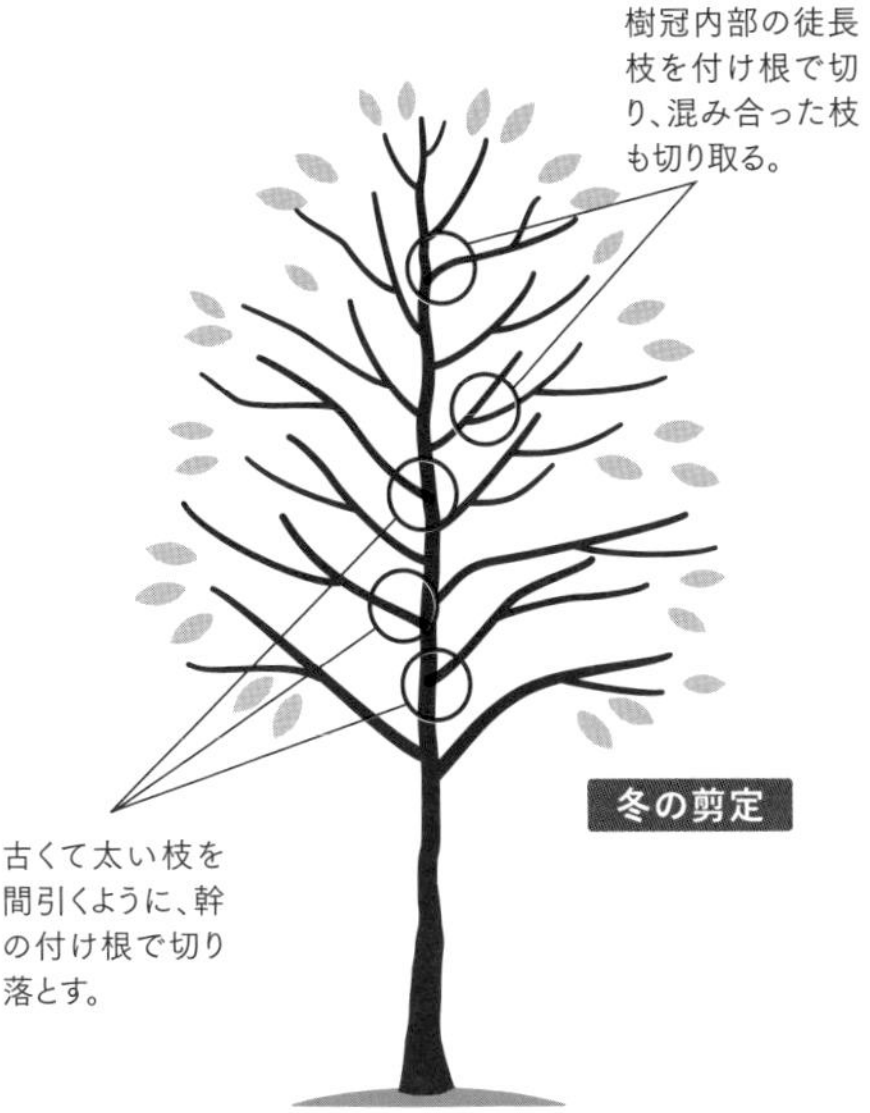
樹冠内部の徒長枝を付け根で切り、混み合った枝も切り取る。
古くて太い枝を間引くように、幹の付け根で切り落とす。
冬の剪定

上部に出やすい立ち上がる徒長枝は、付け根で落とす。
古くて太くなった枝は付け根で切り落とし、新しい枝に更新する。
樹冠内部の混み合った枝を切る。
初夏と秋の剪定

古くて太くなった枝を間引くように、全体の約1/3〜1/2を付け根から切り落とす。

枝の切り方と管理　耐陰性はありますが日当たりを好み、切らずに伸ばすと2階の屋根を越える大木になります。根があらくて細根が少ないため、移植しにくい木です。そのため、ベランダや狭いスペースでは鉢植えにして数株を並べて育てるのもひとつの方法です。

葉にかさぶた状の斑点ができたら、ごま色斑点病です。発生初期に適用がある殺菌剤を散布します。

生長が速いため、理想は年に3回剪定することですが、冬と初夏の2回、きちんと整枝すれば自然な樹形を維持できます。樹冠内部の古くて太い枝を間引くように、幹の付け根から切り落とします。

4	5	6	7	8	9	10	11	12	1	2	3
展葉	展葉	展葉	展葉	展葉	展葉	展葉	展葉	展葉	展葉	展葉	展葉
開花	開花					結実					
剪定						剪定	剪定	剪定			剪定

シャクナゲ類

石楠花類

分類／ツツジ科　常緑低木　樹高／2～3m　花色／白、桃　実色／茶　根／浅い
生長／遅い　日照／半日陰～日陰　乾湿／中間　植えつけ／3月～4月上旬、10～11月

ひときわ豪華な花と、まとまりのよい樹形

特徴　華やかさが少ない雑木の庭を彩る花木で、春に大型の球状にまとまった美しい花を枝先に咲かせます。その色と形には、はっきりとした存在感があります。園芸品種も豊富で、アカボシシャクナゲやヤクシマシャクナゲの交配種が使いやすいでしょう。極端な寒さ、暑さを嫌います。腐植質に富んだ水はけのよい酸性土壌を好むため、植えつけるときに腐葉土をたっぷりとすき込むと花つきがとてもよくなります。

枝の切り方と管理　生長が遅いので、冬に混み合った枝や古い枝を付け根から切る程度にします。全体の⅓弱を切り取ります。冬にはすでに花芽ができているので、全部を落とさないように注意しましょう。春の剪定は3～4月に行いますが、1～2月に寒肥を与えるときに同時に作業してもよいでしょう。西日と乾燥に弱いので、植え場所と水ぎれには気をつけます。病害虫は少なく、それほど気にする必要はありません。

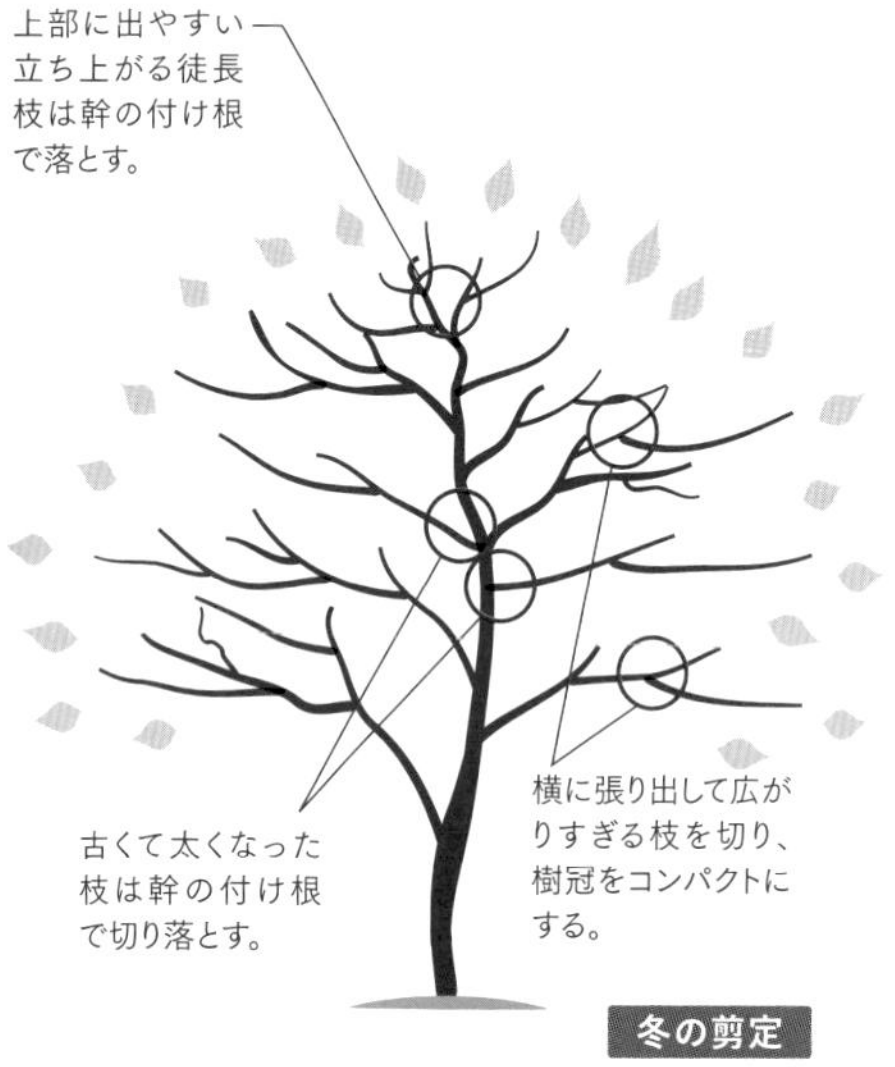
上部に出やすい立ち上がる徒長枝は幹の付け根で落とす。
古くて太くなった枝は幹の付け根で切り落とす。
横に張り出して広がりすぎる枝を切り、樹冠をコンパクトにする。
冬の剪定

古くて太くなった枝は付け根で切り落とし、新しい枝に更新する。
春の剪定

冬の剪定は花芽を確認しながら行う。混んだ枝や古い枝を中心に、付け根から全体の⅓弱を切り取る。

シラカシ
白樫

分類／ブナ科　常緑高木　樹高／20m以上　花色／黄　実色／茶　根／深い
生長／速い　日照／半日陰　乾湿／中間　植えつけ／5〜6月

4	5	6	7	8	9	10	11	12	1	2	3
展葉											
開花		結実				果実熟期					
		剪定						剪定			

繊細な葉で芽吹きが美しい常緑樹

特徴　東京の武蔵野では防火や防風のための高垣として植えられることが多く、寺社にもよく見られます。葉が細く繊細な印象で、果実はドングリとして昔から親しまれてきました。春の新芽がとても美しく、この木の最大の魅力です。

乾燥に強く、日当たりを好みますが、大きく伸びるので半日陰のほうが管理は楽です。

枝の切り方と管理　放置すると非常に大きく伸びるので、必ず年に2回、初夏と冬に剪定します。樹冠内部の枝は、立ち枝、下垂枝、徒長枝などの混み合った枝を½〜⅔ほどバッサリ付け根で切り落とし、しなやかで横に細く伸びる枝のみを残します。夏はあまり強く切ると秋までに徒長枝がたくさん出るので、混み合った部分のみを落とします。

害虫はあまりつかないのですが、うどんこ病になりやすいので、風通しよく管理します。

樹冠内部に立ち上がる徒長枝は、付け根の際で落とす。
古くて太くなった下枝は、幹の付け根で切り落とす。
横に張り出して広がりすぎる枝を切り、樹冠をコンパクトにする。
冬の剪定

混み合った部分の古い枝は付け根で切り、新しい枝に更新する。
初夏の剪定

樹冠内部の混み合った枝を½〜⅔くらい切り落とし、しなやかで横に細く伸びる枝のみを残す。

ソヨゴ 冬青

分類／モチノキ科 常緑小高木 樹高／3〜7m 花色／白 実色／赤 根／浅い
生長／遅い 日照／ひなた〜半日陰 乾湿／中間 植えつけ／6〜7月

4	5	6	7	8	9	10	11	12	1	2	3
展葉（4〜3）											
		開花				結実	結実	結実			
剪定			剪定								■

葉が風にそよぎ、冬の赤い実が美しい

特徴 葉や枝がやわらかく、常緑樹では繊細な枝ぶりです。革質の葉は光沢があり、やや薄く、風を受けてそよぎます。雌雄異株で、白い花は小さく目立ちませんが、雌株は花後結実し、球形の赤い実が長い果柄の先に下垂し、葉との対比がきれいです。庭の間仕切りや目隠しに、自然風のスクリーンとして使います。ひなたを好みますが、耐陰性もあります。西日を避けた場所を選びます。

枝の切り方と管理 株立ちになり、自然に樹形が整います。剪定は株立ち状の樹形を生かし、混み合った枝と徒長枝を付け根から⅖程度切り取ります。胴吹き枝が出やすいので、伸びすぎたときは低い位置から伸びた枝の上で切り取ります。

施肥は1〜2月で、有機質肥料や緩効性化成肥料を与えます。春から初夏にハマキムシの被害にあいやすいので、注意して観察しましょう。

上部に出やすい立ち上がる徒長枝は幹の付け根で落とす。
横に張り出して広がりすぎる枝を切り、樹冠をコンパクトにする。
古くて太くなった下枝は幹の付け根で切り落とす。
春の剪定

古くて太くなった枝は付け根で切り落とし、新しい枝に更新する。
古くて太くなった樹冠内部の下枝は幹の付け根で切り落とす。
夏の剪定

混んだ枝と徒長枝を付け根から約⅖切り取り、低い位置に出たひこばえの上で切って更新する。

タイサンボク

泰山木

分類／モクレン科　常緑高木　樹高／20m以上　花色／白　実色／白　根／深い
生長／遅い　日照／ひなた　乾湿／湿りがち　植えつけ／3～4月

4	5	6	7	8	9	10	11	12	1	2	3
展葉	展葉	展葉	展葉	展葉	展葉	展葉	展葉	展葉	展葉	展葉	展葉
	開花	開花	結実				果実熟期				
剪定		剪定	剪定								剪定

大陸的な趣の大きく華やかな白い花

特徴　長さ20㎝以上ある長楕円形の葉は、表面はつややかな濃緑色、裏面は褐色の毛が密生し、表裏の色の違いが印象的です。遠目から見ると濃緑色の大きなシルエットとなり、雄大な美しい樹形を楽しめます。

初夏に咲く白い花は径15～20㎝の大きな盃形で、高い梢に上向きに咲きます。咲き始めには甘い芳香を放ちます。日当たりが好きで、日当たりが悪いと花があまり咲かないので、植え場所に注意しましょう。

枝の切り方と管理　生長がおだやかなので、多くの枝を一度に切らないようにします。樹冠内部の混み合った枝や徒長枝を全体の$\frac{1}{3}$よりやや少なめに、付け根から切り取ります。樹高が高くなったら、低い位置から伸びた胴吹き枝を生かし、上から切り落として低く仕立て直します。

施肥は1月と7月に行います。移植を嫌うので、植えつけ時には十分な根回しが必要です。

上部に出やすい立ち上がる徒長枝は幹の付け根で落とす。
横に張り出して広がりすぎる枝を切り、樹冠をコンパクトにする。
古くて太くなった枝は混み合ったら幹の付け根で切り落とす。
春の剪定

古くて太くなった枝は付け根で切り落とし、新しい枝に更新する。
古くて太くなった樹冠内部の横枝は幹の付け根で切り落とす。
初夏の剪定

混んだ枝と徒長枝を、全体の$\frac{1}{3}$程度、付け根で切る。胴吹き枝を生かし、低く切り戻す。

ツバキ、サザンカ

椿、山茶花

分類／ツバキ科　常緑高木　**樹高**／5～15m　**花色**／白、桃、紅　**実色**／茶　**根**／深い
生長／遅い　**日照**／ひなた～日陰　**乾湿**／中間　**植えつけ**／3～4月、6月下旬～7月上旬、9月

4	5	6	7	8	9	10	11	12	1	2	3
										展葉	
						開花（サザンカ）				開花（ツバキ）	
	剪定			剪定		結実					剪定

晩秋から早春に長く咲き、つややかな葉をもつ

特徴　ツバキは茶花としてなくてはならない木で、花の少ない早春から春までの長期間咲き続けます。耐陰性が強いのも特徴です。雑木の庭には原種系の一重の花や、小型のワビスケ、可憐なオトメツバキなど、しっとりとした雰囲気のものが似合います。タチカンツバキは軸が太いので生け垣に適します。サザンカはツバキのように花がまるごと落ちず、花びら1枚ずつがばらばらになって落ちます。花期は10～12月で、ツバキのように長く咲き継ぎません。

枝の切り方と管理　樹冠内部の立ち枝や下垂枝と徒長枝を付け根から切り取り、全体の約⅖の枝を切ります。樹高が伸びたら胴吹き枝の上で主幹を切り戻して低く整えます。施肥は1月～3月上旬と5月下旬～7月に行います。5～6月にチャドクガがつきやすいので注意します。幼虫（ケムシ）、成虫ともに毛に毒があり、触るとかぶれるので要注意です。

樹冠内部に強く立ち上がる徒長枝は付け根の際で切り取る。
横に張り出して広がりすぎる枝を切り、樹冠をコンパクトにする。
古くて太くなった下枝は幹の付け根で切り落とす。
冬の剪定

古くて太くなった枝は付け根で切り落とし、新しい枝に更新する。
初夏と夏の剪定

樹冠内部の不要枝や徒長枝を全体の⅖ほど、付け根から切る。伸びた主幹は低く切り戻して更新する。

トキワマンサク

常磐満作

分類／マンサク科　常緑低木、または小高木　樹高／10m以上　花色／白、紅
根／中間　生長／速い　日照／ひなた　乾湿／中間　植えつけ／4月、9月

4	5	6	7	8	9	10	11	12	1	2	3
展葉	展葉	展葉	展葉	展葉	展葉	展葉	展葉	展葉	展葉	展葉	展葉
開花	開花										
		剪定	剪定					剪定	剪定		

常緑でマンサクに似た白花と赤花が魅力

特徴　伊勢神宮にも自生し、緑葉・白花が基本種です。中国原産のベニバナトキワマンサクは濃桃色の花で、葉は赤銅色と緑色の両方があります。雑木の庭には、白花の在来種が調和します。花どきには株全体が花で覆われるほど花つきがよいのが魅力です。樹勢が強く大きな株状になり、刈り込みに耐えるので生け垣にもなります。効果的な使い方は目隠しで、ひなたを好むので南面の部屋の前や、庭の中の仕切りがわりに使うとよいでしょう。

枝の切り方と管理　細かい枝が樹冠内部に多く出るので、徒長枝と混み合った部分を中心に、全体の½程度まで大きく枝を切り取ります。付け根から切らないと細かい枝が吹いてしまうので、必ず付け根ぎりぎりで切り取ります。樹高を低く抑えたいときは、思い切って短く切り戻します。施肥は12～1月です。病害虫も少なく、丈夫でこれといった注意もありません。

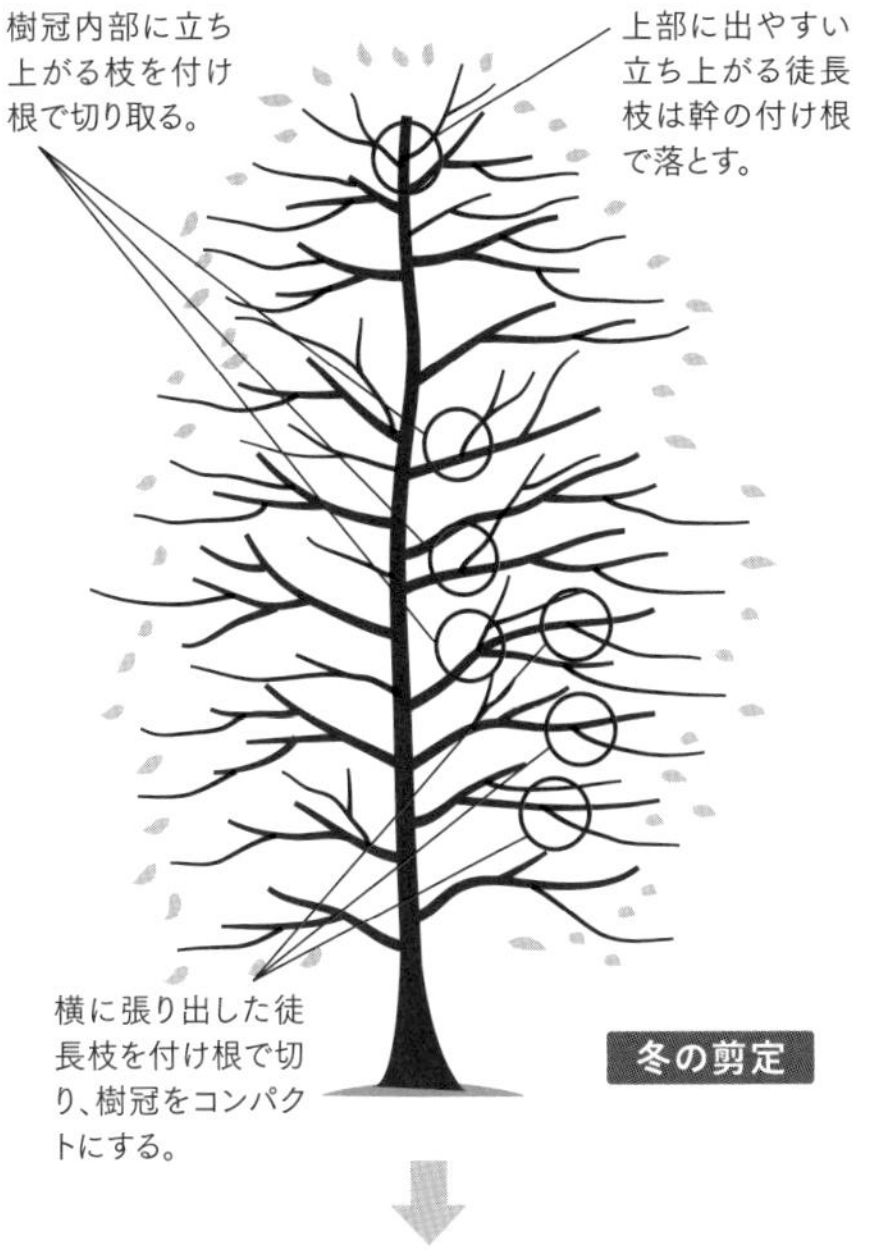
樹冠内部に立ち上がる枝を付け根で切り取る。
上部に出やすい立ち上がる徒長枝は幹の付け根で落とす。
横に張り出した徒長枝を付け根で切り、樹冠をコンパクトにする。
冬の剪定

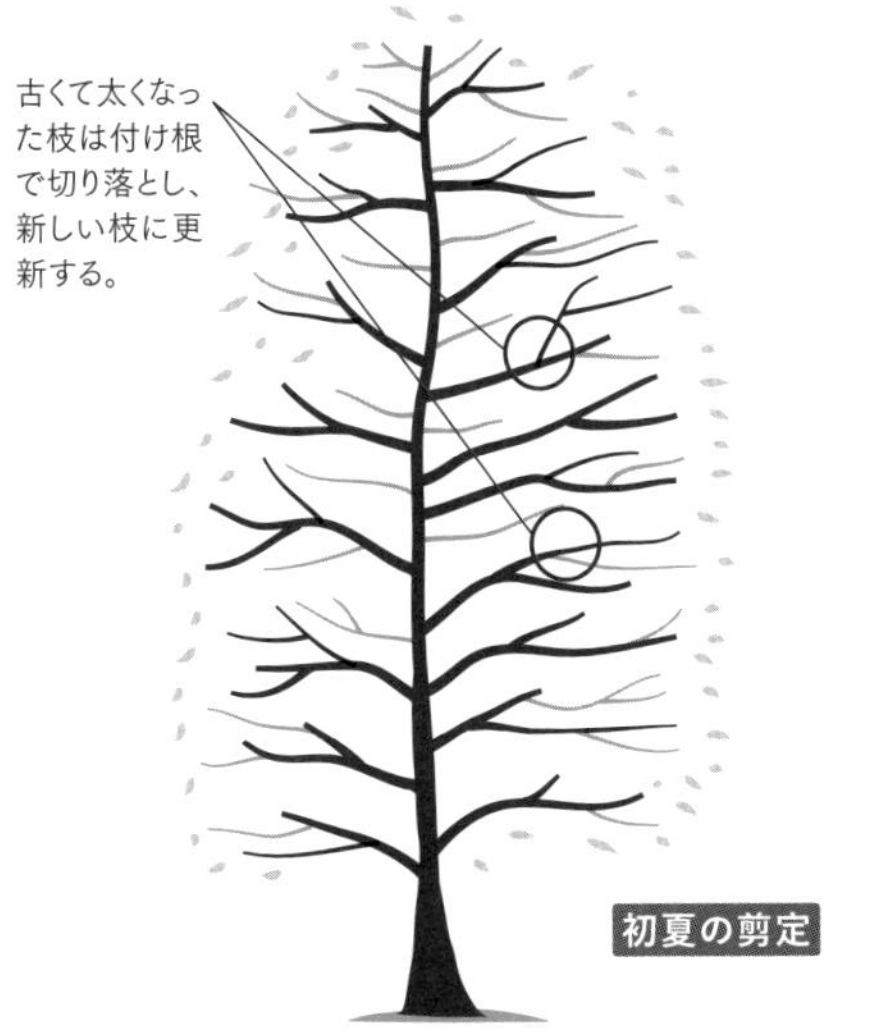
古くて太くなった枝は付け根で切り落とし、新しい枝に更新する。
初夏の剪定

徒長枝と混み合った部分を中心に間引くように、全体の½程度まで、付け根から枝を切り取る。

ハイノキ

灰木

分類／ハイノキ科　常緑小高木　**樹高**／5～10m　**花色**／白　**実色**／黒紫色　**根**／浅い
生長／遅い　**日照**／半日陰～日陰　**乾湿**／やや湿潤　**植えつけ**／6～7月

4	5	6	7	8	9	10	11	12	1	2	3
											展葉
	開花						結実				
剪定			剪定								剪定

他の常緑樹にはない、サラサラの葉が人気

特徴　枝葉を焼いて灰をつくり、それが染色に使われることから名がつきました。細くしなやかな幹が株立ち状になり、自然に樹形が整います。薄い革質の葉は常緑樹とは思えないほどサラサラとこまかく、白い花は丸く清楚で目をひきます。水ぎれに弱いので、西日が当たらない場所を選び、保水性のある土に植えます。半日陰を好みますが、かなり日陰でも大丈夫です。

枝の切り方と管理　樹冠からはみ出して伸びた枝を、全体の⅖ほど、付け根から切り落とします。枝が混み合うとサラサラとした枝葉の持ち味が損なわれるので、混み合った枝は幹の付け根から切り落として透かします。1～2月に有機質肥料や緩効性化成肥料を与えます。気になる病害虫もありません。

花後に一部の葉が落葉しますが、枯れたわけではなく、水さえきらさなければ少したつと新しい芽が先端から伸びてきます。

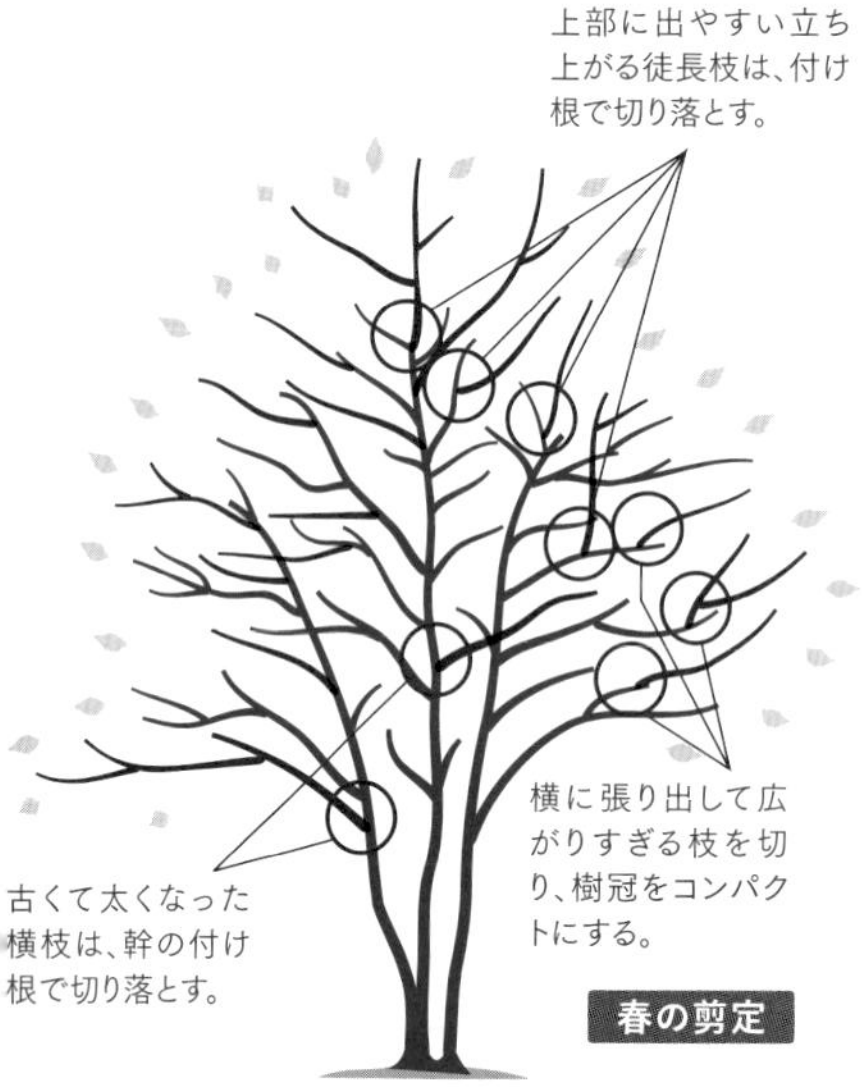
上部に出やすい立ち上がる徒長枝は、付け根で切り落とす。
横に張り出して広がりすぎる枝を切り、樹冠をコンパクトにする。
古くて太くなった横枝は、幹の付け根で切り落とす。
春の剪定

古くて太くなった枝は付け根で切り落とし、新しい枝に更新する。
古くて太くなった樹冠内部の横枝は幹の付け根で切り落とす。
夏の剪定

樹冠からはみ出して伸びた枝と混み合った枝を、全体の⅖ほど、付け根から切って更新する。

ヒサカキ

柃

分類／サカキ科（ツバキ科） 常緑小高木 **樹高**／4～10m **花色**／白 **実色**／黒 **根**／深い
生長／中間～やや遅い **日照**／半日陰 **乾湿**／中間～やや乾燥 **植えつけ**／3月下旬～7月、9～12月

4	5	6	7	8	9	10	11	12	1	2	3
展葉											
開花	結実					果実熟期					
			剪定								剪定

耐陰性のある緑の葉で雑木の庭の名脇役

特徴 サカキに似ていますが全体に小ぶりで、葉が小さく、より密生しています。葉の縁には鋸歯があります。春には白くて小さな花が枝にびっしりと咲き、秋には黒紫色の実がなりメジロなどが好んで食べます。枝がさしかかるように伸びるシルエットが自然で、照葉の質感も魅力的です。

雑木の庭では、ヒサカキを鎌で刈った風情に低く仕立て、「鎌刈りのヒサカキ」と呼ばれて親しまれます。落葉高木の間に点在させて野趣のある景色をつくります。耐陰性の強い木です。

枝の切り方と管理 古く太い幹を地際で切って更新し、全体を低くコンパクトに抑えます。徒長枝は付け根から、全体の$\frac{2}{5}$程度を切り落とします。丈夫で芽吹きもよい、コントロールもしやすい木です。

幼木は春と秋に施肥を行います。これといった病害虫はありません。

古くて太くなった横枝は幹の付け根で切り落とす。
横に張り出して広がった徒長枝を切り、樹冠をコンパクトにする。
古くて太い主幹を地際から切り倒す。
春の剪定

古くて太くなった枝は付け根で切り落とし、新しい枝に更新する。
古くて太くなった樹冠内部の下枝は幹の付け根で切り落とす。
夏～秋の剪定

徒長枝は付け根から切り、全体の$\frac{2}{5}$程度を落とす。古く太い幹は地際で切って、ひこばえに更新する。

フェイジョア

分類／フトモモ科　常緑小高木　**樹高**／約5m　**花色**／赤　**実色**／赤　**根**／深い
生長／中間　**日照**／ひなた　**乾湿**／乾燥　**植えつけ**／3〜4月

4	5	6	7	8	9	10	11	12	1	2	3
											展葉
	開花						結実				
剪定				剪定							剪定

花も実も香りがよく、楽しめる常緑樹

特徴　南米原産。葉は表が濃い緑色で、裏が銀白色です。花びらは外側が白で内側が暗紫色、真っ赤な糸を束ねたような多数の雄しべが鮮やかです。花びらには甘みがあり食べられます。完熟した果実は甘く、パイナップルグアバのような味で芳香があります。亜熱帯性の果樹ですが、寒さにも比較的強く、ミカンの育てられる地域であれば、露地栽培できます。比較的密に枝が分岐するので、生け垣や目隠しとしても利用できます。植えつけは3〜4月に行います。

枝の切り方と管理　混みすぎた枝は2〜4月に剪定します。樹冠の内側に混み合った枝が出るので、枝の付け根から間引くように、全体の⅓程度を切り取ります。強い徒長枝や上向きに重なる枝なども切ります。放任すると樹高は5mを超しますが、2〜3m程度に抑えます。

樹冠内部で伸びすぎ、他の枝に重なってじゃまになる枝を付け根から切る。樹形は自然にまとまる。

マサキ　柾

分類／ニシキギ科　常緑小高木　**樹高**／3〜5m　**花色**／黄　**実色**／桃　**根**／浅い　**生長**／速い
日照／ひなた〜日陰　**乾湿**／中間　**植えつけ**／3月下旬〜4月上旬、9月中旬〜10月中旬

4	5	6	7	8	9	10	11	12	1	2	3
展葉											
		開花		結実			果実熟期				
剪定			剪定							剪定	

芽吹きがすばらしく、明るい葉色が美しい

特徴　雌雄異株で、雌木は桃色の果実をつけます。新梢が黄金色のホンベッコウ、淡黄色覆輪斑のオオサカベッコウ、白色覆輪斑の'ギンマサキ'など、カラフルな斑入り葉の園芸品種が豊富です。芽吹きの時期は美しさが際立ちます。耐陰性もあり、日陰でも育ちます。植えつけには腐葉土などの堆肥を多めに入れて、土に保湿性をもたせます。

枝の切り方と管理　樹冠内部の横枝を生かし、上下に伸びる枝と徒長枝を、全体の½ほど、付け根から切ります。樹高が伸びたら、胴吹き枝の上で主幹を切り戻します。芽吹きがよく、樹勢が強くて生育が速いので、思いどおりの樹形に維持するのも容易です。

肥料は5月中旬〜6月と、9月中旬〜11月か2月中旬〜3月中旬に、少量与えます。病害虫ではチャドクガとうどんこ病にかかりやすいので注意し、見つけしだい対処します。

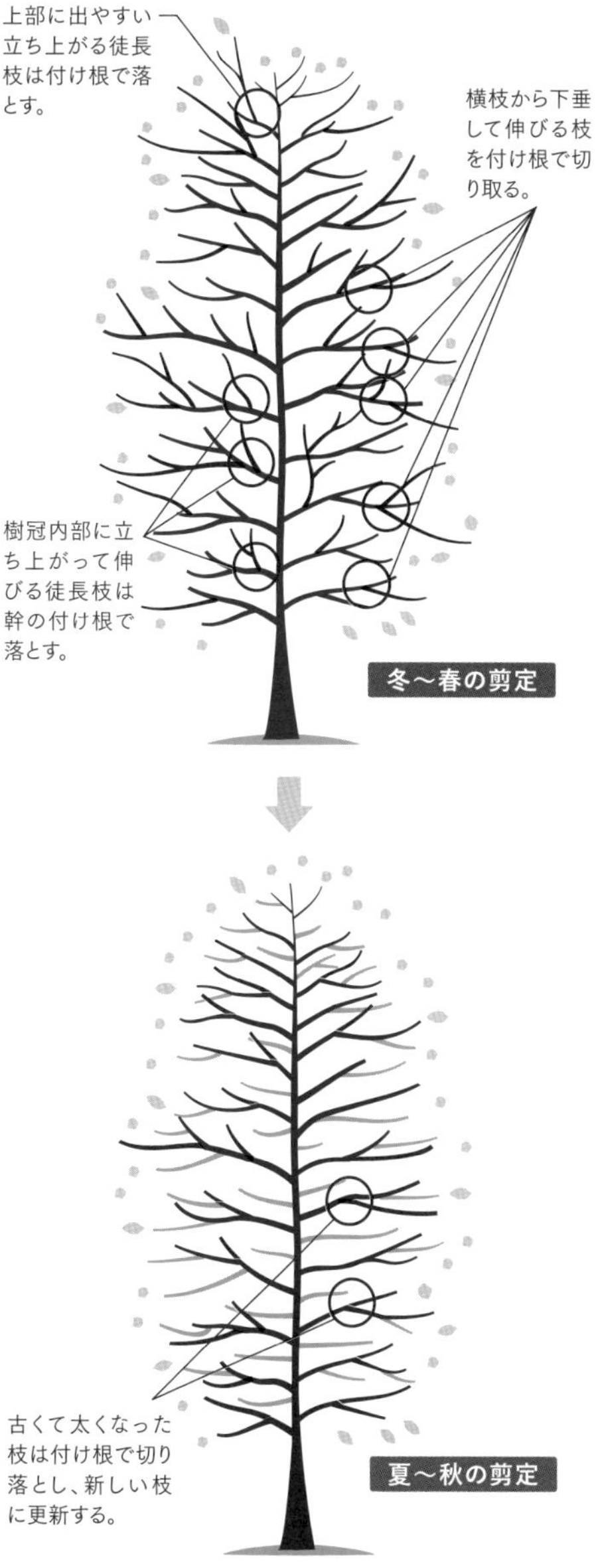
上部に出やすい立ち上がる徒長枝は付け根で落とす。
横枝から下垂して伸びる枝を付け根で切り取る。
樹冠内部に立ち上がって伸びる徒長枝は幹の付け根で落とす。
冬〜春の剪定
古くて太くなった枝は付け根で切り落とし、新しい枝に更新する。
夏〜秋の剪定

上下に伸びる枝と徒長枝を全体の½くらい切る。高くなったら胴吹き枝の上で主幹を切って更新する。

モチノキ

黐木

分類／モチノキ科　常緑小高木　**樹高**／6～10m　**花色**／黄　**実色**／赤　**根**／深い　**生長**／遅い
日照／ひなた～半日陰　**乾湿**／中間　**植えつけ**／4月～7月上旬、9月中旬～10月中旬

4	5	6	7	8	9	10	11	12	1	2	3
展葉											
開花							結実				
剪定								剪定			剪定

半日陰でも育つ、生長のゆるやかな常緑樹

特徴　昔はこの樹皮からトリモチをとったため、この名があります。雌雄異株で潮風や大気汚染に耐え、明るい緑色の葉が美しく、使いやすい木です。さまざまな形に仕立てることができるので、玉仕立てのほか、列植して目隠しにするなど、古くから伝統的な和風の庭には欠かせない定番の庭木です。秋にたくさんの赤い実が美しく実ります。

枝の切り方と管理　樹冠内部に細かい立ち枝や下垂枝がよく出るので、付け根から切り取ります。しなやかに横に出た枝を生かし、徒長枝や不要な枝を切り取ります。樹高が伸びすぎたら、低い位置から出た胴吹き枝の上で切り、低く切り戻します。

茂りすぎて風通しが悪くなるとハマキムシやカイガラムシが寄生し、すす病が多発するので注意します。すす病は、蔓延すると木全体が真っ黒になるので早めに対処します。

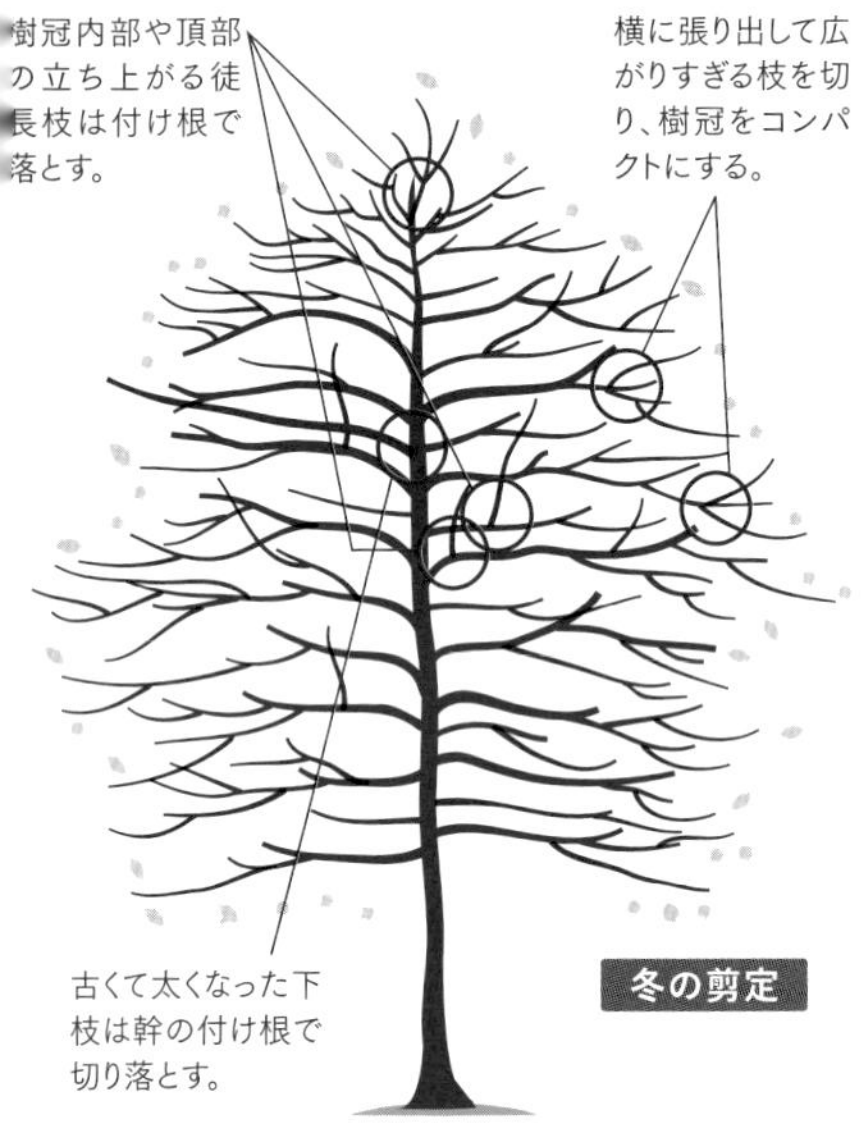
樹冠内部や頂部の立ち上がる徒長枝は付け根で落とす。
横に張り出して広がりすぎる枝を切り、樹冠をコンパクトにする。
古くて太くなった下枝は幹の付け根で切り落とす。
冬の剪定

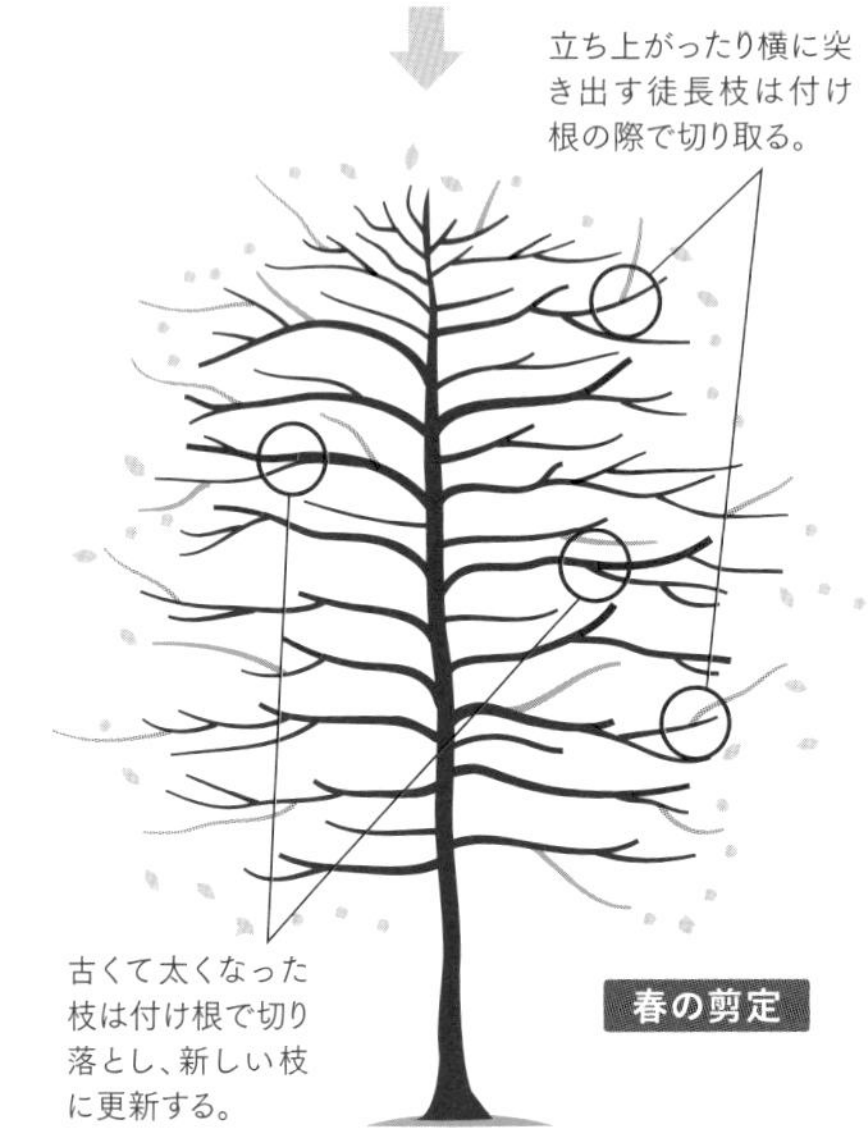
立ち上がったり横に突き出す徒長枝は付け根の際で切り取る。
古くて太くなった枝は付け根で切り落とし、新しい枝に更新する。
春の剪定

冠内部の立ち枝や下垂枝を切り、横枝を生かす。数年
胴吹き枝を生かし、全体を低く切り戻す。

モッコク 木斛

分類／サカキ科（ツバキ科）　常緑高木　樹高／5～15m　花色／クリーム色　実色／赤　根／深い
生長／遅い　日照／ひなた　乾湿／湿りがち　植えつけ／3月下旬～4月上旬、10月中旬～11月

4	5	6	7	8	9	10	11	12	1	2	3
展葉											
		開花				結実					
剪定	剪定				剪定						剪定

江戸五木で「庭木の王様」と呼ばれた木

特徴　葉は表面に光沢のある長楕円形で濃緑色ですが、軸の部分は紅色を帯びて印象的です。7月ごろに淡いクリーム色の花を咲かせ、秋には赤褐色の果実がつきます。

和の庭ではマツやマキとともに庭の主役で、江戸五木のひとつ「庭木の王様」とされます。

丈夫で、耐寒性はやや劣るものの大気汚染などにもよく耐え、耐陰性もあり、生長もおだやかです。

枝の切り方と管理　剪定は3月中旬～4月中旬、5月中旬～6月、9月中旬～10月の年3回行います。混み合った樹冠内部の枝を、全体の1/3程度を間引くように、付け根から切ります。外側に張り出した徒長枝は付け根から切り取ります。

施肥は1月中旬～3月中旬。ハマキムシやカイガラムシの被害にあいやすいので、剪定で通風や採光を促して予防します。

樹冠内部に立ち上がって伸びる徒長枝は付け根の際で落とす。
横に張り出して広がりすぎる枝を切り、樹冠をコンパクトにする。
横枝から下垂して伸びる枝を付け根で切り取る。
春の剪定

混み合った古くて太い枝を付け根で切り、新しい枝に更新する。
初夏と秋の剪定

風通しをよく、樹冠内部の混み合った枝と徒長枝を中心に全体の約1/3の枝を付け根から切り落とす。

落葉樹の剪定

剪定の基礎

しなやかに伸びる幹、さわやかな緑陰
庭の骨格をつくる重要な主役たち

落葉樹の花は、たとえばエゴノキのように控えめで清楚な印象のものが多く、人間の視線から遠く離れた位置で咲くため、たくさん花が咲くもの以外は、それほど目立ちません。

上から花が落ちてきて、はじめて気がつくこともあるくらいです。どちらかというと幹や枝ぶりが味わい深く、葉が木陰を演出して、庭の骨格を形成する主役となるグループです。

建物から見えるくらいの近さに植えて、家の中から眺めると、木立の中にいるような涼しさや、高原の別荘地のようなぜいたくな気分を味わえます。

比較的生長スピードが速いので、剪定には知識と技術が必要です。

幹から伸びる「胴吹き枝」を選んで活用し
コンパクトな樹冠を保つ「主幹更新型」

イヌシデやコナラは、このグループの代表的な生育パターンをもつ雑木のひとつです。手入れをしないと、樹高は10m以上にまで伸び、樹冠も大きく広がります。

毎年横に張り出す胴吹き枝の中で、低い位置から主幹に沿って伸びているものを選んで残しておき、数年後に主幹の差しかえをしましょう。

毎年の手入れは、張り出して伸びた枝を1/3ほど、付け根から切り落とします。

樹冠が大きくなったら、残しておいた新しい主幹に更新して、先端までしなやかな枝ぶりのまま、一回り小さな樹冠に整えます。

花を楽しむ樹種は、前年伸びた枝に注意
毎年の間引き剪定で隔年開花を防ぐ

ウメに代表される花を楽しむ落葉樹は、前年に伸びた充実した枝に、翌年の花芽がつきます。

全体を均等に刈り込むなど、新しく伸びた枝先をすべて切ってしまったり、伸びすぎたからといって半分以上の枝を一度に切ると、翌年の花が咲かなくなります。

徒長枝や混み合った枝を間引いて剪定すると、極端に花が減ることはありません。

毎年、間引き剪定をしていれば、放任して咲かせすぎ、翌年花が減ることもなくなります。

毎年、古くなった横枝を間引き 数年で新しい主幹に更新する

主に幹の美しさと木陰を楽しむ落葉高木類。下からひこばえは出にくいが、胴吹き枝は比較的出やすいので、数年に一度、古くなった主幹を低い位置から伸びた胴吹き枝に更新して自然な樹形を保つ。

イロハモミジ

春の芽吹き、初夏のさわやかな新緑、秋の紅葉と見どころが多い木。和風の印象があるが、モダンな洋風住宅にも非常によく調和する。１本植えただけでも絵になり、豊かな表現力を演出。

エゴノキ

初夏にたくさんの花をつり下げるように咲かせる。大きな樹冠を形成するので、夏の緑陰がほしい場所に最適。

リキュウバイ

白く華やかな花が枝いっぱいに咲いて春の庭が一際明るい印象に。庭のタイプを問わず、洋風でも和風でも似合う。

アオダモ

青梻

分類／モクセイ科　落葉小高木　樹高／10～15m　花色／白　実色／褐色　根／深い

生長／遅い　日照／ひなた～半日陰　乾湿／乾燥　植えつけ／3～7月、9月下旬～11月

4	5	6	7	8	9	10	11	12	1	2	3
	展葉					紅葉	落葉期				
開花						結実					
		剪定							剪定		

趣のある樹肌としなやかな枝ぶりが人気

特徴　材質がかたく粘りがあるので、野球のバットの材料としても有名です。灰白色の樹肌と、やわらかく横に伸びる枝が山の野趣を感じさせ、半日陰に植えても間延びした印象になりません。コバノトネリコの別名でも呼ばれ、春に白い穂状の花を咲かせます。葉は秋に黄色く色づきます。

枝の切り方と管理　生長が比較的おだやかなので、あまり多くの枝を落とさなくても、しなやかさを保てます。冬の剪定での手入れは、横に張り出して伸びた枝を幹の際から1/3程度切り落とします。数年に一度、下のほうから出た胴吹き枝を生かして、古くなった主幹を付け根で切り、幹を更新します。暑さには強いものの、雪害などで枝が折れることがあるので、株立ちにするのがおすすめです。初夏に地際から新たなひこばえが出たら、姿のよいものを選んで伸ばし、株立ち状に育てます。アリに根をかじられることがあるので注意します。

樹冠の内側を向いて伸びた、勢いの強い枝を付け根で切り取る。
広く横に張り出す枝がよく出るので、切って樹冠を小さく抑える。
樹冠内部で強く横に張り出してきた枝は、幹の付け根で切り落とす。
冬の剪定

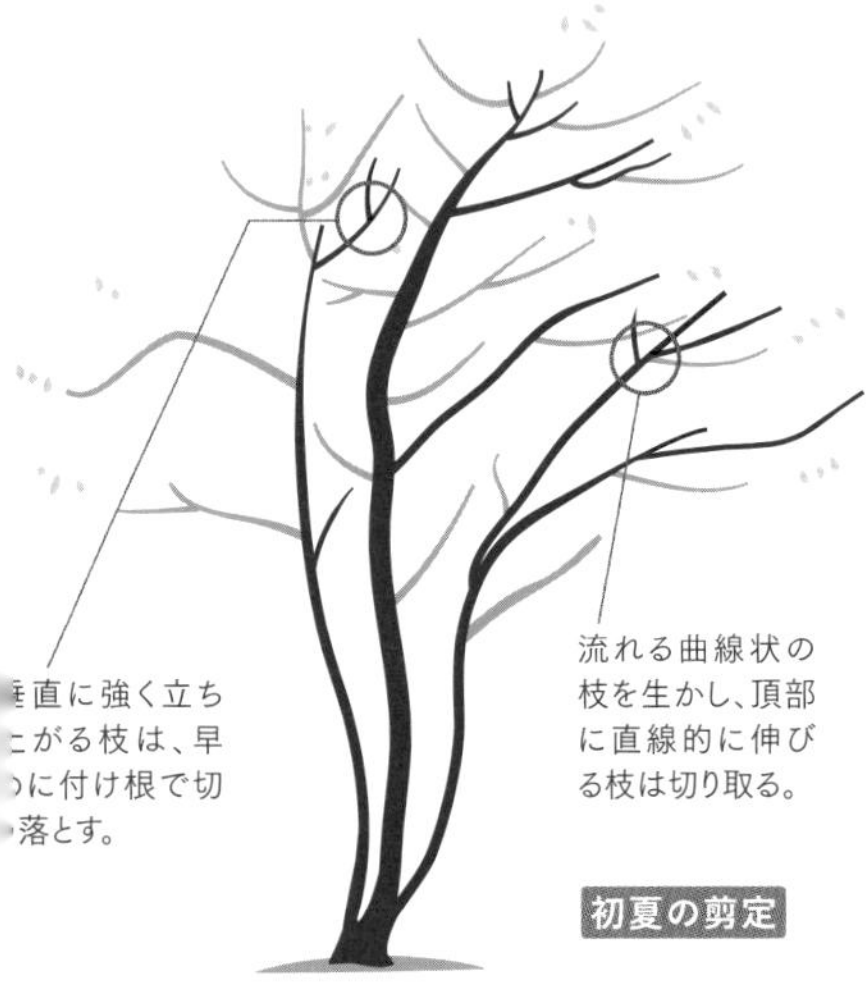
直に強く立ち
がる枝は、早
に付け根で切
落とす。
流れる曲線状の枝を生かし、頂部に直線的に伸びる枝は切り取る。
初夏の剪定

張り出した枝を全体の1/3ほど、付け根から切る程度でよ
。数年に一度、古い主幹を入れかえる。

アオハダ

青膚

分類／モチノキ科　落葉小高木　樹高／10～15m　花色／白　実色／赤　根／深い
生長／遅い　日照／ひなた　乾湿／中間　植えつけ／10月中旬～11月、2月下旬～3月

4	5	6	7	8	9	10	11	12	1	2	3
	展葉					紅葉	落葉期				
	開花					結実					
		剪定						剪定			

灰白色でまだら状の皮目が庭のアクセントになる

特徴　灰白色の薄い樹皮をはぐと緑色の内皮があらわれるのが名の由来。寄木細工の材料などに使われます。樹皮にまだら状の皮目が多いなど、野趣が豊かです。雌雄異株で、秋に赤く熟す果実を楽しむには雌株を植えます。葉は、秋に明るい黄色に色づきます。半日陰に植えてもバランスよく伸びる点も魅力です。

枝の切り方と管理　庭木には株立ちがおすすめです。自然な樹形を楽しむので、主な剪定は、冬に不要な枝を抜き取る程度にとどめます。細い枝が多く、あまり早く伸びないので、強く伸びた枝を幹の付け根から切り落とすくらいです。全体の⅓程度の枝を抜くように落とし、先端まで自然に細くなる状態を維持します。初夏には徒長枝を付け根で切っておきます。目立った病害虫もなく、とても育てやすい木のひとつです。施肥はあまり必要なく、寒肥を少量与える程度にします。

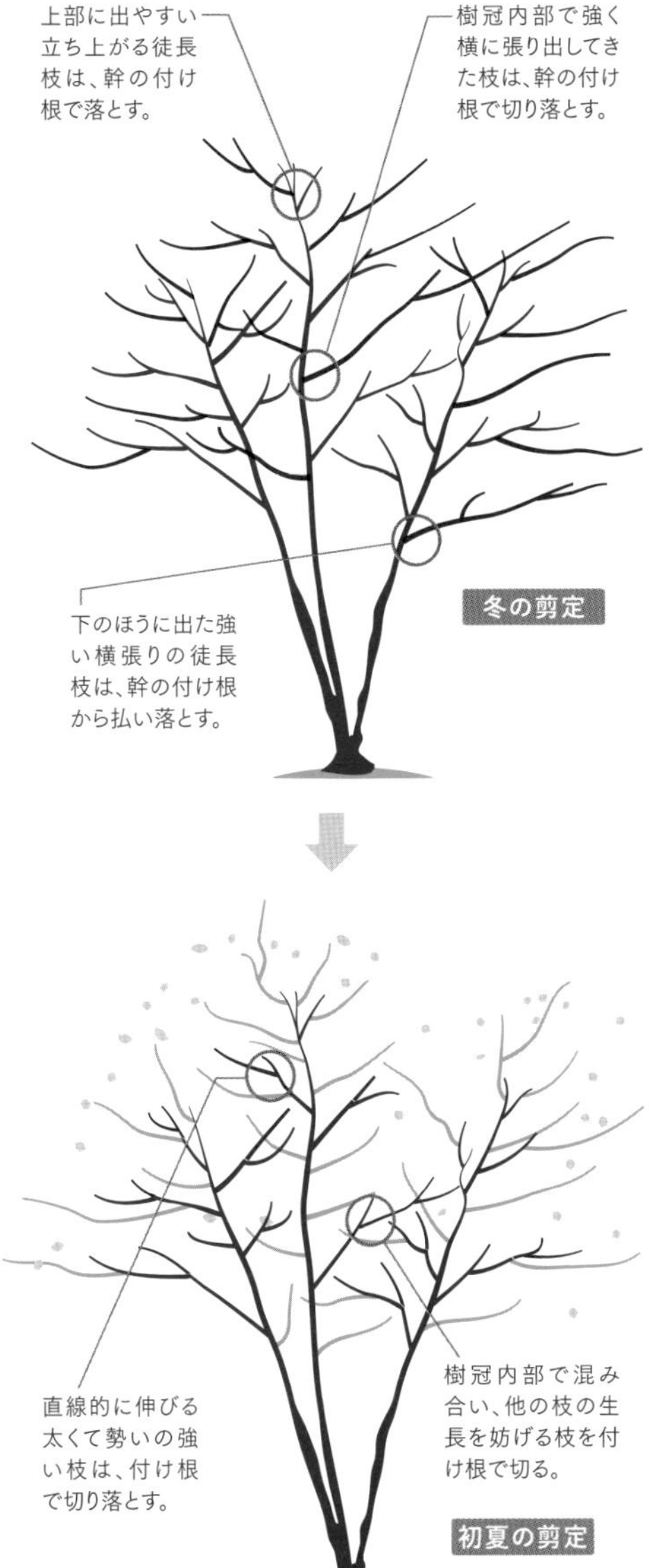
上部に出やすい立ち上がる徒長枝は、幹の付け根で落とす。
樹冠内部で強く横に張り出してきた枝は、幹の付け根で切り落とす。
下のほうに出た強い横張りの徒長枝は、幹の付け根から払い落とす。
冬の剪定
直線的に伸びる太くて勢いの強い枝は、付け根で切り落とす。
樹冠内部で混み合い、他の枝の生長を妨げる枝を付け根で切る。
初夏の剪定

幹に表情があるので幹を見せ、太くなって強く伸びた枝を付け根から切ると自然な姿を楽しめる。

アカシデ

赤四手

分類／カバノキ科　落葉高木　樹高／15m以上　花色／黄緑　実色／褐色　根／浅い
生長／速い　日照／ひなた～半日陰　乾湿／中間　植えつけ／12～3月

4	5	6	7	8	9	10	11	12	1	2	3
	展葉					紅葉	落葉期				
開花				結実							
		剪定							剪定		

赤い新芽と幹肌の模様、紅葉が美しい

特徴　野山の川岸などに生えます。紅色の新芽がとても美しく、和名は新芽が赤いことと、秋に紅葉することから。雌雄同株で、春に穂状の雄花序と、当年枝の先にぶら下がるように咲く雌花序をつけます。

ケヤキにやや似ていますが、ケヤキほど生育が速くないので使いやすく、株立ちで魅力を発揮します。建物の近くなどの目につきやすい場所で、コナラなどとの組み合わせが似合います。

枝の切り方と管理　主に枝を間引く整枝を冬に行います。胴吹き枝が多く出るので、強く伸びたものは付け根から大きく抜くように切り取ります。幹を見せたい木なので、下から出た枝を中心に切り払い、他の木よりも多めに切除し、毎年全体の3/5程度を剪定して落とします。

病気は目立ちませんが、アリに根をかじられることがあるので注意します。施肥は不要です。

樹冠内部で混み合い、他の枝の生長を妨げる枝を付け根で切る。
上部に出やすい太くて強い徒長枝は、幹の付け根で切り落とす。
幹を美しく見せるには、下から出た強い胴吹き枝を幹の際で切る。
冬の剪定

上部に出やすい立ち上がる徒長枝は、幹の付け根で落とす。
直線的に伸びる太くて勢いの強い枝は、付け根で切り落とす。
初夏の剪定

幹を見せたい木なので、胴吹き枝が出たら下枝を払う。毎年全体の3/5程度を付け根から切り落とす。

アズキナシ

小豆梨

分類／バラ科　落葉高木　樹高／15m以上　花色／白　実色／橙　根／深い
生長／遅い　日照／ひなた～半日陰　乾湿／やや湿潤　植えつけ／12～3月

表情のある葉と、くすんだ橙色の実が愛らしい

特徴　アズキに近い大きさのくすんだ橙色で、ナシに似た白い皮目がある果実が名前の由来で、仲間のナナカマドのように秋に熟します。繊細で葉脈のよく見えるかわいい葉も魅力です。若い枝にある目盛りのような皮目から、ハカリノメの別名があります。果実がよく見える場所に植えるのがおすすめです。涼しい山地に生える寒冷地向きの樹木ですから、西日が当たる場所は避けましょう。

枝の切り方と管理　冬の剪定は、不要な枝を抜き取る程度です。横枝もあまり多くは出ませんが、適宜、枝葉を間引いて風通しをよくします。放任すると意外に樹高が伸びてしまいます。果実が見えやすい高さに保つには、毎年全体の⅓程度を枝抜きしてボリュームを抑えます。枝は幹の付け根から切り取り、途中から切らないようにします。比較的水分を好みます。夏は水ぎれしないように、朝夕にたっぷり水まきしておきます。

4	5	6	7	8	9	10	11	12	1	2	3
	展葉					紅葉	落葉期				
	開花					結実					
		剪定							剪定		

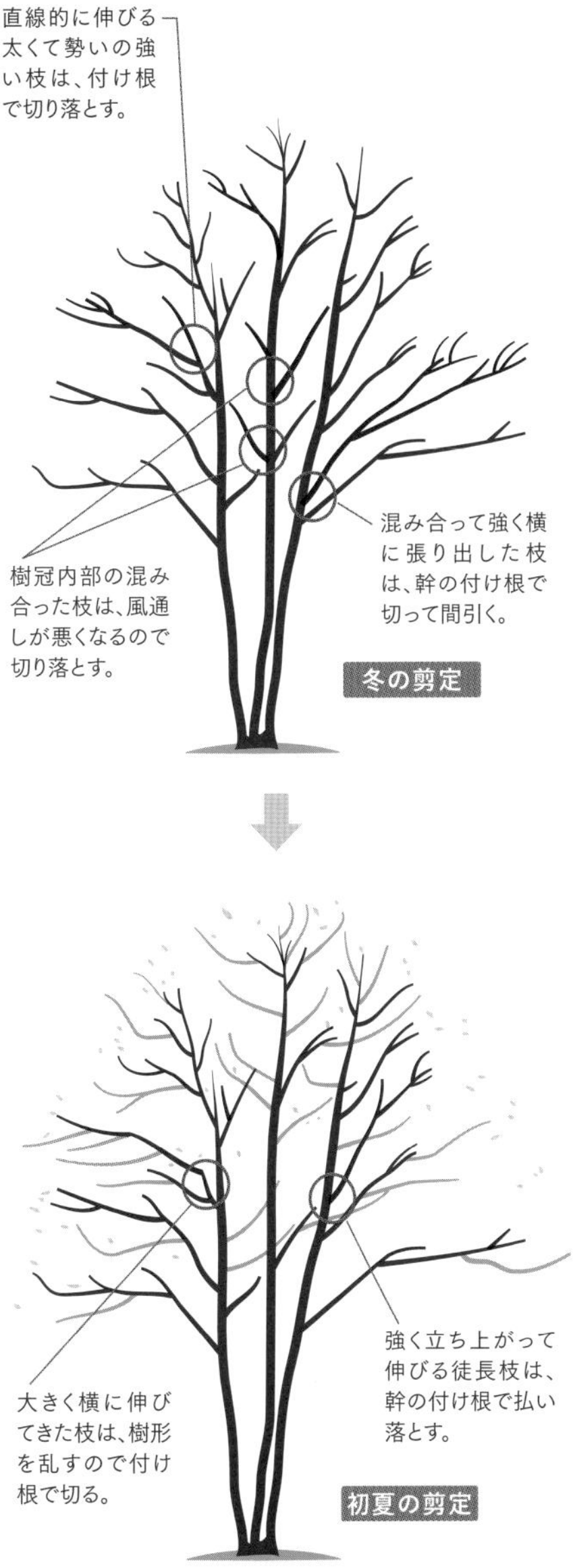
直線的に伸びる太くて勢いの強い枝は、付け根で切り落とす。
混み合って強く横に張り出した枝は、幹の付け根で切って間引く。
樹冠内部の混み合った枝は、風通しが悪くなるので切り落とす。
冬の剪定
強く立ち上がって伸びる徒長枝は、幹の付け根で払い落とす。
大きく横に伸びてきた枝は、樹形を乱すので付け根で切る。
初夏の剪定

毎年全体の⅓程度、伸びた枝を付け根から切り落とす。
数年に一度、古い幹を切って主幹を更新する。

アブラチャン

油瀝青

分類／クスノキ科　落葉低木　樹高／3～5m　花色／黄　実色／茶　根／中間　生長／遅い
日照／日なた～半日陰　乾湿／中間　植えつけ／2月下旬～3月、10月中旬～11月

4	5	6	7	8	9	10	11	12	1	2	3
	展葉					紅葉	落葉期				
開花						結実					開花
		剪定							剪定		

黄色で手まり状の花を楽しみ、紅葉を味わう

特徴　早春の黄色い花は可憐で、春の新緑は繊細な緑が美しい樹木です。秋の紅葉もすばらしく、はらはらと散っていく風情も趣があります。昔はタネからとった油を灯火や塗料に用いました。チャン（瀝青）とは船具などの防腐塗料のことで、その用途から名づけられました。庭ではコナラやイヌシデの外側に植えると、やわらかい枝ぶりや秋の紅葉がよく見えます。繊細な枝ぶりに品があるうえ、横に伸びる枝が多いので、庭のアクセントになります。

枝の切り方と管理　冬の剪定は、強く伸びた枝を幹から切り落とし、細くてやわらかい枝を残します。幹が古くなりすぎるとゴツゴツするので、4～5年に一度、古い幹を地際から切り取り、新しい幹と入れかえます。初夏の剪定は、徒長枝を付け根から間引く程度にとどめます。アリとテッポウムシに気をつけ、見つけしだいすぐに防除します。

上部に出やすい立ち上がる徒長枝は、幹の付け根で落とす。
横に張り出した強く太い枝は、付け根で切り落とす。
樹冠内部で他の幹と交差する枝を付け根から払う。
冬の剪定

勢いのよい太い枝が立ち上がりぎみなので、付け根から切り取る。
周囲の幹を突き抜けて伸びる徒長枝は、幹の付け根で払い落とす。
初夏の剪定

生長がおだやかなので、徒長枝を付け根から切るだけでよく、何年かに一度、幹を更新して入れかえる。

イヌシデ（ソロ） 犬四手

分類／カバノキ科　落葉高木　樹高／15m以上　花色／茶（雄花）、緑（雌花）　実色／茶
根／浅い　生長／速い　日照／半日陰　乾湿／中間　植えつけ／2～3月、10～11月

4	5	6	7	8	9	10	11	12	1	2	3
	展葉					紅葉	落葉期				
開花						結実					開花
			剪定							剪定	

雑木の代表、春の新緑と夏の緑陰がさわやか

特徴　花穂の形が似ているシデの仲間のうち、新芽が赤いアカシデのような特徴がないので「イヌ」がつけられました。シロシデとも呼ばれ、ソロという別名もあります。幹が白く、ねじれたように樹皮に入る独特の筋目がきれいです。秋に葉は黄色く色づきます。

株立ちの姿がよく、シルエットがケヤキに似るもののケヤキほどは生長が速くないのも人気の理由です。

枝の切り方と管理　よく枝が出て、葉も多いので、冬の剪定では、下枝を中心に強く出た枝を幹の付け根から切り落とします。比較的生長の速度も速いので、枝は全体の⅗程度と、かなり多めに切り落とします。幹から伸びる枝も多く、数年に一度は低い位置から伸びてくる胴吹き枝のうち、あまり太くないものを選んで生かし、上の主幹を切り落として更新すると、一回り樹冠を小さく抑えられます。

夏には枝を間引く程度の剪定をします。

上部に出やすい立ち上がる徒長枝は、幹の付け根で落とす。
周囲の幹を突き抜けて伸びる徒長枝は、幹の付け根で払い落とす。
横に張り出した強く太い枝は、付け根で切り落とす。
冬の剪定

直線的に伸びる太くて勢いの強い枝は、付け根で切り落とす。
樹冠内部で他の幹と交差する枝を付け根から払う。
夏の剪定

基本は毎年⅗程度、大きく伸びた枝を付け根から切り落とす。数年に一度、古い幹を切って更新。

ウメ

梅

分類／バラ科　落葉高木　樹高／5～10m　花色／白、桃、赤　実色／黄　根／深い
生長／速い　日照／ひなた　乾湿／乾燥　植えつけ／11～3月

4	5	6	7	8	9	10	11	12	1	2	3
	展葉					紅葉	落葉期				
		結実								開花	
			剪定						剪定		

懐かしい景色をつくる、かぐわしい早春の花

特徴 山の早春の雰囲気を感じさせ、古くから花木として親しまれてきました。主に花をめでる花ウメと、果樹として果実を収穫する実ウメがあり、園芸品種が多数あります。花色は白と赤、ピンクですが、白花によい香りを放つものが多くあります。

枝の切り方と管理 枝がかぎ形に出ることが多く、野趣に富んだ樹形で、刈り込まずに放任すると雑木の庭に情緒を与えるのでおすすめです。そのままでも枝や幹が曲がり、味わい深い姿になりますが、雑木の中でバランスのとれた自然な枝ぶりにするには、徒長枝を切って細い枝を残します。数年に一度、古くなった枝は幹の付け根から切り落とし、やわらかいラインにまとめます。

病害虫でよく発生するのはアブラムシとカイガラムシです。冬の間にマシン油乳剤などを全体にまんべんなく散布すると、葉のある時期の被害が軽減できます。

幹から直線的に強く伸びる太い枝は、樹勢が強すぎるので切る。
頂点付近に強く伸びる徒長枝は、樹冠を広げる。付け根から落とす。
樹形を乱し、他の枝を突き抜けて伸びる徒長枝は、付け根で切る。
冬の剪定

混み合って伸びる樹冠を乱す徒長枝を付け根で切り落とす。
古くなってゴツゴツと太くなった枝を切り、細くて新しい枝に更新。
初夏の剪定

幹の曲がりぐあいも独特。生長も速く、強い徒長枝がよく出るので、全体の⅖程度を多めに切る。

エゴノキ

斉墩果、野茉莉

分類／エゴノキ科　落葉小高木　樹高／約10m　花色／白、桃　実色／白　根／深い
生長／速い　日照／ひなた　乾湿／やや湿潤　植えつけ／10～12月、2～3月

4	5	6	7	8	9	10	11	12	1	2	3
	展葉					紅葉	落葉期				
	開花	結実									
		剪定				剪定				剪定	

星が降るように小花が垂れ下がる

特徴　初夏に星形の花をつり下げて咲かせ、花後に灰白色で楕円形の果実をつけます。果皮にエゴサポニンという成分が含まれ、洗剤や除虫剤に利用されました。雑木林や川辺に生え、株立ちになり、樹皮が黒くて老木になると荒れてはがれます。

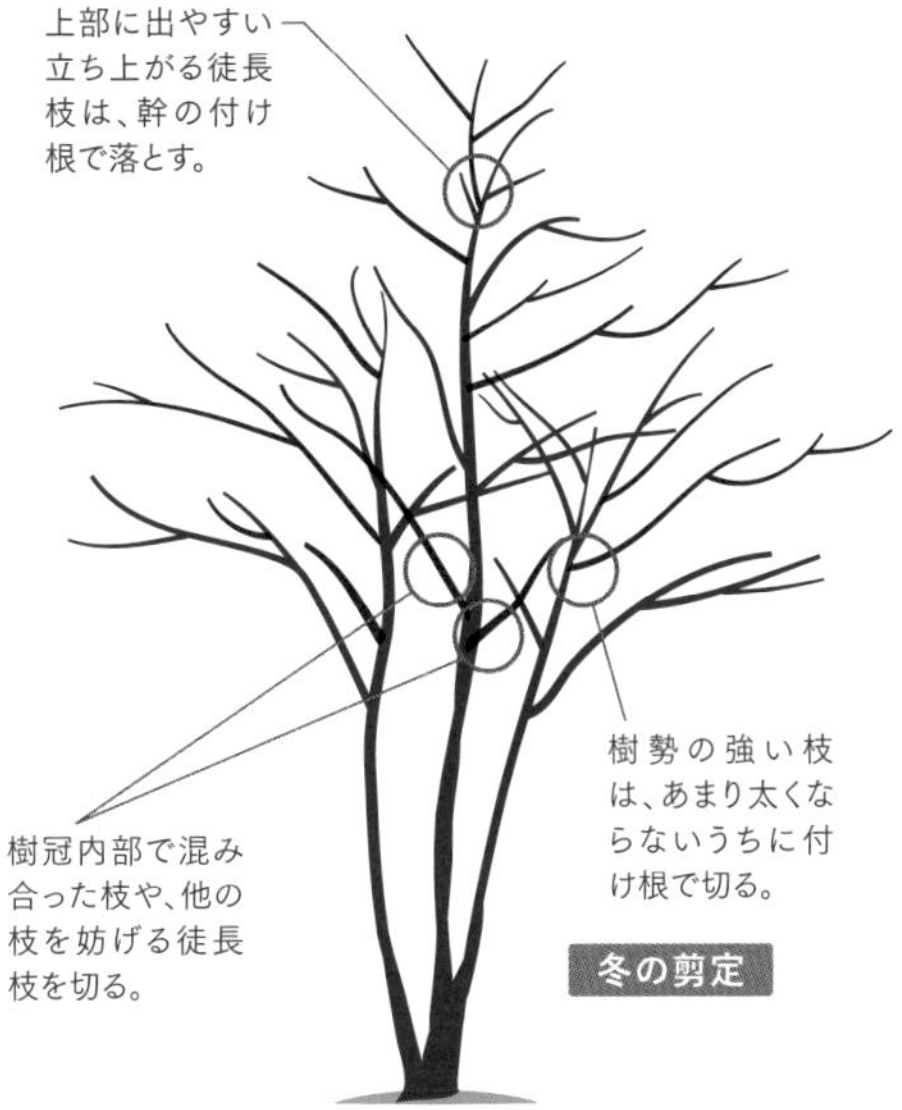
上部に出やすい立ち上がる徒長枝は、幹の付け根で落とす。
樹勢の強い枝は、あまり太くならないうちに付け根で切る。
樹冠内部で混み合った枝や、他の枝を妨げる徒長枝を切る。
冬の剪定

直線的に伸びる太くて勢いの強い枝は、付け根で切り落とす。
樹冠内部で他の幹と交差する枝を、付け根から払い落とす。
初夏と秋の剪定

細い幹からのびのびとした枝を四方に伸ばす。全体の約½の枝を若いうちから切り、枝を太くしない。

枝の切り方と管理　樹勢が強く、大きく太い枝を落とすと、幹の付け根ぎりぎりで切っても、切り口の周囲から驚くほどたくさんの胴吹き枝が生えます。対策としては、木が若いとき、または植えつけて間もないころから少しずつ枝抜きしておき、太い枝を切らなくてもよいように管理することです。太い枝を切り落とすことになった場合は、必ず幹の付け根で切ることを心がけ、胴吹き枝が出たら、樹勢の弱いものを残して、すぐに間引きで整えます。

花つきはやや減ってしまいますが、半日陰で育てるとコントロールしやすくなります。

オトコヨウゾメ

男莢迷

分類／レンプクソウ科（スイカズラ科） 落葉低木 樹高／1～2m 花色／白 実色／赤
根／深い 生長／中間 日照／ひなた～半日陰 乾湿／やや湿潤 植えつけ／12～3月

4	5	6	7	8	9	10	11	12	1	2	3
	展葉					紅葉	落葉期				
開花						結実					開花
		剪定							剪定		

白い小花と秋の赤い実が見どころ

特徴 春に白い小花が集まって花笠のようにかわいらしく咲き、秋の赤い実から紅葉と、どの季節にも見どころがある落葉低木です。葉は先のとがった楕円形で青みのあるパウダーグリーンにはっきりした葉脈が入り、葉が乾燥すると黒っぽくなるのも特徴のひとつです。清楚で上品な樹姿で、モミジやコナラの下に植えると持ち味が引き立ちます。

枝の切り方と管理 あまり強い枝が出ないため、管理しやすい木といえます。冬の剪定では、横に強く張り出した枝を幹から切り落とします。幹は数年で更新します。太くて古い幹を地際から切り取り、下から伸びてくるひこばえを伸ばします。

病害虫はあまりありませんが、アリに根をかじられないように注意します。夏はとくに水ぎれや蒸れに注意します。高温による蒸れに弱いので、半日陰に植えるのがよいでしょう。

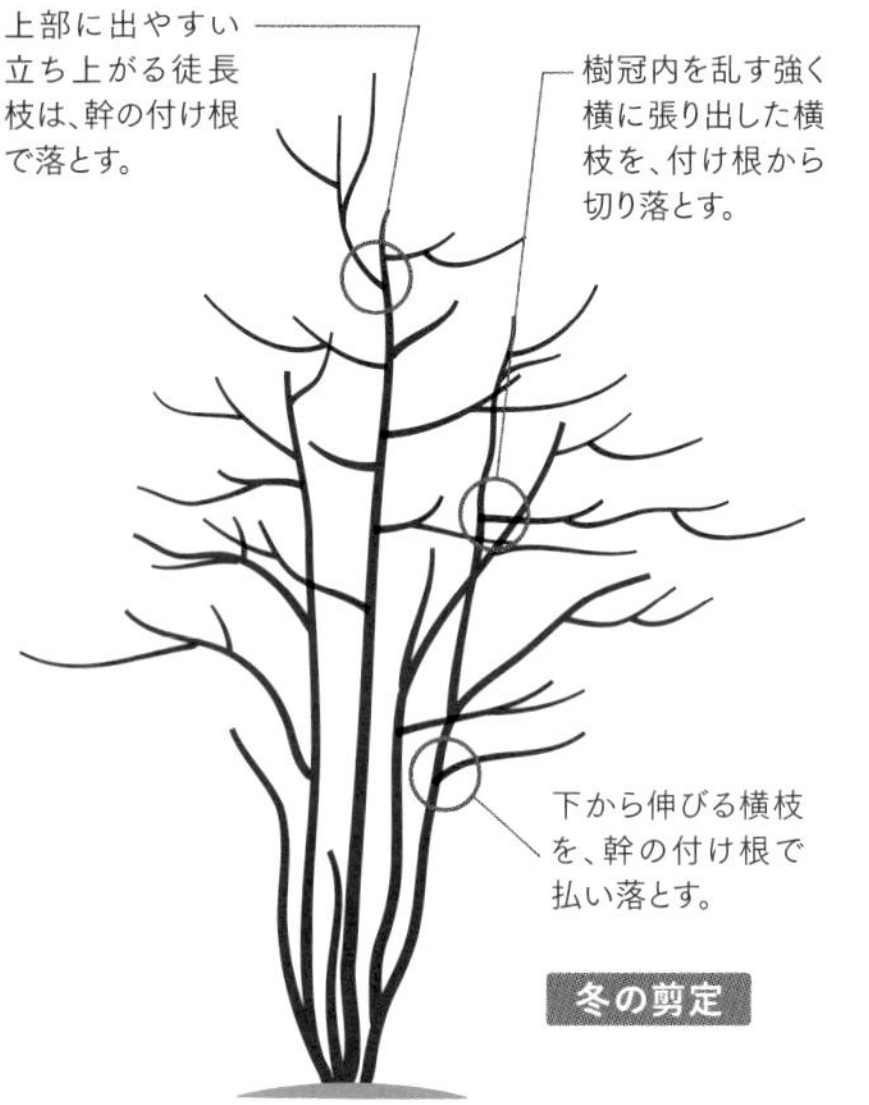

上部に出やすい立ち上がる徒長枝は、幹の付け根で落とす。
樹冠内を乱す強く横に張り出した横枝を、付け根から切り落とす。
下から伸びる横枝を、幹の付け根で払い落とす。
冬の剪定

樹冠内を乱す強く横に張り出した横枝を、付け根から切り落とす。
樹冠内部に伸びた、混み合った細い枝は、付け根で切る。
初夏の剪定

基本は毎年、大きく伸びた枝を付け根から切り落とす。数年に一度、古い幹を切って新しい幹に更新。

カツラ　桂

分類／カツラ科　落葉高木　樹高／25～30m　花色／紅　実色／黒　根／深い
生長／速い　日照／ひなた～半日陰　乾湿／湿りがち　植えつけ／12月中旬～3月上旬

4	5	6	7	8	9	10	11	12	1	2	3
	展葉					紅葉	落葉期				
開花						結実					
		剪定							剪定		

葉がハート形で香ばしい香りをもつ

特徴 山地の渓流沿いや沢の近くなど、しっとりした湿りけのあるところを好みます。ハート形の葉が風に揺らぐ姿が好まれ、春の芽出しから淡い緑色の新緑、秋に黄色く色づくまで、長く楽しめます。紅葉のころはキャラメルのような香ばしい香りがあります。株立ちで育ち、幹はまっすぐに伸びて枝のラインが強調され、左右対称の端正な樹形になります。建物の近くなど、やや目立つところに似合います。

枝の切り方と管理 樹形を乱さないように剪定します。胴吹き枝が多く伸びてくるので、毎年½程度まで、強く伸びた枝を幹の付け根から切り落とします。生長が速く、樹高も高くなりがちなので、数年に一度は主幹を切り戻し、低い位置から伸びてくる胴吹き枝を生かして更新します。

夏の暑さにやや弱いほかは丈夫で、強い剪定にもよく耐えます。ひなたから半日陰まで、よく育ちます。

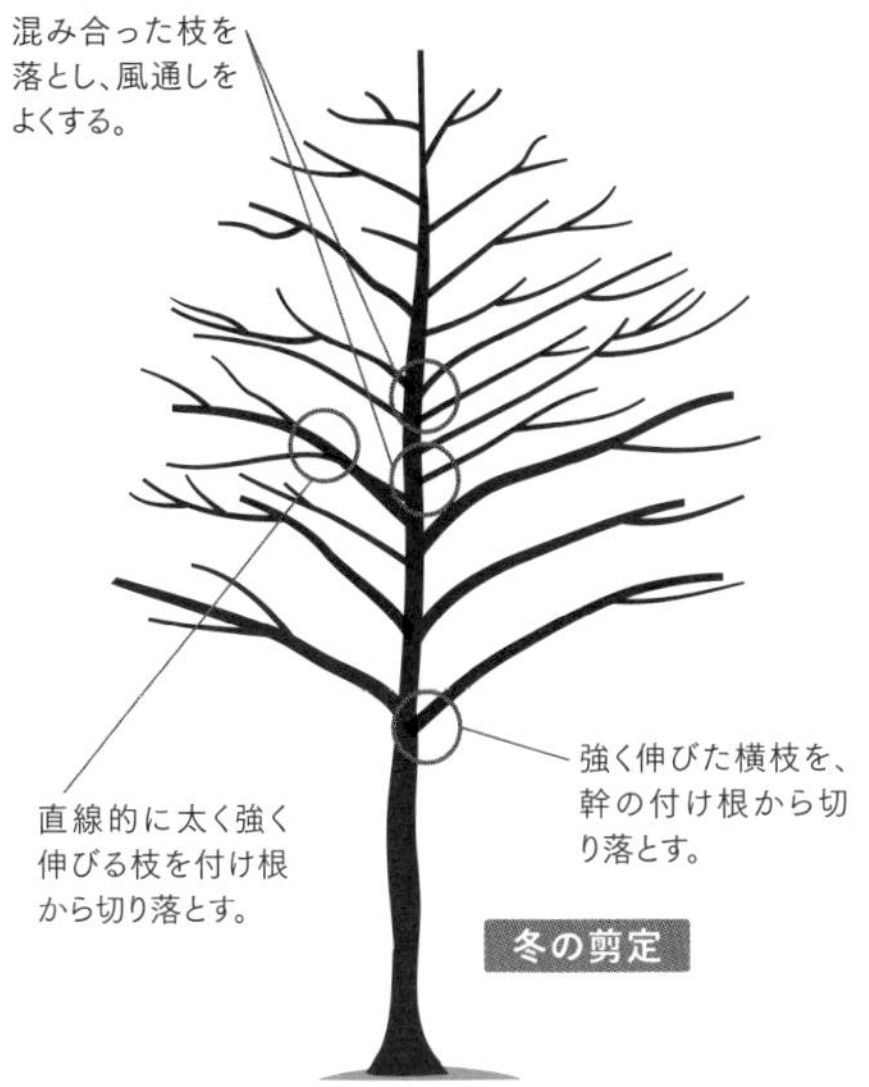
混み合った枝を落とし、風通しをよくする。
強く伸びた横枝を、幹の付け根から切り落とす。
直線的に太く強く伸びる枝を付け根から切り落とす。
冬の剪定

直線的に太く強く伸びる枝を付け根から切り落とす。
混み合って出た枝は、太くて樹勢の強い枝を付け根で切る。
初夏の剪定

全体の½程度の枝を切り落とし、数年に一度、主幹を切り戻して低く抑え、新しい主幹に更新する。

クロバナロウバイ

黒花蝋梅

分類／ロウバイ科　落葉低木　樹高／1～2.5m　花色／黒　根／中間
生長／遅い　日照／ひなた～半日陰　乾湿／中間　植えつけ／2月下旬～3月、11月

4	5	6	7	8	9	10	11	12	1	2	3
	展葉					紅葉	落葉期				
	開花										開花
		剪定								剪定	

シックな花色で茶花に好まれる

特徴　北アメリカ東部原産で、明治時代中期に渡来しました。花色は遠くからは黒に見えますが、よく見ると暗い赤褐色で、風情があるために茶花として喜ばれます。ニオイロウバイとも呼ばれ、初夏に咲く花と枝にはイチゴに似た甘い香りがあります。

幹も枝もまっすぐ伸び、細く素直な枝ぶりです。半日陰でも育ちますが、日当たりが悪いと花つきが悪くなるので、明るい場所を選びます。

枝の切り方と管理　生長が遅く、放任しても株や樹形が乱れにくい木です。古い枝には花が咲きにくくなるので、数年ごとに地際から切り取り、新しく出てくるひこばえを選んで残し、新しい幹に更新します。1本立ちにせずに、5本程度の株立ち状に育てるのがおすすめです。横に長く伸び出した徒長枝は、幹の付け根から切り取ります。

真夏に水ぎれしないように注意します。

下がって伸びたり、横に伸びてくる細い枝は、付け根で切る。
古くなり、太くなった幹を地際から切る。
強く横に張り出して伸びる徒長枝を、付け根から切り落とす。
冬の剪定

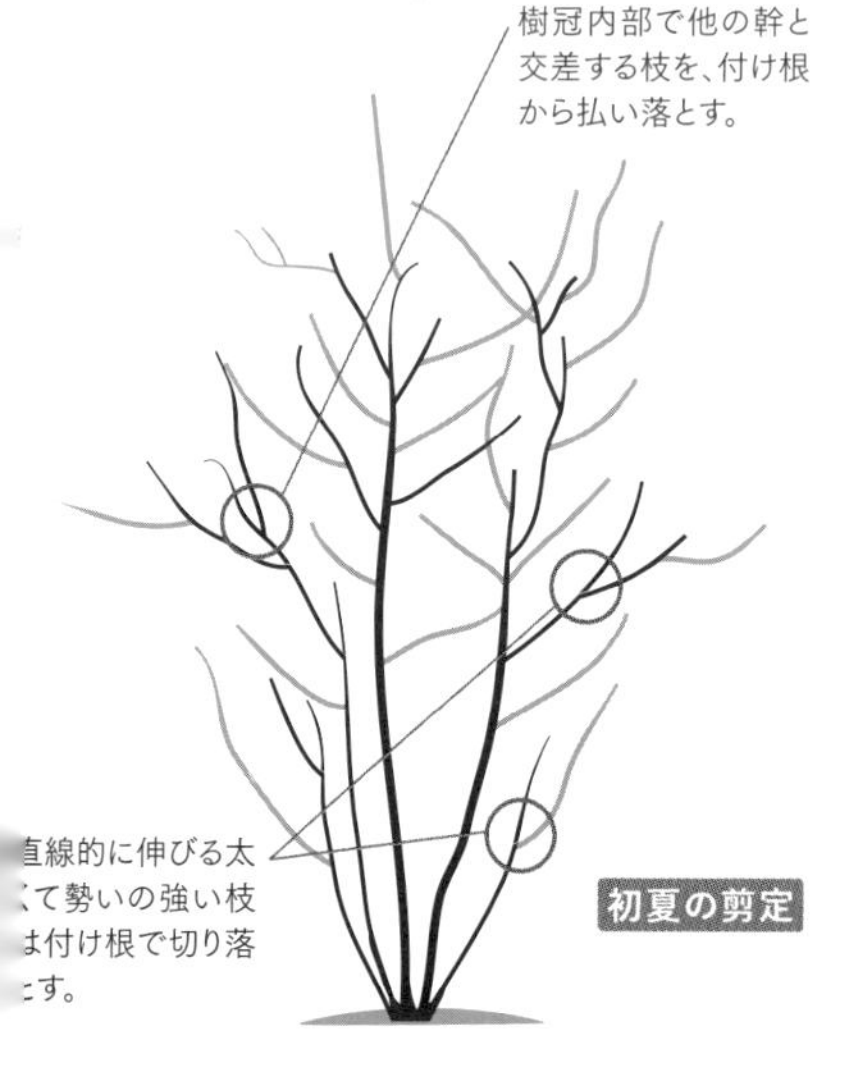

樹冠内部で他の幹と交差する枝を、付け根から払い落とす。
直線的に伸びる太くて勢いの強い枝は付け根で切り落とす。
初夏の剪定

ひこばえを出して株立ちになるので、古い幹を地際から切り、新しい幹を残す。強い徒長枝は切る。

コナラ　小楢

分類／ブナ科　落葉高木　樹高／10〜30m　花色／黄　実色／茶　根／深い
生長／速い　日照／ひなた　乾湿／乾燥　植えつけ／2月下旬〜3月、10〜11月

4	5	6	7	8	9	10	11	12	1	2	3
	展葉					紅葉	落葉期				
開花						結実					開花
			剪定							剪定	

新緑が美しい「雑木の王」というべき木

特徴　銀色に輝く芽吹きから、さわやかな黄緑色の新葉、秋の紅葉までが味わい深く、「雑木の王」といわれます。クヌギとともに雑木林を構成する代表的な樹種で、かつては薪をとるために頻繁に刈り取られました。果実はドングリとしておなじみです。

雑木の庭では主役として　庭の骨格を構成する樹種浅い灰白色で細かい縦割れのある幹肌も魅力です。

枝の切り方と管理　幹の重なりぐあいが遠近感を演出するので、株立ちにするのがおすすめです。株立ちしたものは1本で林のように見えます。生長が速いので、年間2回剪定したほうがよいでしょう。強く出た胴吹き枝を幹の付け根から切り、全体の⅖程度まで、多めに切り取ります。数年に一度は低い位置で切り戻すか、ひこばえを伸ばして主幹を更新します。ひなたで広い場所に植えるとどんどん大きくなるので、日陰で狭い場所に植えたほうが制御しやすくなります。

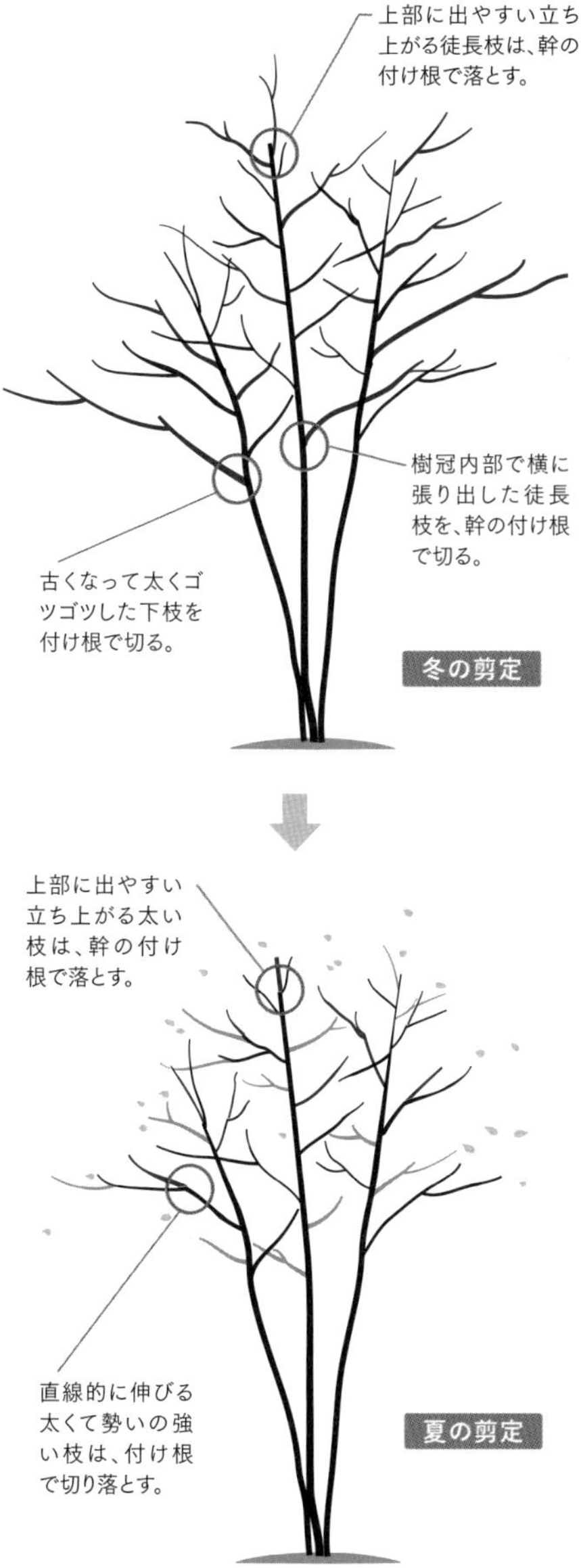
上部に出やすい立ち上がる徒長枝は、幹の付け根で落とす。
樹冠内部で横に張り出した徒長枝を、幹の付け根で切る。
古くなって太くゴツゴツした下枝を付け根で切る。
冬の剪定
上部に出やすい立ち上がる太い枝は、幹の付け根で落とす。
直線的に伸びる太くて勢いの強い枝は、付け根で切り落とす。
夏の剪定

徒長枝を幹の付け根から全体の⅖程度を切る。数年に一度、低く切り戻して主幹を更新する。

コブシ　辛夷

分類／モクレン科　落葉高木　樹高／8～10m　花色／紫、白　実色／赤　根／深い
生長／速い　日照／ひなた　乾湿／中間　植えつけ／12～2月

4	5	6	7	8	9	10	11	12	1	2	3
	展葉					紅葉	落葉期				
開花					結実						開花
	剪定								剪定		

春の訪れを告げ、天高く咲く花

特徴　葉が展開する前の3～4月に、白い芳香花を咲かせます。花の下に小さな葉を1枚つけ、よく似たタムシバはつけないことで見分けます。果実は集合果で秋に赤く熟し、握りこぶしに似るのが名の由来。成木は移植が難しいので、植え場所は十分吟味します。別種のシデコブシは、丈が低く花つきがよいので人気です。花色がピンクのものはヒメコブシとも呼ばれ、花が美しい園芸品種もあります。

枝の切り方と管理　細かい胴吹き枝が出にくいので、不要な枝を抜き取ります。できるだけ葉の数をふやさないよう、生長する分の古い枝を切り落とします。枝が直線的に伸びるので、途中で切るとゴツゴツした枝ぶりになってしまいます。必ず、幹の付け根で切り落としましょう。施肥は必要ありません。大きくしたくない場合は、シデコブシを選び、全体の⅖程度の強く出た枝を幹の付け根から残さずに切り落とします。

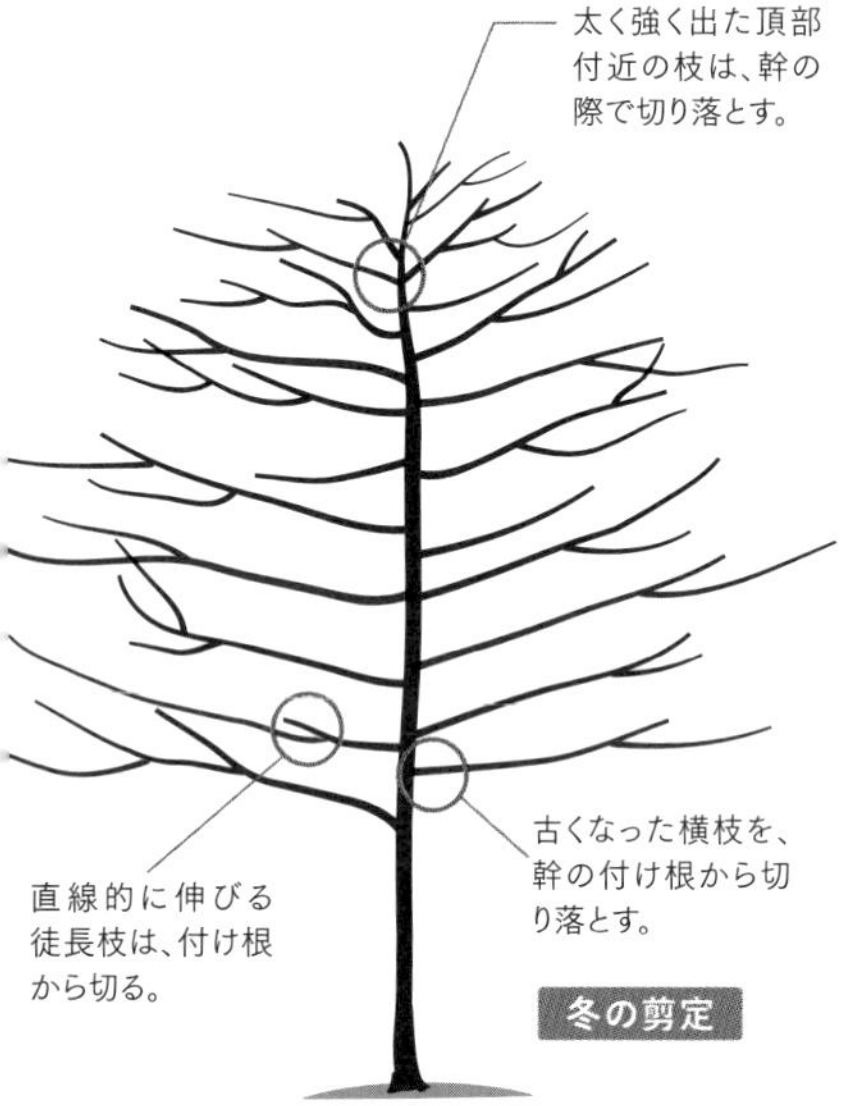

太く強く出た頂部付近の枝は、幹の際で切り落とす。
古くなった横枝を、幹の付け根から切り落とす。
直線的に伸びる徒長枝は、付け根から切る。
冬の剪定

樹冠内部に伸びる、混み合った徒長枝を付け根から切る。
直線的に伸びる太くて勢いの強い枝は、付け根で切り落とす。
初夏の剪定

や幹がまっすぐ伸びるので、徒長枝を中心に全体の⅖
どの枝を、幹の付け根から切り落とす。

ザクロ　石榴

分類／ミソハギ科（ザクロ科）落葉小高木　樹高／5～7m　花色／赤・白・黄　実色／赤
根／深い　生長／速い　日照／ひなた　乾湿／乾燥　植えつけ／12～3月

4	5	6	7	8	9	10	11	12	1	2	3
	展葉					紅葉	落葉期				
	開花				結実						
		剪定					剪定				

熟すと裂けて赤い種子が見える果実が印象的

特徴　花を観賞する「花ザクロ」と、果樹として実を収穫する「実ザクロ」、矮性で果実も小さい「ヒメザクロ」があります。枝は細かく分かれ、短枝の先端はトゲがあります。初夏に咲く緋色の花は一重や八重咲きで、果実は秋に熟すと裂け、甘くて食用となります。

枝の切り方と管理　太い枝から細かい短枝が多く出ます。徒長枝や、強く上向きに伸びる枝、木の内側に向かって伸びる枝を、付け根から切り落とします。

胴吹き枝がよく出るので、低い位置から強すぎずに姿よく出るものがあれば残し、主幹を更新します。ひこばえもよく伸びるので、数年おきに1～2本を残して育て、やがて主幹に切り替えます。初夏には、徒長枝とひこばえを付け根から間引く程度に整えます。

日当たりや風通しが悪いとうどんこ病やカイガラムシ、アブラムシが発生します。剪定で風通しや日当たりをよくすると病害虫も出にくくなります。

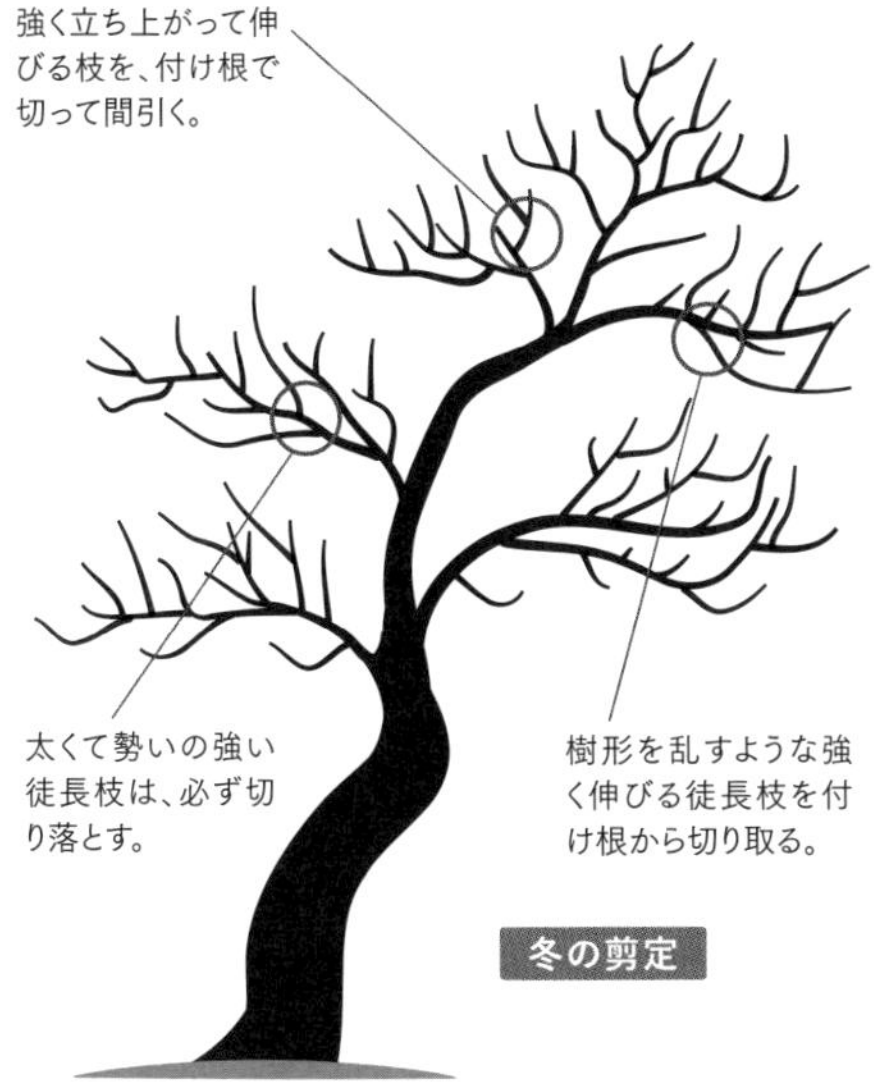
強く立ち上がって伸びる枝を、付け根で切って間引く。
太くて勢いの強い徒長枝は、必ず切り落とす。
樹形を乱すような強く伸びる徒長枝を付け根から切り取る。
冬の剪定

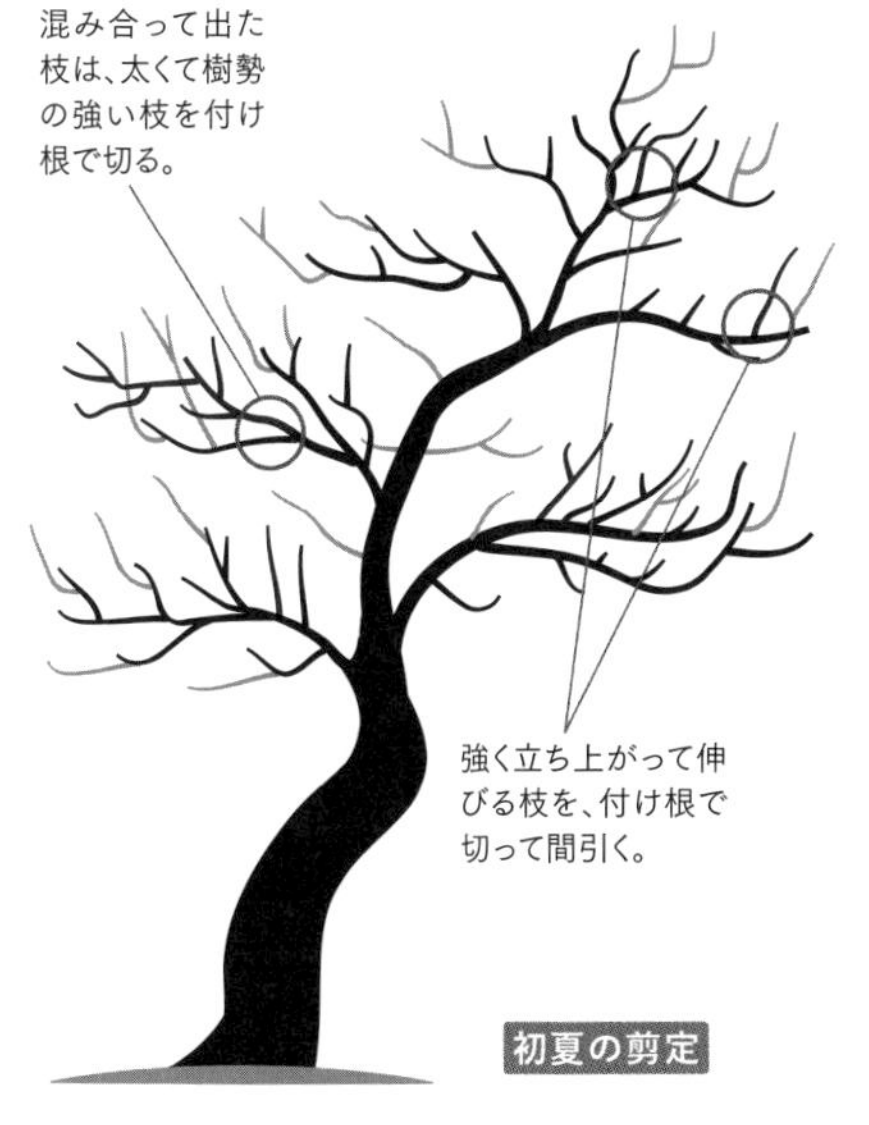
混み合って出た枝は、太くて樹勢の強い枝を付け根で切る。
強く立ち上がって伸びる枝を、付け根で切って間引く。
初夏の剪定

太い枝から細かい徒長枝が多く出るので、樹形を乱すものを全体の$\frac{2}{5}$ほど付け根から切り落とす。

サルスベリ　百日紅

分類／ミソハギ科　落葉高木　樹高／5～10m　花色／白、桃、紅　実色／茶
根／深い　生長／速い　日照／ひなた　乾湿／湿りがち　植えつけ／3月～4月上旬

暑い夏の間じゅう長く咲き続ける華やかな花

特徴　中国南部原産で、美しいピンク花や白花、赤花を盛夏から秋にかけて長く咲かせます。開花期間が長いので、別名ヒャクジツコウと呼ばれます。

樹皮は茶褐色で薄くはげて独特の模様となります。建物の際に植えると、幹肌の美しさと花を同時に楽しめます。

枝の切り方と管理　花だけを楽しむ目的で先端のみを切り、枝にコブをつくってしまうケースを多く見かけますが、これほど情けない姿はありません。自然に伸ばすと花がつきすぎにもならず、優美な幹のラインと楚々と咲く花が楽しめます。強い剪定をせずに、徒長した枝を際から切り、古い枝や乱れて伸びた枝だけを選び、全体の½ほどの枝を切り取ります。

剪定を怠ると開花の量にばらつきが出て、隔年開花になってしまいます。数年に一度は胴吹き枝を生かし、古い枝を切って新しい枝に更新します。

4	5	6	7	8	9	10	11	12	1	2	3
	展葉					紅葉	落葉期				
				開花		結実					
	剪定							剪定			

直線的に太く強く伸びる枝を付け根から切り落とす。
樹冠内部を乱す、混み合って伸びる徒長枝を付け根から切り落とす。
垂れ下がるように伸びた枝を、幹の付け根から切り落とす。
冬の剪定

細くて弱々しい曲がった枝は、付け根で切る。
混み合って出た枝は、太くて樹勢の強い枝を付け根で切る。
初夏の剪定

端でばかり切るとコブができるので、伸びた枝を付け
から切る。乱れた枝を全体の½程度切る。

サンシュユ

山茱萸

分類／ミズキ科　落葉小高木　樹高／5〜15m　花色／黄　実色／赤　根／中間
生長／速い　日照／ひなた　乾湿／中間　植えつけ／12〜2月

4	5	6	7	8	9	10	11	12	1	2	3
展葉						紅葉		落葉期			
					結実					開花	
	剪定						剪定				

早春に株を覆う黄金色の花が見どころ

特徴　まだ寒いころ、葉が展開する前に5㎜ほどの黄色い小花が枝いっぱいに咲き、満開のときは木全体が黄金色に輝くようです。グミに似た楕円形で光沢のある果実が秋に真っ赤に熟すのでアキサンゴとも呼ばれます。茶花や切り花でも人気があります。

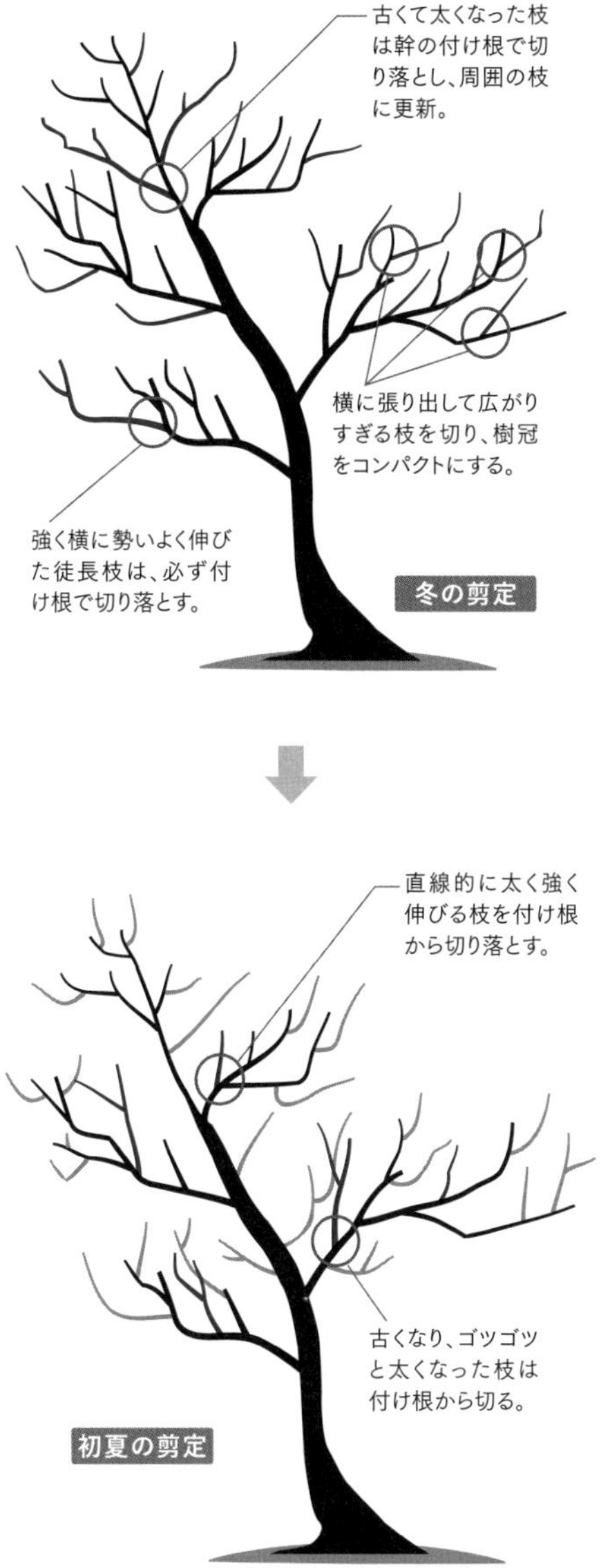
古くて太くなった枝は幹の付け根で切り落とし、周囲の枝に更新。
横に張り出して広がりすぎる枝を切り、樹冠をコンパクトにする。
強く横に勢いよく伸びた徒長枝は、必ず付け根で切り落とす。
冬の剪定
直線的に太く強く伸びる枝を付け根から切り落とす。
古くなり、ゴツゴツと太くなった枝は付け根から切る。
初夏の剪定

横に広がるので、横張りの徒長枝を中心に⅓ほど切る。古い枝は数年で残したひこばえに更新。

枝の切り方と管理　枝が真横に近い方向に伸びるので、放置すると枝が張って場所をとります。全体の樹形を一回り小さくするような感じで、数年に1回、花つきの悪くなった古枝を付け根から切って新しい枝に更新します。ひこばえや胴吹き枝がよく出るので、勢いが強すぎず、やわらかい枝ぶりのものを残して切り取ります。すべてのひこばえを切ってはいけません。

初夏の剪定は、花後に新芽が伸び始めてから、混み合っている枝や細くて弱い枝、枯れ枝などを付け根から切り落とします。株の内側の枝まで十分日光が当たるようになり、翌年の花つきがよくなります。

ジューンベリー

アメリカザイフリボク
亜米利加采振木

分類／バラ科　落葉低木〜小高木　樹高／3〜10m　花色／白　実色／赤　根／中間
生長／速い　日照／ひなた　乾湿／中間　植えつけ／3月中旬〜4月下旬、10月中旬〜11月

4	5	6	7	8	9	10	11	12	1	2	3
展葉						紅葉	落葉期				
開花		結実									開花
		剪定						剪定			

枝先に咲く純白の花、赤く熟す実がおいしい

特徴　春に清楚な白い花を枝一面に咲かせます。初夏には赤くて甘酸っぱい果実が熟し、ジャムや果実酒に向きます。葉は楕円形でやさしく繊細な印象で、新芽や夏の緑陰はさわやか。秋に葉は赤褐色に紅葉します。幹肌はなめらかな赤褐色です。育てやすく、和洋を問わず、どんな庭にも調和します。日当たりがよく、水はけのよい場所に植えましょう。

枝の切り方と管理　細かい枝が多く出るので、混み合った樹冠内部の枝を付け根から切り落とし、やや細い枝を全体の½くらい残します。不要な幹や枝は、切り残しがないように、幹の際から切り取ります。数年に一度、低い位置で主幹を切り戻すと、樹高を低く抑えられます。

大きな病害虫はありませんが、風通しと水はけが悪いとうどんこ病にかかりやすくなります。アリに根をかじられることがあるので注意します。

太く強く出た頂部付近の枝は幹の際で切り落とす。
直線的に伸びる徒長枝は付け根から切る。
樹冠を乱す徒長枝を幹の付け根で切る。
冬の剪定

樹冠内部で立ち上がったり混み合った枝は付け根で切る。
直線的に伸びる太くて勢いの強い枝は付け根で切り落とす。
初夏の剪定

年、枝が多く出るので、全体の½ほど付け根から切り、年で主幹を低い位置で切り戻す。

シラカバ
白樺

分類／カバノキ科　落葉高木　樹高／10～25m　花色／黄　実色／黒　根／深い
生長／速い　日照／ひなた　乾湿／中間　植えつけ／2～3月

4	5	6	7	8	9	10	11	12	1	2	3
	展葉					紅葉	落葉期				
開花					結実						
		剪定							剪定		

白く独特の質感のある幹肌が人気

特徴　白く皮がはげたようになる独特の幹肌で、北国や高原のイメージをもつ樹木です。4～5月に雄花の花序が尾状に垂れ下がるようにして咲きます。高原で見かけるのと同様に群植したほうが美しく見ばえがします。秋の黄葉の美しさも魅力です。園芸品種の'ジャクモンティー'は、暖地でも比較的育てやすく、若木のうちから幹が白くなります。

本州中部以北の涼しい場所を好み、関東以西では暑さで育ちにくいことがあります。移植を嫌うため、植えつけは場所を慎重に選びましょう。

枝の切り方と管理　剪定で枯れ込む場合もあるので、幹から大きく切り落とすのは避け、切り口には必ず癒合剤を塗っておきます。生長が速くてやわらかい枝が多く出るため、伸びすぎた枝を¼程度切り戻します。

テッポウムシの被害にあうことが多いので、早期に発見して、すぐ駆除することを心がけます。

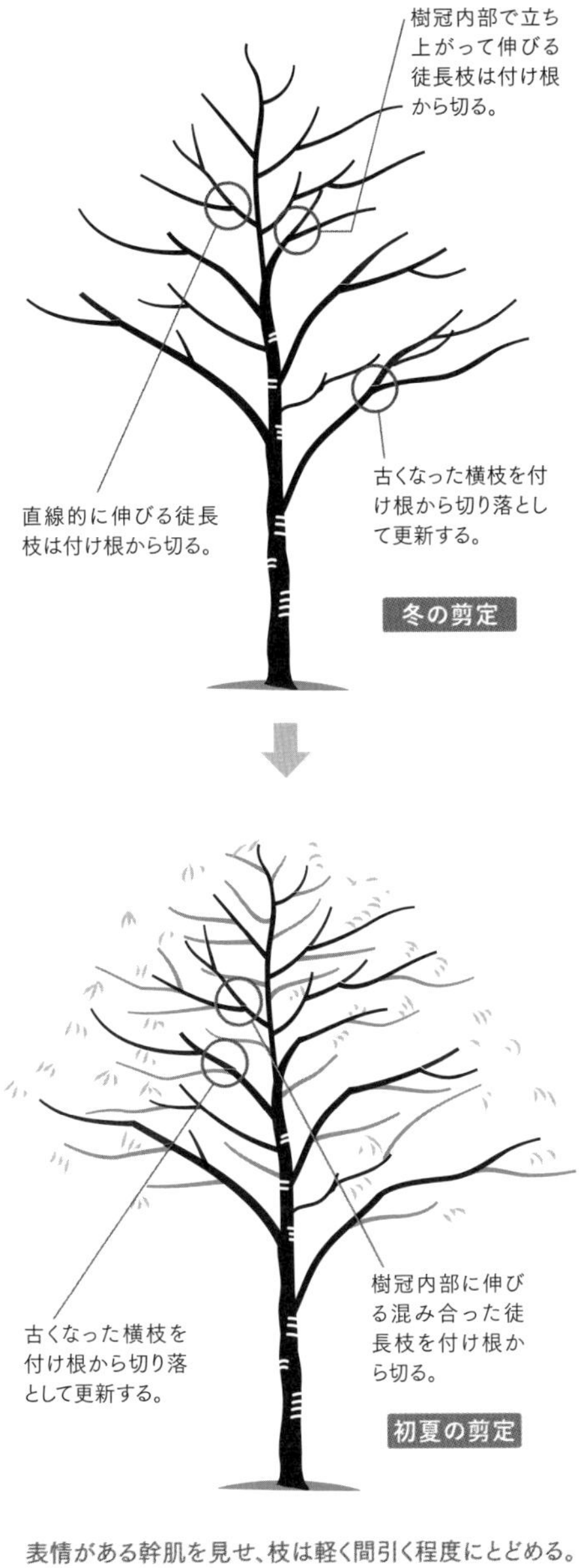
樹冠内部で立ち上がって伸びる徒長枝は付け根から切る。
古くなった横枝を付け根から切り落として更新する。
直線的に伸びる徒長枝は付け根から切る。
冬の剪定
樹冠内部に伸びる混み合った徒長枝を付け根から切る。
古くなった横枝を付け根から切り落として更新する。
初夏の剪定

表情がある幹肌を見せ、枝は軽く間引く程度にとどめる。
大きな枝は切らず、切り口には癒合剤を塗る。

シラキ　白木

分類／トウダイグサ科　落葉小高木　樹高／5～10m　花色／黄　実色／黒　根／中間
生長／中間　日照／ひなた　乾湿／中間　植えつけ／2～3月、9～10月

4	5	6	7	8	9	10	11	12	1	2	3
	展葉					紅葉	落葉期				
	開花					結実					
		剪定								剪定	

林の中で目立つ真っ白の幹肌、深紅の紅葉

特徴　名前のように幹肌が白く、また材も白いことが特徴です。5～6月に、小さくて黄色い地味な花を咲かせます。秋の紅葉も魅力で、白い幹と深紅の紅葉の組み合わせは、なんともいえない美しさです。流通量が少ない貴重な木です。

水はけのよい土壌を好みます。日当たりのよい場所を好みますが、他の雑木の手前や建物側に植えると、白い幹肌が引き立ちます。組み合わせ方で生きる樹種です。

枝の切り方と管理　自然な雰囲気をそこなわないためにも、強剪定は避けましょう。古くなった枝を幹から切り落とし、新しい徒長枝は付け根から切って、樹形を整えていくとよいでしょう。全体の⅓程度を毎年切ります。樹冠の内側に出る細かい胴吹き枝も切り取って風通しをよくします。主幹は数年に一度、低い位置で切り戻します。特に目立った病害虫はありません。

上部に出やすい立ち上がる徒長枝は幹の付け根で落とす。
樹冠内部で横に張り出した徒長枝を付け根で切る。
古くなって太い枝を幹の付け根で払い落とす。
冬の剪定

古くて太くなった枝を幹の付け根で切り取る。
古い枝を付け根で切り新しい枝に更新する。
初夏の剪定

古枝と徒長する胴吹き枝を全体の⅓ほど切り取り、数年で幹を切り戻して主幹を低くする。

ツリバナ　吊花

分類／ニシキギ科　落葉低木　樹高／2～5m　花色／淡い緑　実色／赤　根／浅い
生長／速い　日照／ひなた～半日陰　乾湿／やや湿潤　植えつけ／2～3月、10～11月

つり下がる花、枝先に揺れる実

特徴　初夏に葉腋から小さく淡い緑色の花をつり下げます。細くしなやかな枝で、新緑もさわやか。秋に直径1㎝ほどの実が赤色に熟し、5裂して紫紅色の仮種皮に包まれたタネが顔をだします。つり下がる果実が美しく、鮮やかな紅葉もみごとです。

植えつけは腐葉土を十分にすき込んでから行います。

枝の切り方と管理　強く伸びた下枝を幹の際で払い、樹冠内部の混み合った枝を取り除きます。全体の$\frac{1}{3}$ほどの枝を切り取り、葉が茂りすぎないように注意します。主幹が伸びすぎたら、胴吹き枝を生かして低い位置で切り戻します。株元からひこばえが伸びてきたら伸ばし、古くなった主幹を地際で切って更新します。

病害虫は、新芽や花のころのアブラムシと、根をかじるアリに注意します。2月に有機質肥料などの寒肥を少量与えます。

4	5	6	7	8	9	10	11	12	1	2	3
	展葉					紅葉		落葉期			
	開花					結実					
		剪定						剪定			

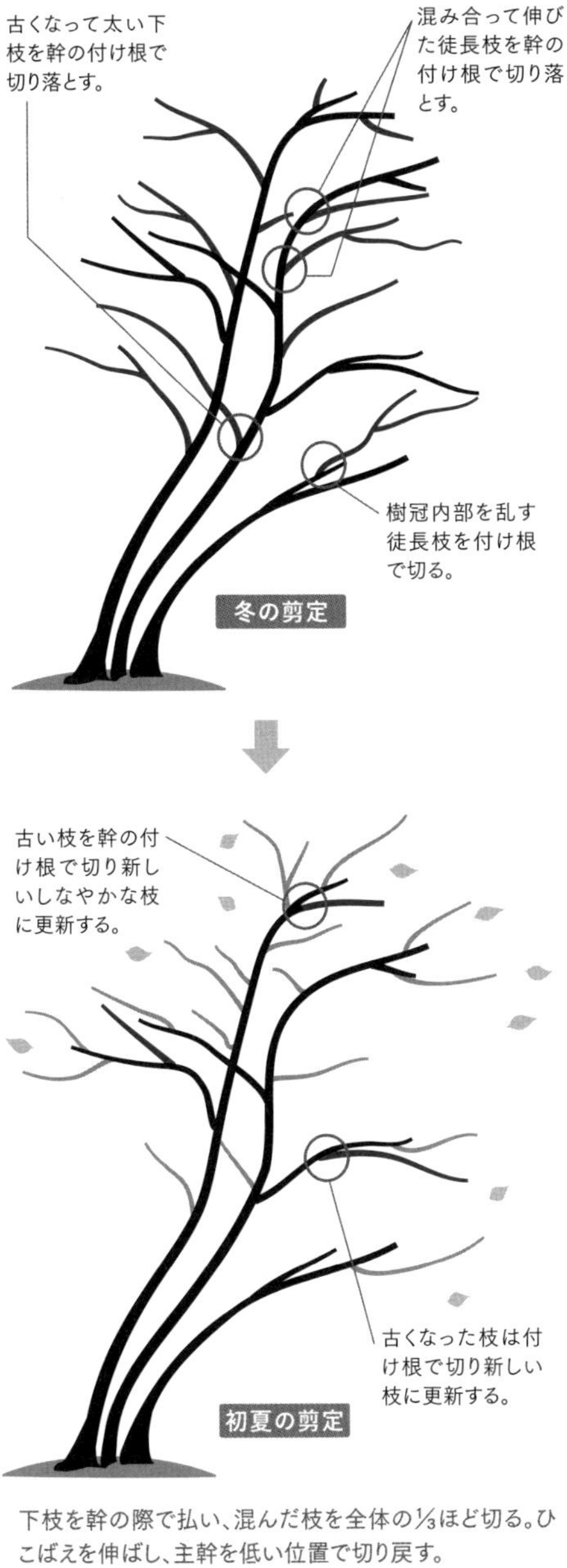

古くなって太い下枝を幹の付け根で切り落とす。
混み合って伸びた徒長枝を幹の付け根で切り落とす。
樹冠内部を乱す徒長枝を付け根で切る。
冬の剪定
古い枝を幹の付け根で切り新しいしなやかな枝に更新する。
古くなった枝は付け根で切り新しい枝に更新する。
初夏の剪定

下枝を幹の際で払い、混んだ枝を全体の$\frac{1}{3}$ほど切る。ひこばえを伸ばし、主幹を低い位置で切り戻す。

ナツツバキ

夏椿（シャラノキ　娑羅の木）

分類／ツバキ科　落葉高木　樹高／10〜20m　花色／白　実色／茶　根／深い　生長／中間
日照／ひなた〜半日陰　乾湿／中間　植えつけ／3月下旬〜4月上旬、10月中旬〜11月

4	5	6	7	8	9	10	11	12	1	2	3
	展葉					紅葉	落葉期				
	開花				結実						
			剪定					剪定			

梅雨空に咲く白花と赤褐色の樹皮

特徴　山地の湿潤な土地に生えます。ひなたから半日陰で育ちますが、西日と乾燥に弱く、半日陰のほうが健やかに育ちます。株立ちの樹形が美しく、グレーがかった褐色の幹肌も魅力的です。梅雨空に咲く白い花は風情があります。

枝の切り方と管理　全体の⅓程度を幹の付け根から切ります。枝先を切らないように気をつけましょう。枝を切るとき、付け根ぎりぎりで切らずに少しでも残すと、わずかな切り残しから細い枝が噴水のように吹き出します。必ず幹の際で切るように気をつけます

チャドクガに注意が必要で、トゲに触れるとかぶれます。脱皮した皮も、触れると同様にかぶれるので注意します。施肥は1〜2月と7〜8月に少量行います。あまり多く肥料を与えると樹形が乱れます。

上部に出やすい立ち上がる徒長枝は幹の付け根で落とす。
樹冠内部で横に張り出した徒長枝を付け根で切る。
古くなって太くゴツゴツした下枝を付け根で切る。
冬の剪定

古くなった下枝は幹の付け根から払い落とす。
古い枝は付け根で切り取り新しい枝に更新する。
夏の剪定

幹の付け根ぎりぎりで切り落とし、株全体の⅓ほどを剪定。ひこばえを選んで伸ばし、数年で更新する。

ナツハゼ　夏櫨

分類／ツツジ科　落葉低木　樹高／1～3m　花色／白　実色／黒　根／浅い　生長／遅い

日照／ひなた～半日陰　乾湿／中間　植えつけ／10月中旬～11月、3月下旬～4月上旬

4	5	6	7	8	9	10	11	12	1	2	3
	展葉			紅葉			落葉期				
	開花				結実						
		剪定							剪定		

四季を通じて楽しめる「雑木の女王」

特徴　他の木に先駆けて夏の終わりには紅葉を始め、ハゼノキのように赤くなることからこの名があります。コンパクトで表情豊かな枝ぶりに繊細な葉をもち、新緑は初夏まで赤みを帯びます。8月から明るい紅色に紅葉し、「雑木の女王」と呼ぶべき木です。他の木に沿わせると、しなやかな枝ぶりが際立ちます。

枝の切り方と管理　全体の1/3弱程度の枝を切除します。徒長枝は付け根から切り取ります。数年に一度、胴吹き枝を生かして低い位置で切り戻します。もしくは、ひこばえの中で姿のよいものを選んで伸ばし、主幹を更新します。病害虫では、テッポウムシ、ハマキムシに注意が必要です。見つけたらこまめな捕殺を心がけましょう。肥料は、少量の固形肥料を1～2月に寒肥として施します。比較的水ぎれに弱いため、植えつけた年の夏には、朝と夕方に水をたっぷり与えるのがコツです。

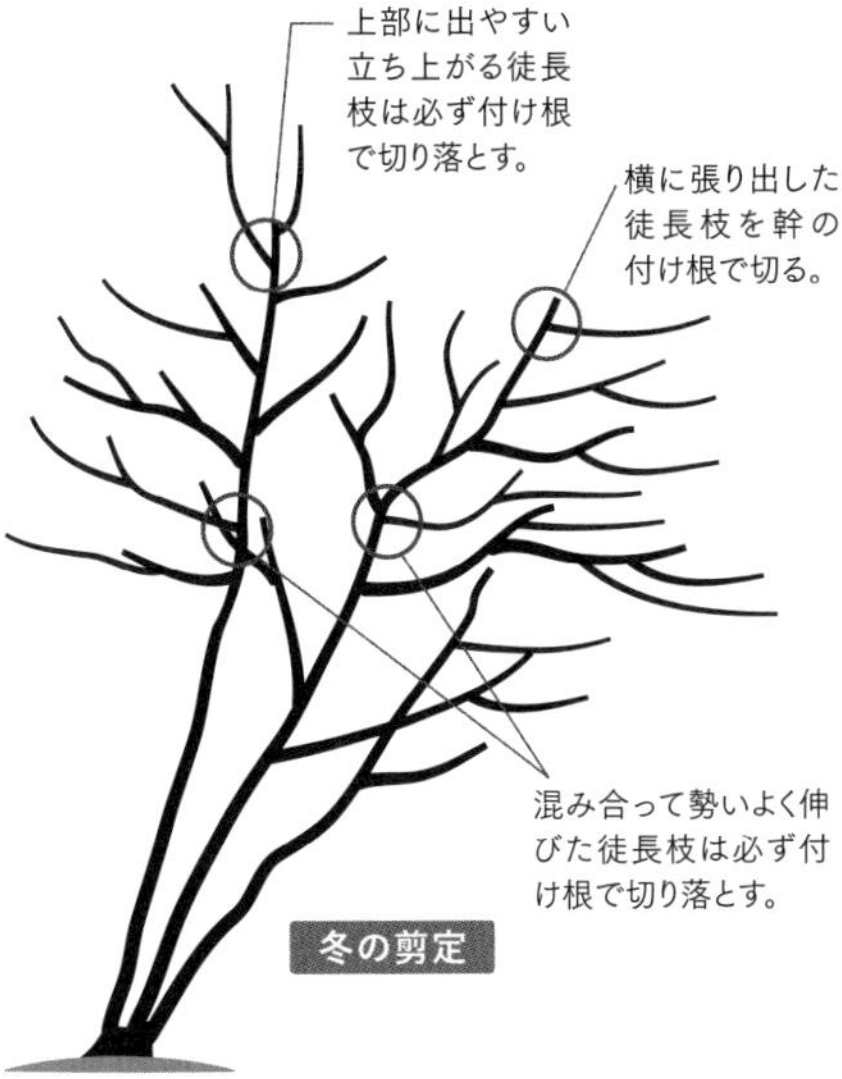
上部に出やすい立ち上がる徒長枝は必ず付け根で切り落とす。
横に張り出した徒長枝を幹の付け根で切る。
混み合って勢いよく伸びた徒長枝は必ず付け根で切り落とす。
冬の剪定

古くなった太い横枝は幹の付け根から切り落とす。
立ち上がって樹冠内部を乱す徒長枝を付け根で切る。
初夏の剪定

徒長枝や混んだ枝を全体の1/3弱ほど切る。数年で胴吹き枝かひこばえを伸ばして、主幹を更新する。

ナナカマド 七竈

分類／バラ科　落葉高木　樹高／6～10m　花色／白　実色／赤　根／浅い
生長／遅い　日照／ひなた　乾湿／中間～湿りがち　植えつけ／3～4月

4	5	6	7	8	9	10	11	12	1	2	3
	展葉					紅葉	落葉期				
		開花			結実						
		剪定								剪定	

泡立つような夏の花、秋の鮮やかな紅葉

特徴　葉は羽状複葉で、枝先に集まってつき、6～7月には枝の先端に房状で白く小さな花を多数咲かせます。秋には鮮やかに紅葉し、赤く熟した実をつけます。

涼しい地域を好む木で、夏が高温多湿になる地域では生長が遅く、なかなか大きく伸びません。関東以西の温暖な地方では、別属のホザキナナカマドのほうが、生育がよいのでおすすめです。

枝の切り方と管理　古くなった枝を幹の際から切り落とし、強く出た徒長枝も切り取ります。やわらかい枝を残して細くしなやかな樹形をめざし、全体の⅓ほどを切り落とします。低い位置から伸びた胴吹き枝を選んで残し、数年で主幹を切って新しい幹に更新します。テッポウムシが幹に入りやすいので、側面に小さな穴があいていたら、すぐに退治しましょう。1～3月には少量の施肥を行います。

樹冠内部で横に張り出した徒長枝を幹の付け根で切る。
細くて混み合った枝を付け根から切り落とす。
古くなった横枝を幹の付け根で切り落とす。
冬の剪定

太く出た混み合った枝を付け根で切る。
古くなった太い枝を付け根から切り落とす。
初夏の剪定

古枝や徒長枝を全体の⅓ほど切り落とし、やわらかい枝を残す。数年で主幹を切り戻して幹を更新。

オオデマリ

大手毬

分類／レンプクソウ科（スイカズラ科）　落葉低木　樹高／3～4m　花色／白　根／深い
生長／中間　日照／日なた～半日陰　乾湿／やや湿潤　植えつけ／11～2月

4	5	6	7	8	9	10	11	12	1	2	3
展葉						紅葉	落葉期				
	開花										
		剪定							剪定		

手まり状の花が薄い緑色から白に咲き進む

特徴　枝が手まり状に咲いた花で覆われるほど、初夏に見ごたえのある開花シーンを楽しめる花木です。花は咲き始めが薄い緑色で、開花が進むとだんだん白くなっていくため、ひと株でも開花状態による濃淡の変化が見られます。すべて装飾花で、結実しません。

枝の切り方と管理　林の縁に生えるため、夏の直射日光や西日が当たりにくい半日陰を好みます。

植えつけて2～3年目から、それまでとは生育ペースが変わって急に大きくなるので、本格的に剪定を始めます。冬の剪定では、下のほうから強く横に伸びた太い枝を幹の付け根で切り落とします。すると翌春に株元からひこばえが伸びてくるので、それを次世代の主要な幹として育てていきます。また、樹冠内部の交差した枝や混み合った枝を切り落とし、日当たりや風通しを向上させます。初夏の剪定では横に伸びた枝を生かして、混み合った枝を間引くように切ります。

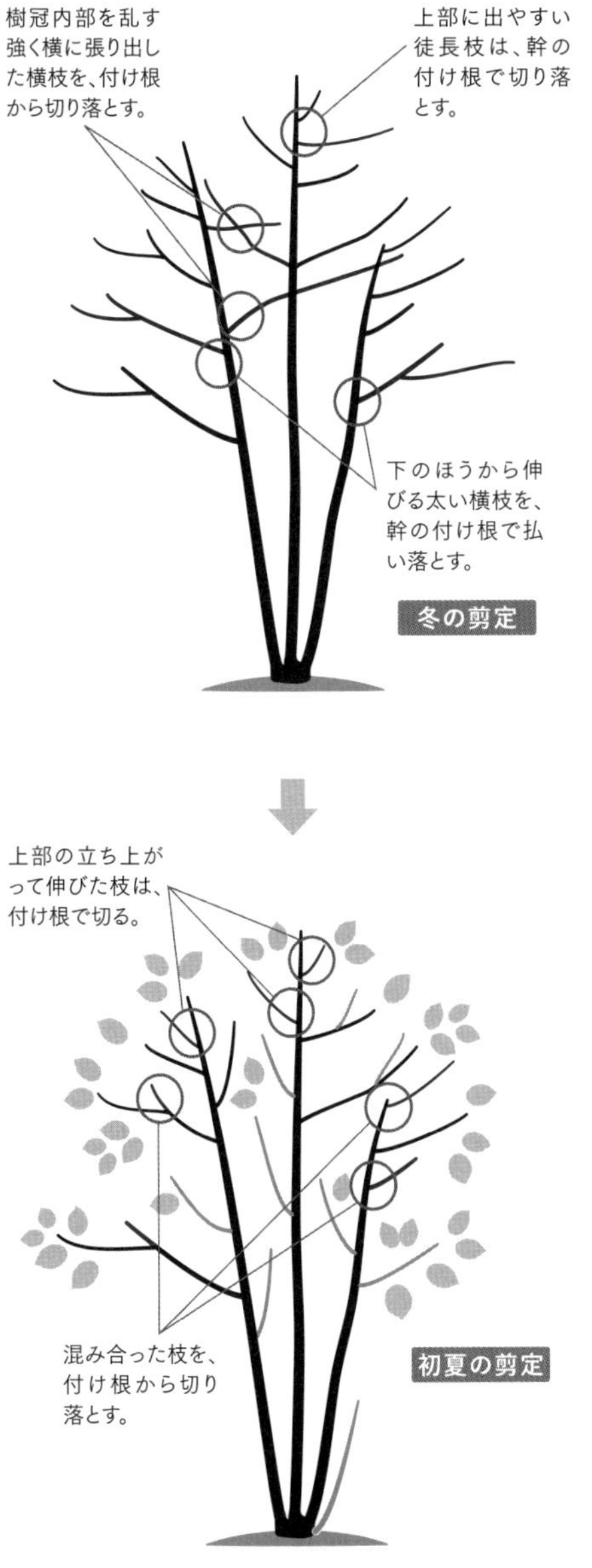
樹冠内部を乱す強く横に張り出した横枝を、付け根から切り落とす。
上部に出やすい徒長枝は、幹の付け根で切り落とす。
下のほうから伸びる太い横枝を、幹の付け根で払い落とす。
冬の剪定
上部の立ち上がって伸びた枝は、付け根で切る。
混み合った枝を、付け根から切り落とす。
初夏の剪定

下のほうから強く伸びた太い枝を付け根から切り落とす。混み合った枝を含め、全体の約1/3を切る。

ネジキ
捩木

分類／／ツツジ科　落葉低木　樹高／1～3m　花色／白　実色／茶　根／浅い
生長／中間　日照／ひなた～半日陰　乾湿／やや湿潤　植えつけ／2～3月、10～11月

4	5	6	7	8	9	10	11	12	1	2	3
展葉						紅葉	落葉期				
		開花				結実					
		剪定								剪定	

幹肌に入るらせん状の筋が魅力

特徴　幹がねじれ、樹皮にゆるいらせん状の筋が入るのが特徴です。幹を常に見せたい雑木ですが、初夏に咲く花が思いのほかかわいらしく、ドウダンツツジやアセビなどの他のツツジ科の樹木と同様に、釣り鐘の形をした白い花が一列に並んで下向きに咲きます。

花や幹肌を身近に楽しむには、建物の近くや庭の入り口に植えるとよいでしょう。花つきをよくするためには日当たりのよい場所に植えますが、湿り気のある場所を好み、夏の強い日ざしが苦手なので、半日陰や午前中だけ日が当たる場所が最適です。

枝の切り方と管理　胴吹き枝がよく伸びますが、伸びすぎたり密に生えた枝を幹の際から切り落とす程度で、全体の⅓ほどを切り取ります。株立ちになりやすく、地際からひこばえが伸びてきたら、姿のよいものを選んで残し、数年後に古い主幹を切り倒して更新します。特に目立った病害虫はありません。

上部に出やすい立ち上がる徒長枝は幹の付け根で落とす。
樹冠内部で混み合った徒長枝を幹の付け根で切る。
古くなって太くゴツゴツした下枝を付け根で切る。
冬の剪定

古くて太くなった枝を付け根で落とし新しい枝に更新する。
新しい枝が形よく出てきたところは付け根で古い枝を切り取る。
初夏の剪定

混み合ったり徒長した胴吹き枝を生え際から切り落とし、数年で主幹をひこばえに更新する。

ノリウツギ

糊空木

分類／アジサイ科（ユキノシタ科）　落葉低木　樹高／2～5m　花色／白　根／浅い　生長／速い
日照／ひなた～半日陰　乾湿／やや湿潤　植えつけ／2月中旬～3月、10月中旬～11月

夏に氷を思わせる白い花が房状に咲く

特徴　夏に咲く白く清涼感のある花は、氷の花を見ているような印象。樹皮に含まれる粘液が和紙をつくる際の糊として使われたこと、また茎が中空であることが名の由来です。アジサイの仲間の中で最大で、高木や中低木の間に植えるのに適します。

植え場所はひなたから半日陰が適します。水ぎれを起こすと枯れることがあるので、株元には夏の直射日光や西日が当たらない場所がよいでしょう。

枝の切り方と管理　大きく伸びる徒長枝を幹の付け根で切り取り、下枝を払います。全体の1/3ほどを切除します。地際からひこばえが伸びて株立ち状に大きくなるので、複数出た場合は混み合った部分を間引き、姿がよくて伸びすぎていないものを残します。数年で大きく伸びたら、古い主幹を地際で切って更新します。

花がらは10月くらいまでに摘み取ります。施肥は6～7月と1～2月に固形肥料を少量置き肥します。

4	5	6	7	8	9	10	11	12	1	2	3
	展葉					紅葉	落葉期				
		開花	開花	開花							
			剪定	剪定			剪定	剪定	剪定	剪定	剪定

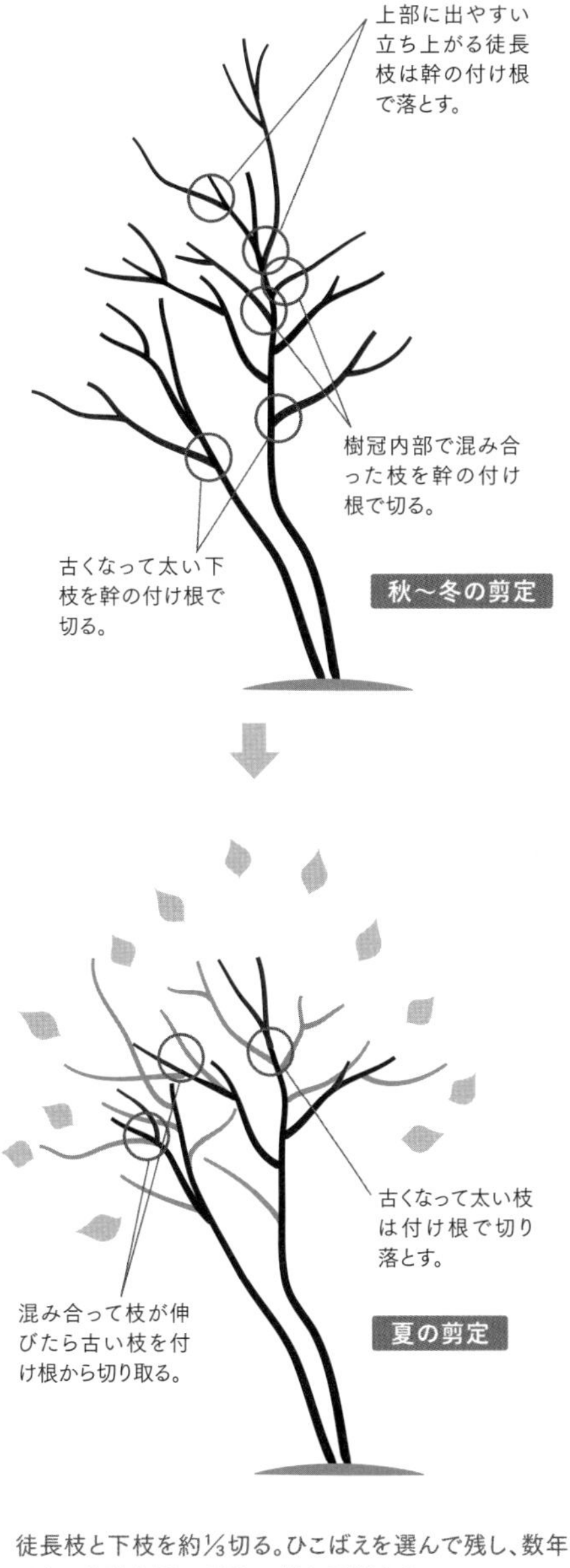
上部に出やすい立ち上がる徒長枝は幹の付け根で落とす。
樹冠内部で混み合った枝を幹の付け根で切る。
古くなって太い下枝を幹の付け根で切る。
秋～冬の剪定
古くなって太い枝は付け根で切り落とす。
混み合って枝が伸びたら古い枝を付け根から切り取る。
夏の剪定

徒長枝と下枝を約1/3切る。ひこばえを選んで残し、数年で古い主幹を切って新しい幹に更新する。

ハナイカダ
花筏

分類／ハナイカダ科（ミズキ科）落葉低木　樹高／2～3m　花色／緑　実色／黒
根／浅い　生長／遅い　日照／半日陰　乾湿／湿りがち　植えつけ／11～3月

4	5	6	7	8	9	10	11	12	1	2	3
	展葉					紅葉	落葉期				
開花					結実						
		剪定							剪定		

葉の真ん中に花が咲き、実がつく珍しい木

特徴　葉に独特の光沢があり、葉の中央にポツリと緑色に咲く花は、小さいけれど思いがけない場所なのでよく目立ちます。雌雄異株で、雌株には秋に黒く熟す実が同じく葉の中央に実るため、ひときわ注目されます。樹高はコンパクトにおさまり、生長もおだやかなので手がかかりません。

日陰と湿気のある場所を好むので、乾燥しやすい場所は避け、植えた年の夏は、朝か夕方に灌水して水ぎれしないように注意します。半日陰に植えると葉やけも起こさず、枝をしなやかによく伸ばします。地際から多数の枝を出し、株立ち状になります。

枝の切り方と管理　徒長枝や混み合った下枝を中心に、全体の⅓弱程度の枝を切り落とします。胴吹き枝を生かし、数年で主幹を低めに切り戻します。

肥料は不要ですが、腐葉土を株元に厚めに敷き詰め、乾燥を防ぎます。目立った病害虫もありません。

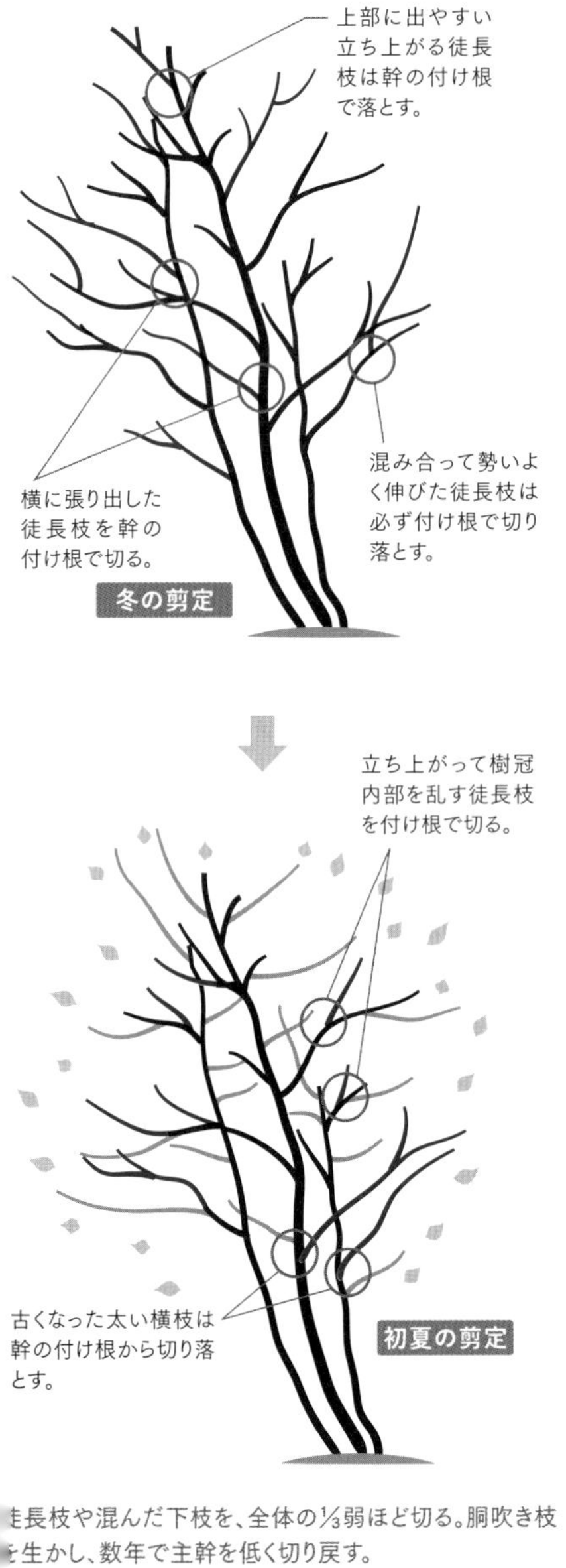

上部に出やすい立ち上がる徒長枝は幹の付け根で落とす。
横に張り出した徒長枝を幹の付け根で切る。
混み合って勢いよく伸びた徒長枝は必ず付け根で切り落とす。
冬の剪定
立ち上がって樹冠内部を乱す徒長枝を付け根で切る。
古くなった太い横枝は幹の付け根から切り落とす。
初夏の剪定

徒長枝や混んだ下枝を、全体の⅓弱ほど切る。胴吹き枝を生かし、数年で主幹を低く切り戻す。

ハナカイドウ

花海棠

分類／バラ科　落葉小高木　樹高／5～8m　花色／桃　実色／茶　根／深い　生長／速い

日照／ひなた　乾湿／中間　植えつけ／3月下旬～4月上旬、10月中旬～11月

4	5	6	7	8	9	10	11	12	1	2	3
	展葉					紅葉		落葉期			
開花						結実					
		剪定							剪定		

下向きで可憐な、サクランボのような花

特徴　つぼみと、咲き始めた花がサクランボのようなかわいらしい風情で、とても花つきがよく、枝全体にこぼれるように花をつけます。幹はすぐ太くなり、ゴツゴツして直線的なので、庭の境界近くや通路の近くなどに植え、花の季節を楽しむのに適しています。

枝の切り方と管理　1〜3月に不要枝を切り取ります。6月中旬には強く伸びた徒長枝や古くなった枝、樹冠内部の逆枝や立ち枝を付け根から切ります。一度にたくさんの枝を切ると、吹くように新枝が出るので、一度に切る枝は全体の⅓までに抑えます。

毎年花を見るためには、2月の寒肥と5月のお礼肥の、年2回施肥します。緩効性化成肥料を軽く一握りほど、株元から少し離したところに与えます。高温と乾燥に弱いので、真夏の水ぎれは致命傷になります。朝か夕方を選んで、たっぷりと水やりが必要です。テッポウムシに注意しましょう。

上部に出やすい立ち上がる徒長枝は幹の付け根で落とす。
強く伸びた横枝を幹の付け根から切り落とす。
立ち上がって伸びる混み合った枝を付け根で切る。
冬の剪定

樹冠内部の混み合った枝を付け根で切り、風通しをよくする。
古くなった太い枝は更新するために切り落とす。
初夏の剪定

徒長枝と古い枝を、幹の際から⅓ほど切る。樹冠内部の逆枝や立ち枝も付け根から落とす。

ハナミズキ

花水木

分類／ミズキ科　落葉高木　樹高／5～12m　花色／白、桃　実色／赤　根／深い
生長／中間　日照／ひなた　乾湿／中間　植えつけ／3月下旬～4月上旬、10月中旬～11月

4	5	6	7	8	9	10	11	12	1	2	3
	展葉					紅葉	落葉期				
	開花				結実						
		剪定			剪定					剪定	

初夏の花が美しく、秋の実と紅葉まで楽しめる

特徴 ナツツバキ、コナラ、アオダモなどと組み合わせると、幹の質感が強調されて引き立てあいます。

花びらのように見えるものは総苞で、中心には小さな花が多数集まってつきます。秋には紅葉も美しく、赤い実も観賞できます。日当たりを好み、日照条件が悪いと花が咲かないことがあります。できるだけ、よく日が当たる場所を選んで植えつけます。

枝の切り方と管理 枝が横に張って伸びるので、張り出したり徒長する枝を付け根から、全体の⅖程度切り落とします。不要枝の剪定は1月中旬～3月中旬に行いますが、よく伸びるので6～7月、または9月中旬～10月中旬にも行います。胴吹き枝を利用して、何年かに一度、主幹を先端から低い位置で切り戻し、樹冠を小さく抑えます。

小枝が枯れやすいことと、うどんこ病が出やすいので注意します。

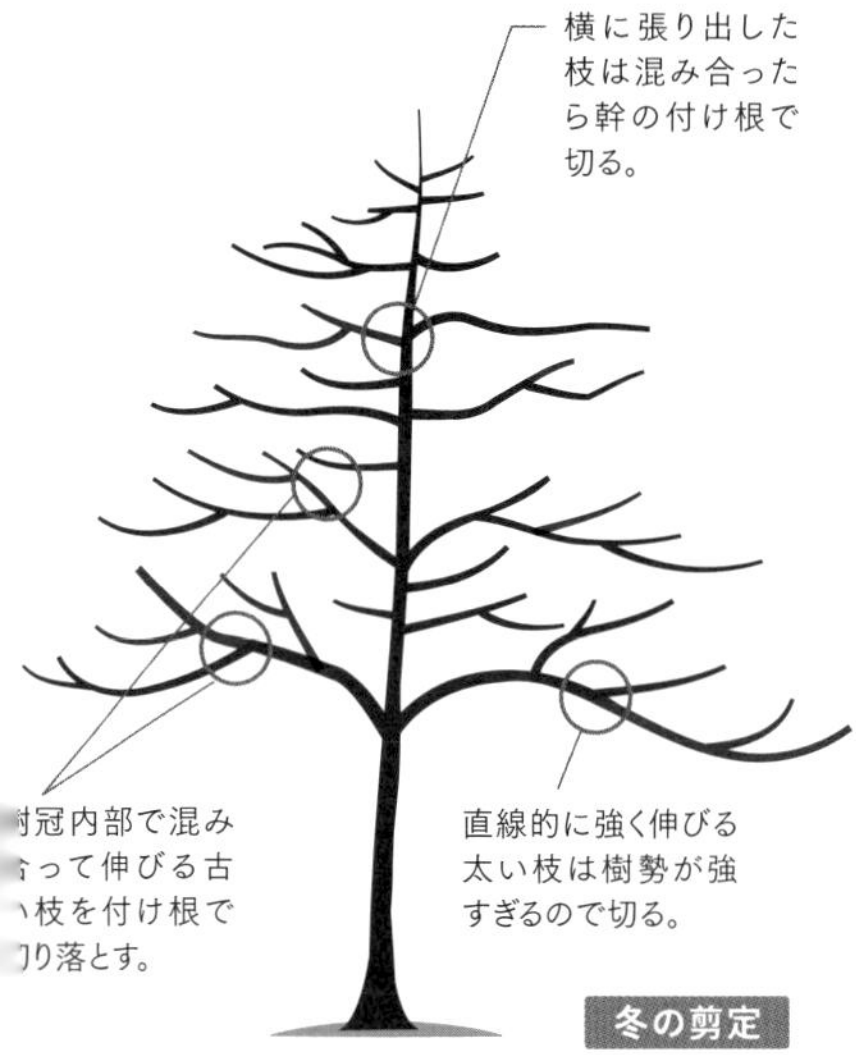
横に張り出した枝は混み合ったら幹の付け根で切る。
冠内部で混み
って伸びる古
枝を付け根で
り落とす。
直線的に強く伸びる太い枝は樹勢が強すぎるので切る。
冬の剪定

み合った枝は
通しをよくする
めに付け根で
り取る。
ち上がって伸び
冠を乱す枝を付
根から切る。
初夏と秋の剪定

が横に強く張るので、全体の約⅖の徒長枝を付け根か
切る。数年で主幹を切り戻して更新する。

4	5	6	7	8	9	10	11	12	1	2	3
展葉						紅葉	落葉期				
開花	結実										開花
			剪定					剪定			

ハナモモ

花桃

分類／バラ科　落葉小高木　樹高／5～8m　花色／桃、白、赤　実色／桃色　根／深い

生長／速い　日照／ひなた　乾湿／中間　植えつけ／12月、2月

古くから愛され、春を代表する華やかな花木

特徴　花を観賞する「ハナモモ」は、花がバラエティーに富んだ美しい品種が多く、桃色のほかに、白、赤、紅白の咲き分けをするもの、キクに似た花形などがあります。桃の節句の切り花でも人気です。実はあまり大きくならず、食用には適しません。

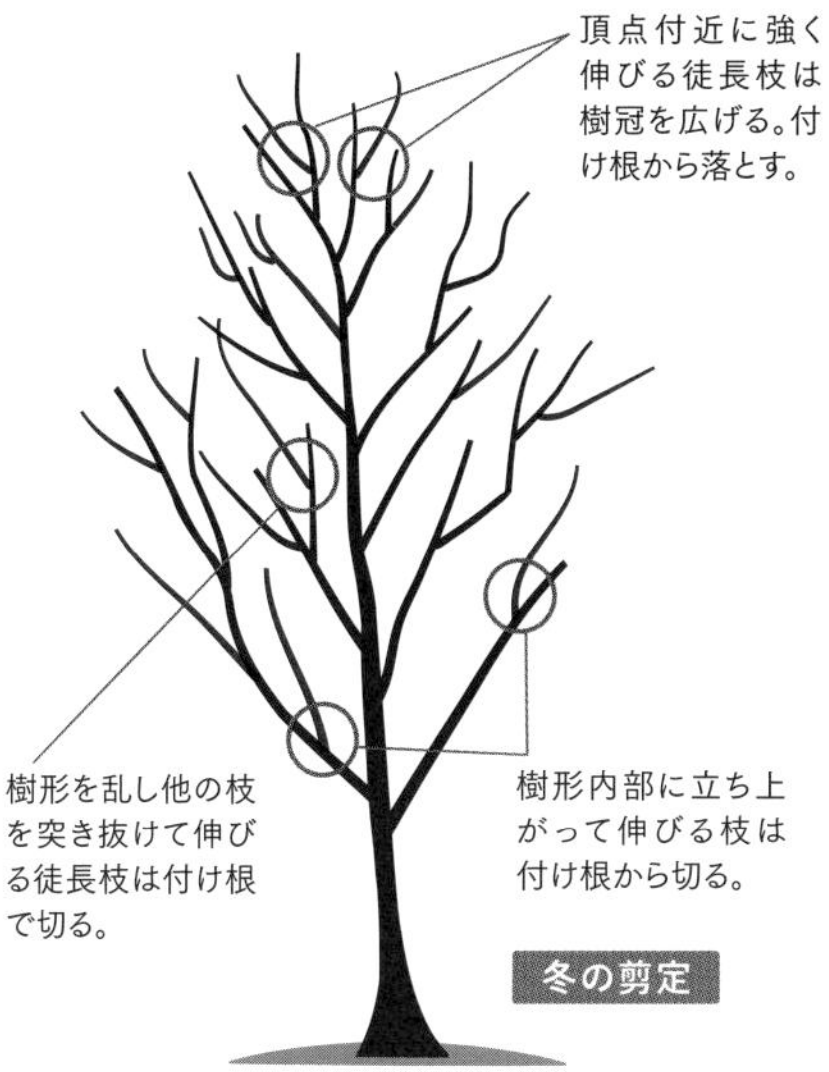
頂点付近に強く伸びる徒長枝は樹冠を広げる。付け根から落とす。
樹形を乱し他の枝を突き抜けて伸びる徒長枝は付け根で切る。
樹形内部に立ち上がって伸びる枝は付け根から切る。
冬の剪定

混み合って伸びる樹冠を乱す徒長枝を付け根で切り落とす。
古くなってやや太くなった枝を幹の付け根から切り落とす。
初夏の剪定

古くならないうちに枝を更新。生長も速く、強い徒長枝がよく出るので、全体の$2/5$程度を多めに切る。

枝の切り方と管理　年を経た木は芽吹く力が弱いので、あまり短く切り戻してしまうと新しい枝が伸びません。植えつけ後、木が若いうちから徒長枝を切って細い枝を残します。数年に一度、やや古くなった枝は幹の付け根から切り落とし、やわらかいラインにまとめます。やや太い枝を切り落とした場合、切り口から雑菌が入りやすいので、癒合剤を塗っておきます。

病害虫でよく発生するのはアブラムシとカイガラムシで、一度発生すると完全に駆除するのが難しいものです。冬の間にマシン油乳剤などを全体にまんべんなく散布すると、葉のある時期の被害が軽減できます。

ヒトツバタゴ

一つ葉田子

分類／モクセイ科　落葉高木　樹高／15～20m　花色／白　実色／黒　根／深い
生長／中間　日照／ひなた～半日陰　乾湿／やや湿潤　植えつけ／3～4月、9月下旬～11月

白い花がたくさん咲く、別名ナンジャモンジャノキ

特徴　日本でも限られた地域に自生し、分布が飛び地のように離れています。正体のわからない珍木ということで「ナンジャモンジャノキ」と呼ばれるようになったといわれます。雌雄異株で、初夏にはたくさんの白い花が、株を覆うように美しく咲きます。

日当たりのよい、やや湿りけのある土を好みます。丈夫で育てやすいのですが、乾燥する場所ではうまく育ちません。植え場所にはあらかじめ腐葉土などの有機質を多めにすき込んでおきましょう。

枝の切り方と管理　自然樹形がくずれにくく、枝もやわらかいのですが、生育がやや速いので、強く伸びた枝を、全体の⅖程度、幹の際から切り取ります。枝先を切ると姿が乱れます。木が小さいうちは1～2月に少量の固形肥料を株元に与えます。樹勢が強く、多肥にすると樹形が乱れるので注意します。これといって目立った病害虫はありません。

4	5	6	7	8	9	10	11	12	1	2	3
	展葉					紅葉	落葉期				
	開花					結実					
		剪定							剪定		

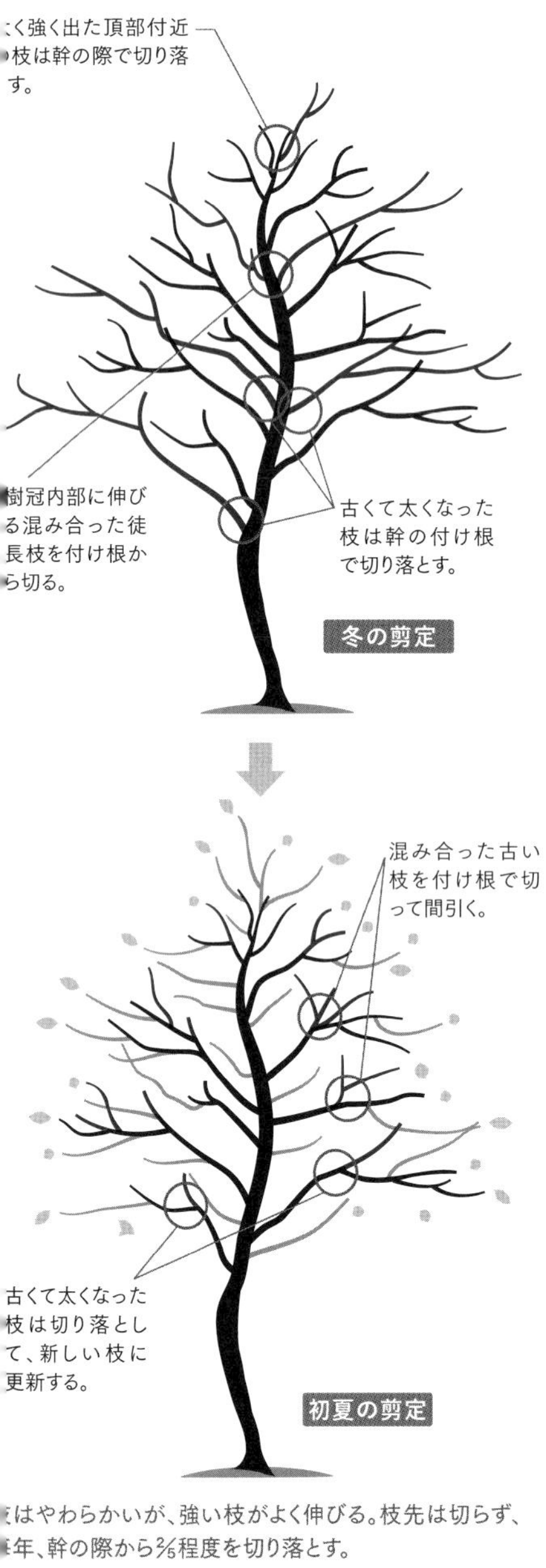

く強く出た頂部付近
枝は幹の際で切り落
す。
樹冠内部に伸び
る混み合った徒
長枝を付け根か
ら切る。
古くて太くなった
枝は幹の付け根
で切り落とす。
冬の剪定
混み合った古い
枝を付け根で切
って間引く。
古くて太くなった
枝は切り落とし
て、新しい枝に
更新する。
初夏の剪定

はやわらかいが、強い枝がよく伸びる。枝先は切らず、
年、幹の際から⅖程度を切り落とす。

ヒメシャラ

姫娑羅

分類／ツバキ科　落葉小高木　樹高／5～8m　花色／白　実色／茶　根／深い　生長／中間
日照／ひなた～半日陰　乾湿／中間　植えつけ／3月下旬～4月上旬、10月中旬～11月

4	5	6	7	8	9	10	11	12	1	2	3
		展葉				紅葉	落葉期				
	開花		結実		果実熟期						
			剪定			剪定					

梅雨に咲く白い小型の花と美しい幹肌

特徴　ナツツバキの近縁種で、花が一回り小さめで、短命な一日花です。赤褐色の幹肌は、樹皮がはがれ落ちてできる独特の斑模様が美しく、繊細な枝ぶりがつくるまとまりのよい株立ちの樹形が特徴です。梅雨時に咲く白い花は風情があります。

山地の湿潤な土地に生えます。ひなたから半日陰で育ちますが、西日と乾燥に弱く、半日陰のほうが健やかに育ちます。

枝の切り方と管理　ナツツバキよりも樹勢は弱いのですが、剪定時に、枝を付け根ぎりぎりで切らず、少しでも残すと、わずかな切り残しから細い枝が多数吹き出します。必ず幹の際で切るように気をつけましょう。全体の⅓程度を幹の付け根から切り取ります。枝先を切らないように気をつけます。チャドクガに注意が必要で、トゲに触れるとかぶれます。脱皮した皮も触れると同様にかぶれるので注意します。

上部に出やすい立ち上がる徒長枝は幹の付け根で落とす。
横に張り出した徒長枝は付け根で切り落とす。
古くて太くなった下枝は幹の付け根で切り落とす。
秋～冬の剪定

古くて太くなった枝は付け根で切り落とし、新しい枝に更新する。
古くて太くなった樹冠内部の下枝は幹の付け根で切り落とす。
夏の剪定

幹の付け根ぎりぎりで切り落とし、株全体の⅓を剪定。胴吹き枝やひこばえを伸ばし、数年で更新。

ベニバナトチノキ

紅花栃

分類／トチノキ科　落葉小高木　樹高／10～15m　花色／紅　実色／茶　根／深い　生長／速い
日照／ひなた～半日陰　乾湿／湿りがち　植えつけ／3月下旬～4月上旬、10月中旬～11月

赤くあでやかな花穂でシンボルツリーに向く

特徴　枝ぶりがややかたく、葉が大きい広円形のため、のびのびと広い場所に植えてシンボルツリーとして扱うとよいでしょう。初夏に紅色の花穂を何本も立ち上げる姿はとても優雅で、葉もヤツデのような特徴的な形です。

生育が速いので、コナラやヤマボウシなど、大きく育つ木とは離して育てます。山地の谷沿いなどに生えるため、乾燥地では生長が悪く、特に夏は葉やけを起こすため、西日を避けられる場所に植えます。

枝の切り方と管理　自然樹形をそこなわないよう、枝先を均一に刈るのは避けます。全体の$\frac{3}{5}$～$\frac{1}{3}$くらいの枝を多めに付け根から切り取り、間引き剪定を心がけます。徒長した枝も分岐点から切り落として枝数をふやさないようにし、樹勢を抑えます。

施肥は12～2月上旬の寒肥が大切で、補う場合は6～7月に与えます。

4	5	6	7	8	9	10	11	12	1	2	3
	展葉					紅葉		落葉期			
	開花						結実				開花
		剪定							剪定		

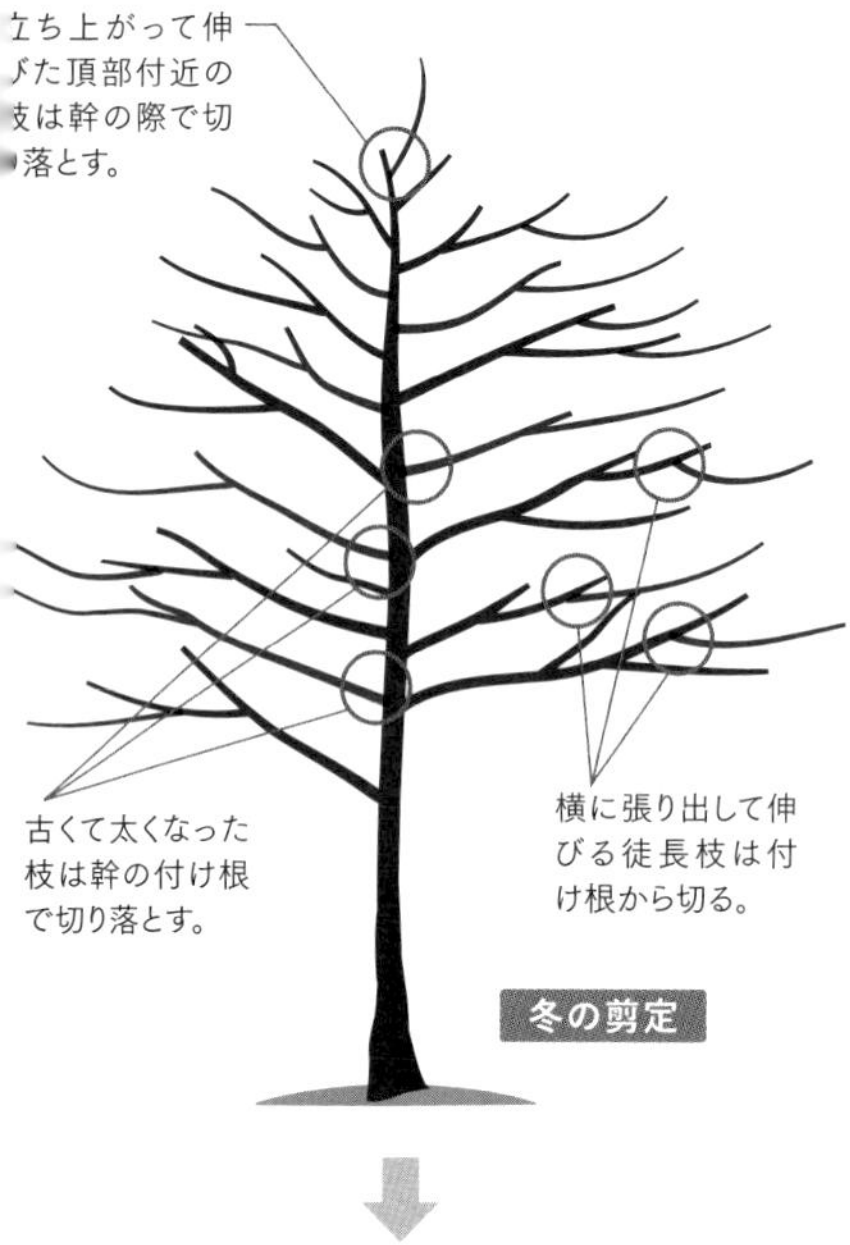

ち上がって伸
た頂部付近の
は幹の際で切
落とす。
古くて太くなった
枝は幹の付け根
で切り落とす。
横に張り出して伸
びる徒長枝は付
け根から切る。
冬の剪定

混み合ったとこ
ろでは、古くて太
い枝を付け根か
ら切る。
樹冠内部を乱す
混み合った枝は
付け根から切る。
初夏の剪定

年、大きく伸びた枝を付け根から切り落とす。数年に一
、古い幹を切って胴吹き枝と更新する。

マユミ、コマユミ

真弓、小真弓

分類／ニシキギ科　落葉低木〜小高木　樹高／2〜10m　花色／淡い緑　実色／赤
根／浅い　生長／速い　日照／ひなた〜半日陰　乾湿／中間　植えつけ／2〜3月

4	5	6	7	8	9	10	11	12	1	2	3
	展葉					紅葉		落葉期			
	開花					結実					開花
		剪定							剪定		

深紅の紅葉に先立ち、果実がはじける

特徴　いずれも優雅でのびやかな枝ぶりで、秋に淡い紅色に熟した果実が4つに裂け、中から赤いタネがあらわれます。鈴なりの果実はとてもかわいらしく、切り花や茶花としても人気があります。橙に色づく紅葉もきれいです。

上部に出やすい立ち上がる徒長枝は幹の付け根で落とす。
横に大きく張り出した徒長枝を付け根から切る。
古い太くなった横枝を幹の付け根から切り落とす。
冬の剪定

古い枝を付け根で切り、新しい枝に更新する。
古くて太くなった枝を幹の付け根で切り取り、主幹を更新する。
初夏の剪定

先端の徒長枝や樹冠内部の混み枝、下垂枝を全体の1/3程度、付け根で切り、樹高を低く抑える。

枝がよくしなるので、弓をつくるのに使用されたことから名がつきました。材はかたく緻密《ちみつ》で、こけしなどの木工品に適しています。

枝の切り方と管理　放置してもおさまり、それほど乱れることはありません。強く伸びた枝を付け根から切り取ります。下枝や樹冠の内側に向かって伸びる混み合った枝も、付け根から切り落とします。全体の枝の約1/3を切ります。樹高を低く抑えるには、株元から伸びてくるひこばえを選んで残し、古くなった主幹は地際で切って更新します。2〜3月に少量の化成肥料か固形の有機質肥料を与えます。

マルバノキ

丸葉木

分類／マンサク科　落葉小高木　樹高／3～5m　花色／濃赤紫色　実色／茶　根／深い
生長／中間　日照／ひなた～半日陰　乾湿／中間　植えつけ／2月下旬～3月上旬、10～11月

4	5	6	7	8	9	10	11	12	1	2	3
展葉						紅葉	落葉期				
						開花		結実			
		剪定							剪定		

丸い葉がユニークで秋に星形の花が咲く

特徴　ハート形の丸い葉の形で、別名をベニマンサクといいます。葉が落ち始める10～11月ごろ、暗赤紫色で星形の小さな花をつけます。黄色から紅色に変わる紅葉も美しく、紅葉と花をいっしょに楽しめるのも魅力です。しなやかで扱いやすい枝ぶりです。

枝の切り方と管理　強く伸びた徒長枝を、全体の1/3程度、幹の付け根から切り落とします。枝が横に張り出しやすいので、周囲の木や建物に近い枝も、早めに切り落とします。

　放任すると5m近くまで伸びるので、高さを抑えたい場合は胴吹き枝を生かし、低い位置の枝の付け根で、主幹を切り戻します。または、地際からひこばえが伸びるので、姿のよいものを選んで残し、古くなった主幹を地際から切り倒して更新します。ひこばえは、数年ごとに、次に主幹にするものを残します。テッポウムシの被害にあいやすいので気をつけます。

直線的に強く伸びる徒長枝は幹の付け根から切る。
樹冠内部に立ち上がって伸びる混んだ徒長枝を付け根から切る。
古い太くなった横枝を幹の際から切り落として更新する。
冬の剪定

樹冠内部に伸びる混み合った徒長枝を付け根から切る。
古くなった横枝を幹の付け根から切り落とす。
初夏の剪定

横に張り出した徒長枝を幹の際から全体の1/3程度切る。数年に一度切り戻して主幹を低く更新する。

マンサク

満作

分類／マンサク科　落葉小高木　樹高／5～10m　花色／黄、橙、紅　実色／茶　根／深い
生長／中間　日照／ひなた　乾湿／中間　植えつけ／2月下旬～3月上旬、10～11月

4	5	6	7	8	9	10	11	12	1	2	3
展葉						紅葉	落葉期				
結実		果実熟期								開花	
		剪定							剪定		

春一番に枝いっぱいに咲く黄色い花

特徴　山地の斜面や林内に生え、春一番に枝先いっぱいに咲く黄色の花が魅力です。花が終わると、白い幹や枝に緑色の丸い葉が茂ります。葉は左右非対称で縁には波形であらい鋸歯があります。秋に葉が黄色に色づく姿もみごとです。

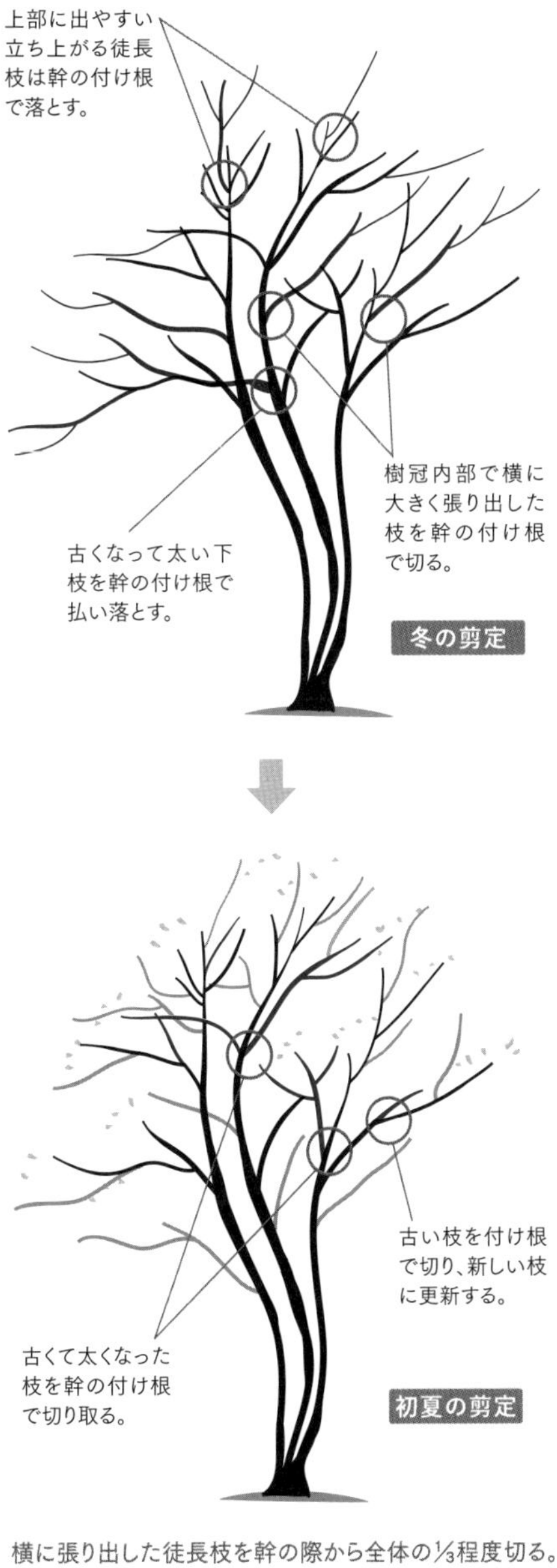
上部に出やすい立ち上がる徒長枝は幹の付け根で落とす。
樹冠内部で横に大きく張り出した枝を幹の付け根で切る。
古くなって太い下枝を幹の付け根で払い落とす。
冬の剪定
古い枝を付け根で切り、新しい枝に更新する。
古くて太くなった枝を幹の付け根で切り取る。
初夏の剪定

横に張り出した徒長枝を幹の際から全体の⅓程度切る。数年に一度切り戻して幹を更新する。

枝の切り方と管理　生長はそれほど速くないので、横枝が張るラインを生かして樹形を整えます。強く横に張り出した徒長枝を幹の際から切り取り、全体の⅓程度を軽く間引くように枝抜きします。胴吹き枝を選んで残し、数年に一度、主幹を切り戻して新しい幹に更新します。

株が小さいうちは、2月と4～5月に少量の固形肥料を置き肥します。

病害虫は、テッポウムシの被害にあいやすいので気をつけます。酸性雨に弱く、近年、特に都心部では生長が悪くなっているようです。

ミツバツツジ

三葉躑躅

分類／ツツジ科　落葉低木　樹高／1～3m　花色／白、桃、紫　実色／褐色　根／浅い
生長／速い　日照／ひなた～半日陰　乾湿／乾燥～中間　植えつけ／3～4月、10月

4	5	6	7	8	9	10	11	12	1	2	3
展葉						紅葉	落葉期				
開花						結実					開花
	剪定						剪定				

繊細な枝ぶりが魅力の春の野山に咲く花

特徴　花が終わってから葉が出て、枝先に3枚の葉がつくことからこの名がつきました。ツツジの仲間では最も早く咲き始め、細いロウト状の花と繊細な姿は、ほかのツツジにはない魅力があります。庭の低いところの彩りとして使うと効果的です。植えつけ時には、完熟堆肥やピートモスを十分に用土に混ぜておきます。

枝の切り方と管理　剪定は花後すぐに行います。混み合った枝や強く横に張り出した徒長枝を幹の付け根から切り取って間引きます。樹高を低く抑えるには、胴吹き枝を生かして主幹を低い位置で切り戻します。地際からひこばえが伸びたら育て、古くなった幹を地際から切って更新します。2月と6月には緩効性化成肥料を施します。春や秋の乾燥する季節には、ツツジグンバイやハダニが多発するので、葉裏にも灌水して防除しましょう。つぼみや新芽を食害する害虫は見つけしだい捕殺します。

古い太くなった枝を幹の付け根で払い落とす。
立ち上がって伸びる枝は幹の付け根で切り、低く抑える。
強く横に張り出した徒長枝を付け根から切り取る。
冬の剪定

樹冠内部で混み合った枝は古い枝を付け根で切る。
古くて太くなった枝を幹の付け根で切り取る。
春の剪定

混み合った枝や徒長枝を幹の付け根で切る。古い幹は地際で切って更新する。

ムクゲ、フヨウ　木槿、芙蓉

分類／アオイ科　落葉低木　樹高／2〜4m　花色／白、桃、紅、紫　実色／褐色　根／深い
生長／速い　日照／ひなた〜半日陰　乾湿／中間〜やや湿潤　植えつけ／3〜4月、9〜11月

4	5	6	7	8	9	10	11	12	1	2	3
展葉	展葉	展葉	展葉	展葉	展葉	紅葉	落葉期	落葉期	落葉期	落葉期	落葉期
		開花	開花	開花	開花	結実					
					剪定	剪定		剪定	剪定	剪定	剪定

夏から秋まで、長期間花が絶えない

特徴　ムクゲとフヨウは、ともに夏の暑さに負けず、秋までの長期間、花が咲き続けます。花は短命で、朝咲いたら当日の夕方にはしぼむ一日花です。一重から八重咲きまで多くの園芸品種があり、フヨウの変種には、花色が一日で移り変わるスイフヨウがあります。ムクゲはある程度の耐寒性がありますが、フヨウは寒冷地での露地植えには適しません。ともに日当たりと水はけのよい場所を好みますが、半日陰でも、ある程度は花が咲きます。

枝の切り方と管理　樹勢が強いので、刈り込んでも枯れることがありません。また、適期に剪定を行えば、花数が減ることもないので、育てやすい木です。生育期に小枝がよく出るので、冬の剪定では形を整える間引き剪定を中心に行い、花後に古い枝を大きく切って枝を更新します。病害虫は、ハマキムシとアブラムシが発生しやすいので注意します。

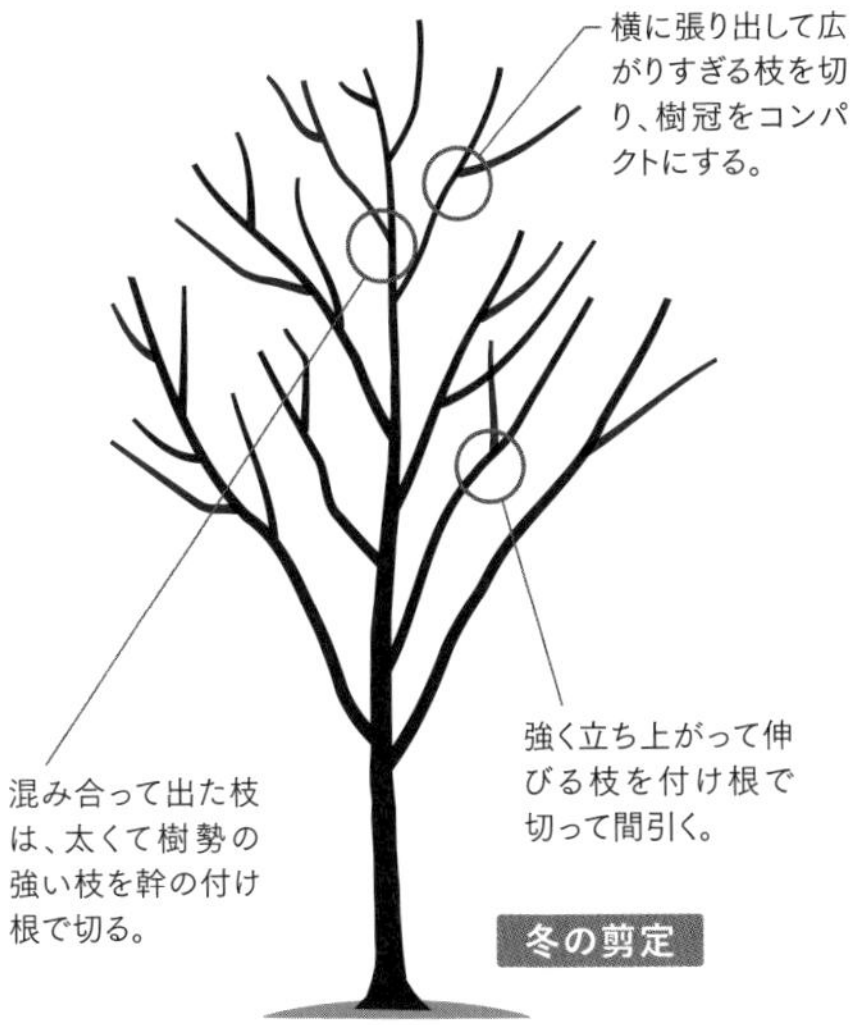
横に張り出して広がりすぎる枝を切り、樹冠をコンパクトにする。
強く立ち上がって伸びる枝を付け根で切って間引く。
混み合って出た枝は、太くて樹勢の強い枝を幹の付け根で切る。
冬の剪定

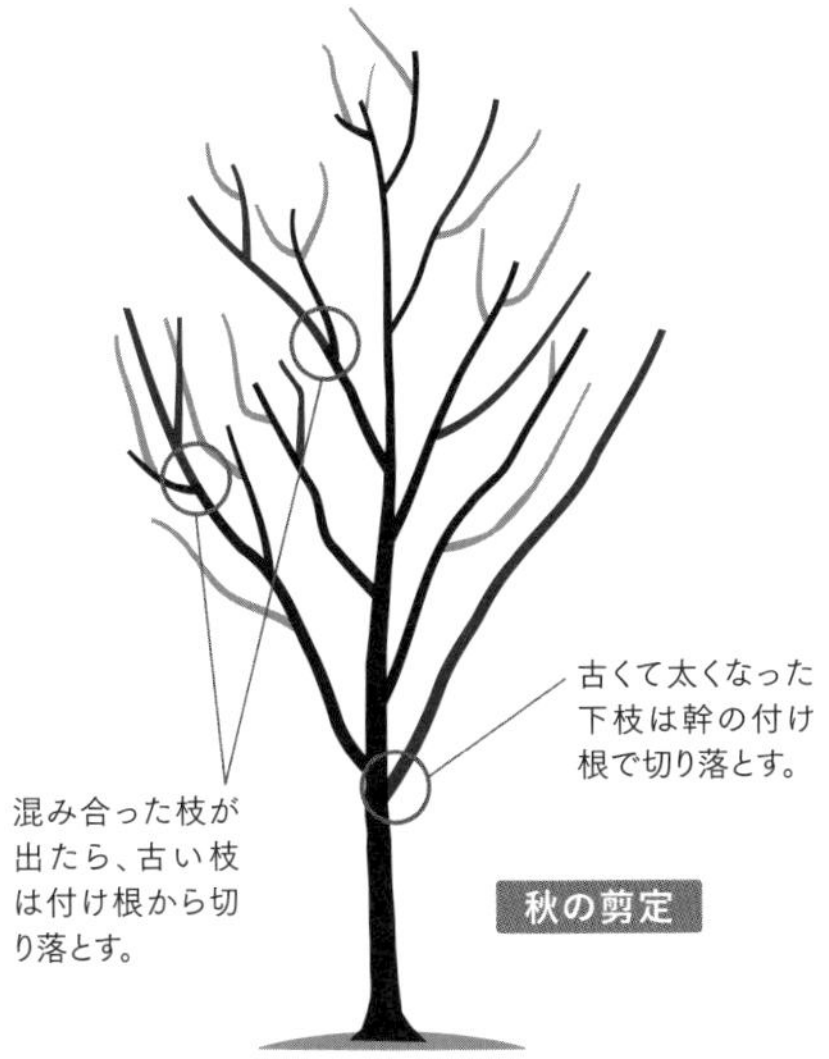
古くて太くなった下枝は幹の付け根で切り落とす。
混み合った枝が出たら、古い枝は付け根から切り落とす。
秋の剪定

冬は全体の¼程度の枝を間引く。花後に古い枝を全体の⅖ほど切り落とし、枝を更新する。

メグスリノキ

目薬木

分類／ムクロジ科（カエデ科）　落葉高木　樹高／20～30m　花色／白　実色／茶、赤　根／深い
生長／速い　日照／ひなた～半日陰　乾湿／中間　植えつけ／3月下旬～4月下旬、10月中旬～11月

4	5	6	7	8	9	10	11	12	1	2	3
	展葉					紅葉	落葉期				
			開花			結実					
	剪定						剪定				

洗眼に使われた、紅葉の美しいモミジの仲間

特徴　日本固有の大ぶりの木で、大きな株立ちになります。名は民間療法で、樹皮や葉の煎じ汁で目を洗うと眼病に効くとされたことに由来。「チョウジャノキ」とも呼ばれます。平地では最も紅葉が鮮やかに赤くなる雑木のひとつで、「血のように赤い」とたとえられます。日当たりのよい場所に植えれば、10～11月は赤く鮮やかな紅葉に美しく色づきますが、幹にも独特の表情があるので、林の中にようにコナラやイヌシデと合わせて植えても魅力を発揮します。

枝の切り方と管理　伸びた下枝や徒長枝を、全体の⅖程度切ります。幹の付け根から大きく切り取り、枝先は切らないようにします。数年に一度、低く切り戻して主幹を更新させます。カエデの仲間に共通することですが、テッポウムシの被害にあいやすいので注意します。幹や株元に小さな穴があき、おがくずに似たふんが出ていたら、すぐに専用の殺虫剤を注入します。

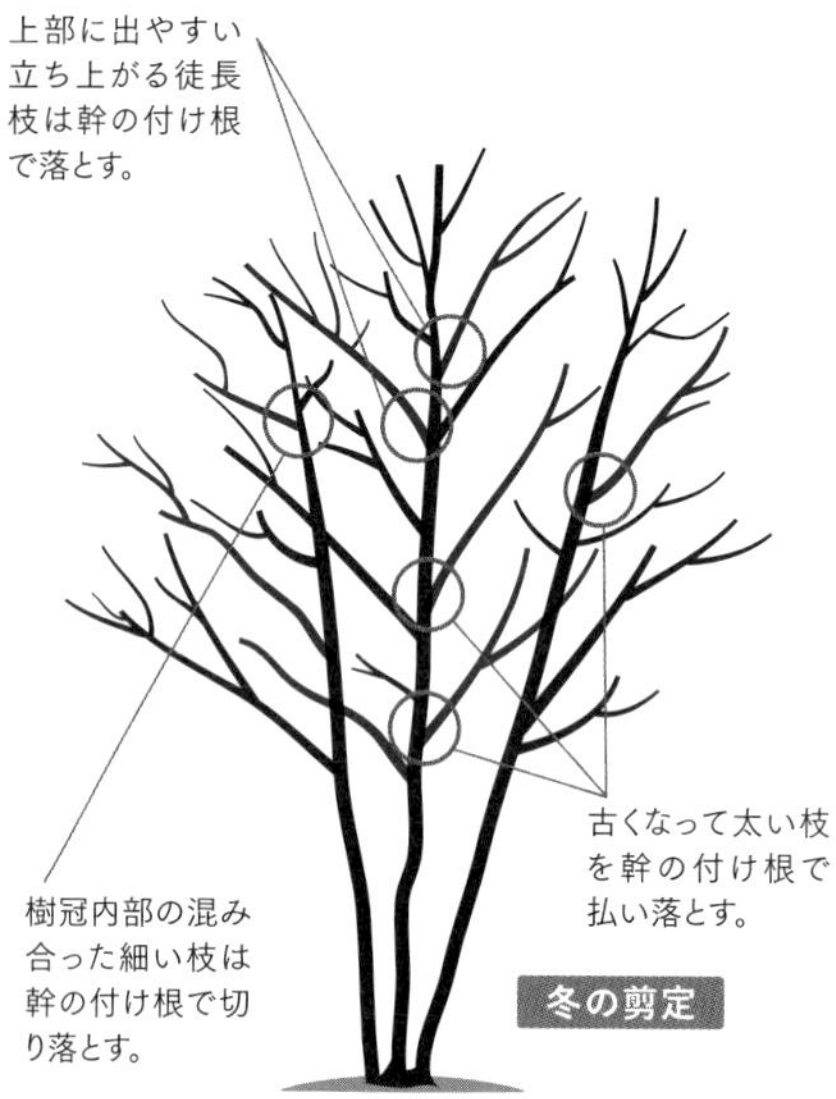
上部に出やすい立ち上がる徒長枝は幹の付け根で落とす。
古くなって太い枝を幹の付け根で払い落とす。
樹冠内部の混み合った細い枝は幹の付け根で切り落とす。
冬の剪定

古い枝を付け根で切り、周囲から伸びる新しい枝に更新する。
古くて太くなった枝を幹の付け根で切り取る。
春の剪定

下枝や徒長枝を幹の付け根から全体の⅖程度を切る。数年に一度、主幹を低く切り戻す。

モクレン類

木蓮

分類／モクレン科　落葉低木　樹高／3～15m　花色／紫、白　実色／赤　根／深い
生長／速い　日照／ひなた　乾湿／中間　植えつけ／12～2月

4	5	6	7	8	9	10	11	12	1	2	3
	展葉					紅葉	落葉期				
開花					結実						開花
	剪定										剪定

天高く咲き、春の訪れを告げる花

特徴　樹高5m程度で赤紫色（内側は白色）の花を咲かせるシモクレンと、樹高15mにもなるハクモクレンがあります。シモクレンは、やや閉じたような形で開花しますが、ハクモクレンは日が当たると開き、暗くなると閉じます。狭い場所には小型のシデコブシ（ヒメコブシ）がおすすめです。

いずれも成木は移植が難しいので、植え場所は十分吟味します。

枝の切り方と管理　細かい胴吹き枝が出にくいので、不要な枝を抜き取るように剪定します。コンパクトに抑えるには、できるだけ葉の数をふやさないように、新しく出た枝と同じくらいの古い枝を切り落とすイメージで剪定します。枝が直線的に伸びるので、途中で切るとゴツゴツした枝ぶりになってしまいます。必ず、幹の付け根で切り落としましょう。

施肥は必要ありません。

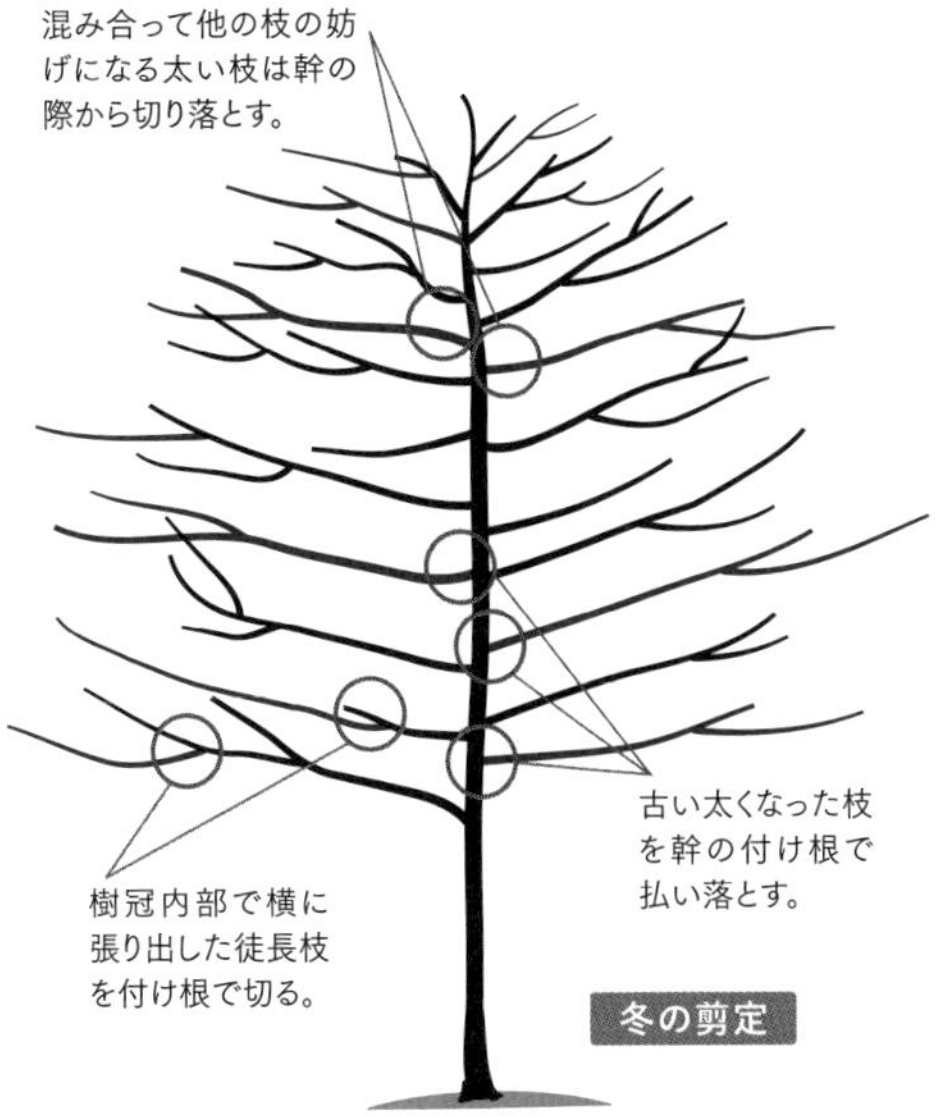
混み合って他の枝の妨げになる太い枝は幹の際から切り落とす。
古い太くなった枝を幹の付け根で払い落とす。
樹冠内部で横に張り出した徒長枝を付け根で切る。
冬の剪定

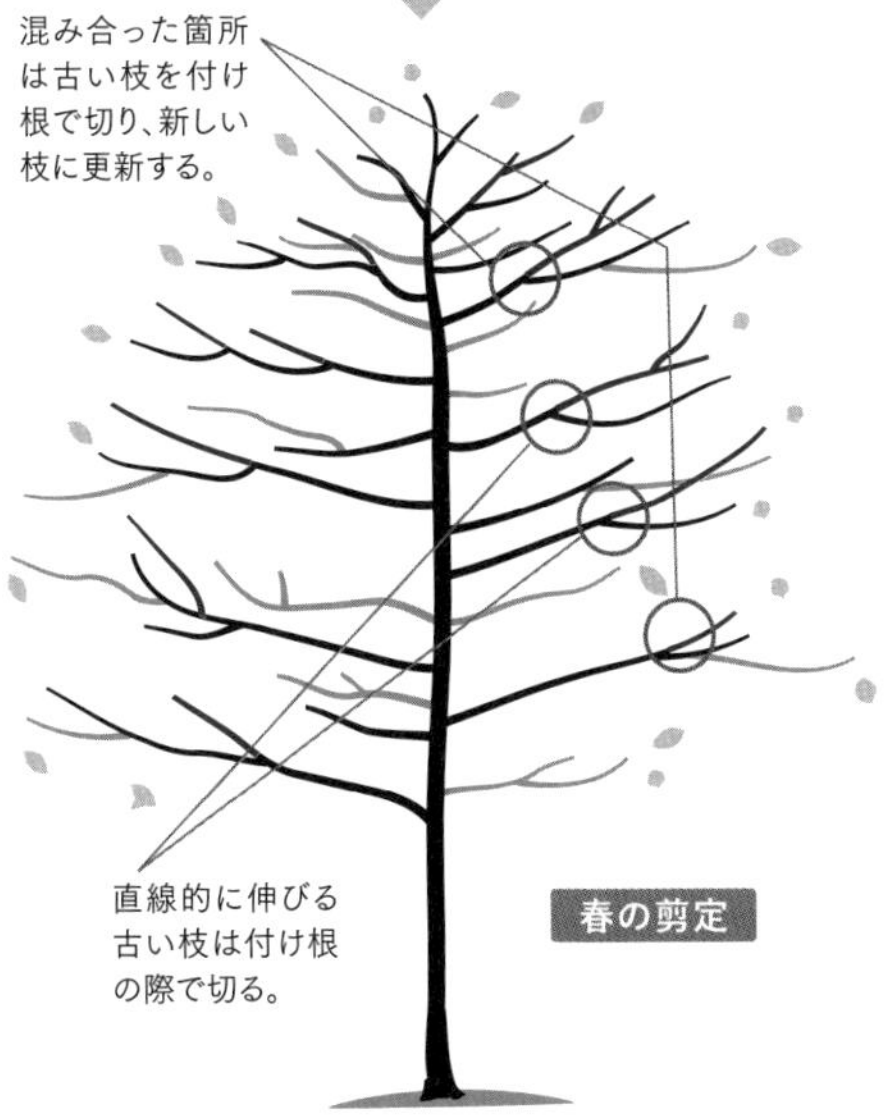
混み合った箇所は古い枝を付け根で切り、新しい枝に更新する。
直線的に伸びる古い枝は付け根の際で切る。
春の剪定

枝や幹がまっすぐ伸びるので、徒長枝を中心に⅖ほどを、幹の付け根から切り落とし、葉の数を抑える。

モミジ類
紅葉

分類／ムクロジ科（カエデ科）　落葉高木　樹高／20～30m　花色／赤　実色／茶
根／深い　生長／速い　日照／ひなた～半日陰　乾湿／中間　植えつけ／11～12月

4	5	6	7	8	9	10	11	12	1	2	3
	展葉					紅葉	落葉期				
開花				結実							開花
		剪定							剪定		

日本の秋を代表する雑木の代表樹種

特徴　モミジというと和の庭のイメージがありますが、春の芽出しの美しさ、さわやかな新緑や夏の涼しげな緑陰は洋風の庭にも調和しやすく、雑木の庭の主要構成樹として人気があります。

イロハカエデとヤマモミジは葉色の変化が楽しめるので、庭の骨格として取り入れるほか、玄関まわりや建物の近くに植えてもきれいです。

植え場所は直射日光が強く当たるひなたよりも、半日陰や明るい木陰になる場所のほうが、生長も抑えられてやさしい枝ぶりになります。

枝の切り方と管理　強く伸びた枝を、全体の1/3程度、幹の際から切り落とします。落葉する前に太い枝を切ると、樹液が流れて株が弱るので、枝を切る時期には注意しましょう。太い枝の剪定は、完全に休眠してから行い、切り口に癒合剤をしっかり塗ります。

病害虫はテッポウムシに気をつけます。

上部に出やすい立ち上がる徒長枝は付け根の際から切り落とす。
樹冠内部で横に張り出した徒長枝を幹の付け根で切る。
古くて太くなった枝を幹の付け根で切り取る。
冬の剪定

混み合った箇所の古い枝を付け根で切り、新しい枝に更新する。
古くて太くなった枝を幹の付け根で切り取る。
初夏の剪定

太い枝の剪定は完全に落葉して休眠期に入ってから、全体の1/3程度の徒長枝を幹の際から切り落とす。

ヤナギ類

柳

分類／ヤナギ科　落葉低木～高木　樹高／5～15m　花色／緑、白　実色／褐色　根／中間～深い

生長／速い　日照／ひなた　乾湿／中間～湿りがち　植えつけ／2～3月、10月中旬～11月中旬

4	5	6	7	8	9	10	11	12	1	2	3
展葉						紅葉	落葉期				
開花					結実						開花
			剪定						剪定		

揺れて水辺に似合う、やわらかな枝ぶり

特徴　おすすめはアカメヤナギで、細かい新芽がたくさん出て春の新緑のころは特に美しく、赤い新芽とやわらかく鞭のようにしなる枝が目をひきます。シダレヤナギは流れのたもとに似合い、3～4月に葉の展開と同時に黄緑色の穂状の花を咲かせます。いずれの種類も池や流れの近くの湿り気がある場所を好みます。

枝の切り方と管理　生長が速いので、古い枝を幹の際から大きく抜いて切り取ります。内側から強く伸びた枝を付け根からばっさり切り、葉の量が切る前の½くらいになるまで枝を切り落とします。樹高も伸びるので、先端も切り戻しますが、切り口を中途半端に残すと車枝になるので、必ず付け根の際で切り落とします。外側の葉が傷んだら、内側の枝が見えるように手前の枝を切ると、きれいでやわらかな葉が見えるようになります。夏の水ぎれは厳禁です。特にかかりやすい病害虫はありません。

外側の葉が傷んだら、内側の枝が見えるように手前の枝を切る。
樹高も伸びるので、先端の枝を付け根の際で切り落とす。
古い太くなった枝を幹の際から大きく抜いて切り取る。
冬の剪定

樹冠内部から立ち上がって伸びる徒長枝を付け根から切る。
樹冠内部に伸びる混み合った細い枝を付け根で切り落とす。
夏の剪定

内側から出た強く徒長した枝を中心に、全体の½くらいまで、付け根から大きく切り落とし、枝ごと更新する。

ヤマコウバシ　山香

分類／クスノキ科　落葉低木　樹高／約5m　花色／黄　実色／黒　根／深い
生長／速い　日照／ひなた～半日陰　乾湿／湿りがち　植えつけ／2～3月

4	5	6	7	8	9	10	11	12	1	2	3
落葉期	展葉					紅葉					
開花					結実						
		剪定								剪定	

葉をつけたまま冬越しをする珍しい木

特徴　新芽が出てから前年の紅葉した葉が落ちるという、珍しい木です。名は「山にある香ばしい木」という意味で、葉をもんだり枝を折ったりすると芳香があります。別名ヤマコショウの由来は、黒く熟す実をかむと辛みがあることです。低木に分類されますが、放任すると5m以上の大きさになり、枝や幹はよく伸びます。

枝の切り方と管理　基本は、よく伸びる胴吹き枝を幹の付け根から切り落とすことです。生長が速いので、必ず年2回、花の終わった初夏と早春に剪定し、全体の$\frac{2}{5}$程度の枝を切り取ります。地際からひこばえが伸びてくるので、姿のよいものを残して伸ばし、ある程度伸びたら古い主幹を地際から切って、伸ばしたひこばえとかえて主幹を更新します。

日陰にも強く、丈夫で病害虫の心配も少ないので、管理しやすい木です。

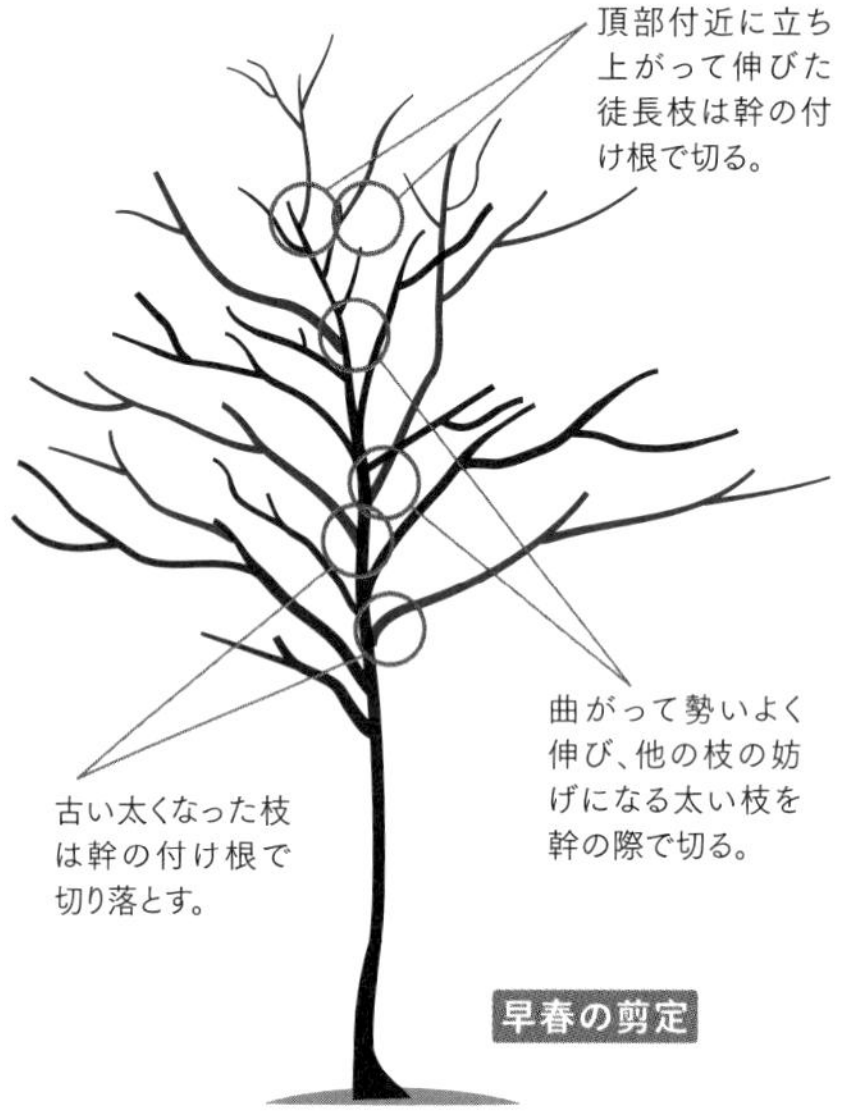

頂部付近に立ち上がって伸びた徒長枝は幹の付け根で切る。
曲がって勢いよく伸び、他の枝の妨げになる太い枝を幹の際で切る。
古い太くなった枝は幹の付け根で切り落とす。
早春の剪定

太くなって樹冠内部で混み合った枝は幹の際から切り落とす。
直線的に伸びる太い枝は付け根で切り、周囲の枝に更新する。
初夏の剪定

強い徒長枝は、全体の$\frac{2}{5}$程度を、幹の付け根から切る。
姿のよいひこばえを伸ばして主幹を更新する。

ヤマボウシ 山法師

分類／ミズキ科　落葉高木　樹高／5～10m　花色／白、桃　実色／赤　根／深い
生長／中間　日照／ひなた　乾湿／中間　植えつけ／3月下旬～4月上旬、10月中旬～11月

4	5	6	7	8	9	10	11	12	1	2	3
		展葉				紅葉	落葉期				
		開花			結実						
		剪定			剪定					剪定	

初夏に雪が積もったように白い花が咲く

特徴　本州以南の山地に生え、初夏に雪が積もったように白く咲く花が人気の木です。花びらのように見えるものは総苞で、中心には小さな花が多数集まってつきます。

秋には赤い実を食べることもできます。近縁のハナミズキは日当たりが悪いと花が咲きませんが、ヤマボウシはある程度の耐陰性があります。

シャラ、コナラ、アオダモなどと組み合わせると引き立てあいます。

枝の切り方と管理　不要枝の剪定は1月中旬～3月中旬に行います。樹勢が強く枝がよく伸びるので、6～7月、もしくは9月中旬～10月中旬にも行います。枝が横に張って伸びるので、張り出した徒長枝を全体の⅖程度、付け根から切り落とします。

何年かに一度は、胴吹き枝を利用して、主幹を低い位置で切り戻し、樹冠を小さくします。

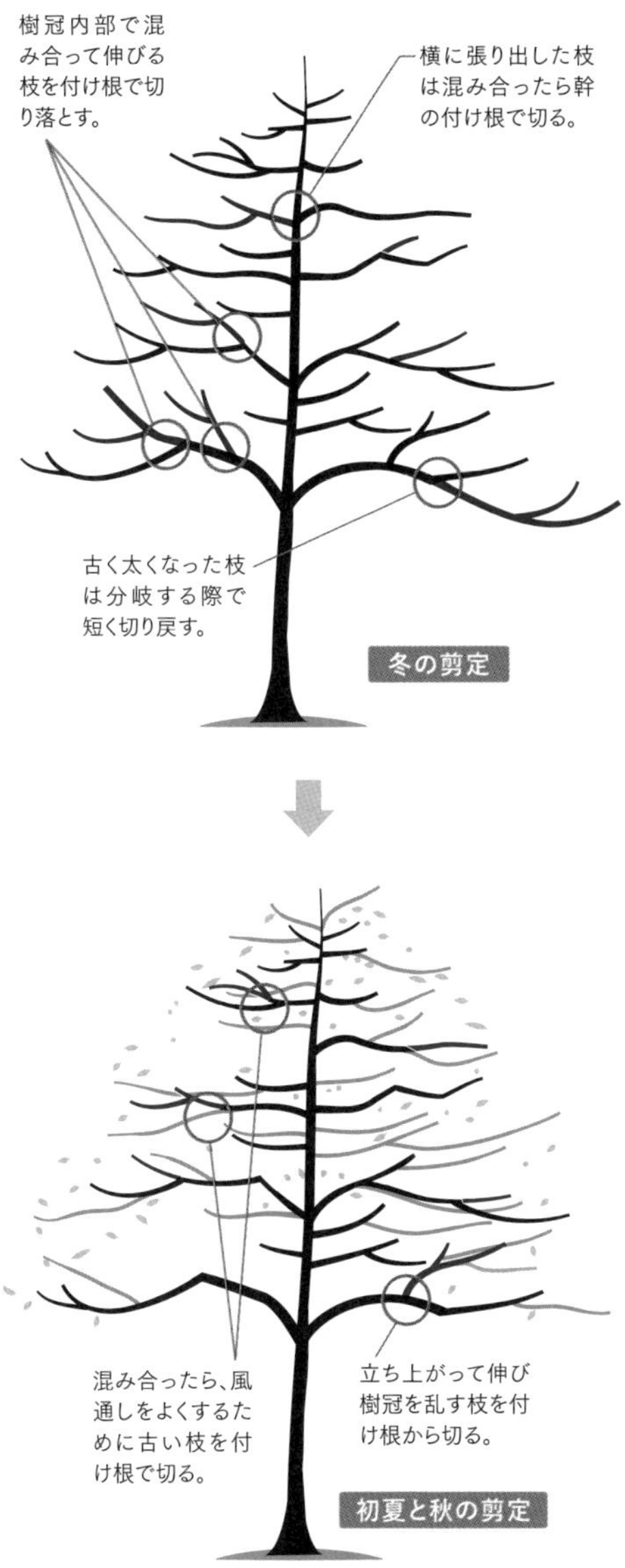
樹冠内部で混み合って伸びる枝を付け根で切り落とす。
横に張り出した枝は混み合ったら幹の付け根で切る。
古く太くなった枝は分岐する際で短く切り戻す。
冬の剪定
混み合ったら、風通しをよくするために古い枝を付け根で切る。
立ち上がって伸び樹冠を乱す枝を付け根から切る。
初夏と秋の剪定

枝が横に張るので、全体の⅖以上の徒長枝を付け根で切る。数年で主幹を切り戻し、胴吹き枝に更新。

ライラック

ムラサキハシドイ　紫丁香花

分類／モクセイ科　落葉低木　**樹高**／3～7m　**花色**／紫、白、赤、赤紫、青　**根**／中間
生長／速い　**日照**／ひなた　**乾湿**／乾燥ぎみ　**植えつけ**／10月～3月上旬

	4	5	6	7	8	9	10	11	12	1	2	3
展葉	展葉	展葉	展葉	展葉	展葉							
紅葉・落葉期							紅葉	落葉期	落葉期	落葉期	落葉期	落葉期
開花	開花	開花										
剪定			剪定	剪定					剪定	剪定	剪定	剪定

広く親しまれる甘い香りの紫色の花

特徴　寒さに強く、北海道など、北国の代表的な花木として知られています。花の咲く時期は4～5月で、枝の先端に多くの花を房状につけ、芳香があります。花色は紫色をはじめ、白、淡いピンク、淡い紫などがありますが、日当たりを好みますが、夏の蒸れを嫌うので、西日の当たるところを避けます。

枝の切り方と管理　太い枝を一度に切ると枯れ込みます。あまり古くならないうちに早めに切り、切り口に癒合剤を塗ります。コンパクトにする場合は、花後すぐに古くてやや太い枝を付け根で切り、強く伸びた枝を中心に、全体の¼程度を切り取ります。冬の剪定では、枯れたり傷んだりした枝を取り除き、混んだ枝を付け根から切り取ります。

暖地ではテッポウムシの被害が多く見られます。株元におがくずのような粉が落ちていて、幹に穴があいていたら、速やかに駆除します。

頁部付近の立ち上がった枝は付け根で切り落とす。
樹冠内部で混み合った枝は付け根で切る。
立ち上がって伸びて樹冠内部を乱す徒長枝は付け根で切る。
冬の剪定

古くて太くなった枝を幹の付け根で切り取る。
樹冠内部で混み合った枝や立ち上がった枝を付け根で切る。
初夏の剪定

:後すぐに、古い枝と徒長枝を全体の¼ほど付け根で切
、枝を更新する。切り口に癒合剤を塗る。

リキュウバイ

利休梅

分類／バラ科　落葉低木　樹高／2～4m　花色／白　根／浅い
生長／中間　日照／ひなた　乾湿／中間　植えつけ／2月下旬～3月、10月下旬～11月

4	5	6	7	8	9	10	11	12	1	2	3
展葉						紅葉		落葉期			
開花											
		剪定						剪定			

枝いっぱいに咲く清楚な白い花が茶花で人気

特徴　春、芽吹きと同じくらいの時期に咲く白い花は、枝を埋めるほど豪華です。新緑の黄緑の葉と白い花のコントラストが上品です。

明治時代に中国から渡来した外来種ですが、千利休にちなんだ名前からも茶花として人気があります。和洋どのタイプの庭にも似合います。庭の外側に向けて植えるとよいでしょう。日当たりのよい場所を好みます。

枝の切り方と管理　放任すると4mほどまで伸びますが、毎年、全体の½程度の枝を切り、樹高を2mほどに抑えるとよいでしょう。古くなってゴツゴツした高い枝に華奢な印象の花を咲かせても美しく見えません。枝数を減らし、枝がまばらに見えるように下枝を払い、樹冠内部の徒長枝を幹の際から切り取ります。

病害虫は、春先の芽吹きのころにアブラムシがつきやすいので注意します。

樹冠内部の徒長枝を大きく抜いて幹の際から切る。
横に張り出して伸びる徒長枝を付け根で切り取る。
古くて太くなった下枝を幹の付け根から切り落とす。
冬の剪定

頂部の古い枝は付け根で切り、新しく伸びた枝に更新する。
古くて太くなった枝は付け根から切り取る。
初夏の剪定

下枝を払い、樹冠内部の徒長枝を大きく抜いて付け根から切り、全体に約½の枝を切る。

リョウブ 令法

分類／リョウブ科　落葉高木　樹高／3～15m　花色／白　実色／茶　根／浅い
生長／中間　日照／ひなた～半日陰　乾湿／湿りがち　植えつけ／3月

4	5	6	7	8	9	10	11	12	1	2	3
		展葉				紅葉	落葉期				
			開花			結実					
		剪定								剪定	

不規則な模様の幹肌とクリーム色の花穂

特徴　真夏に咲く穂状の花は、遠くからでもよく目立ちます。日当たりを好みますが、乾燥に弱いので半日陰に植えたほうが育てやすいでしょう。夏に西日が当たる場所は苦手です。

生長に伴って樹皮がはがれ落ち、独特のまだら模様をつくりだします。株立ちになりやすく、根が浅めに張るため、植えた当初は支柱でしっかりと固定したほうが安全です。

枝の切り方と管理　生長もあまり速くなく、自然に整った姿になるので、剪定は幹から分岐して出る胴吹き枝の中で、強く伸びる枝を際から切り落とす程度です。毎年、全体の$1/3$程度を切りましょう。枝先を細かく切ると、せっかくの野趣がそこなわれるので、切るときは必ず幹の付け根から切るように気をつけます。

これといった病害虫は少ないですが、ときどきアリに根をかじられて樹勢が弱ることがあります。

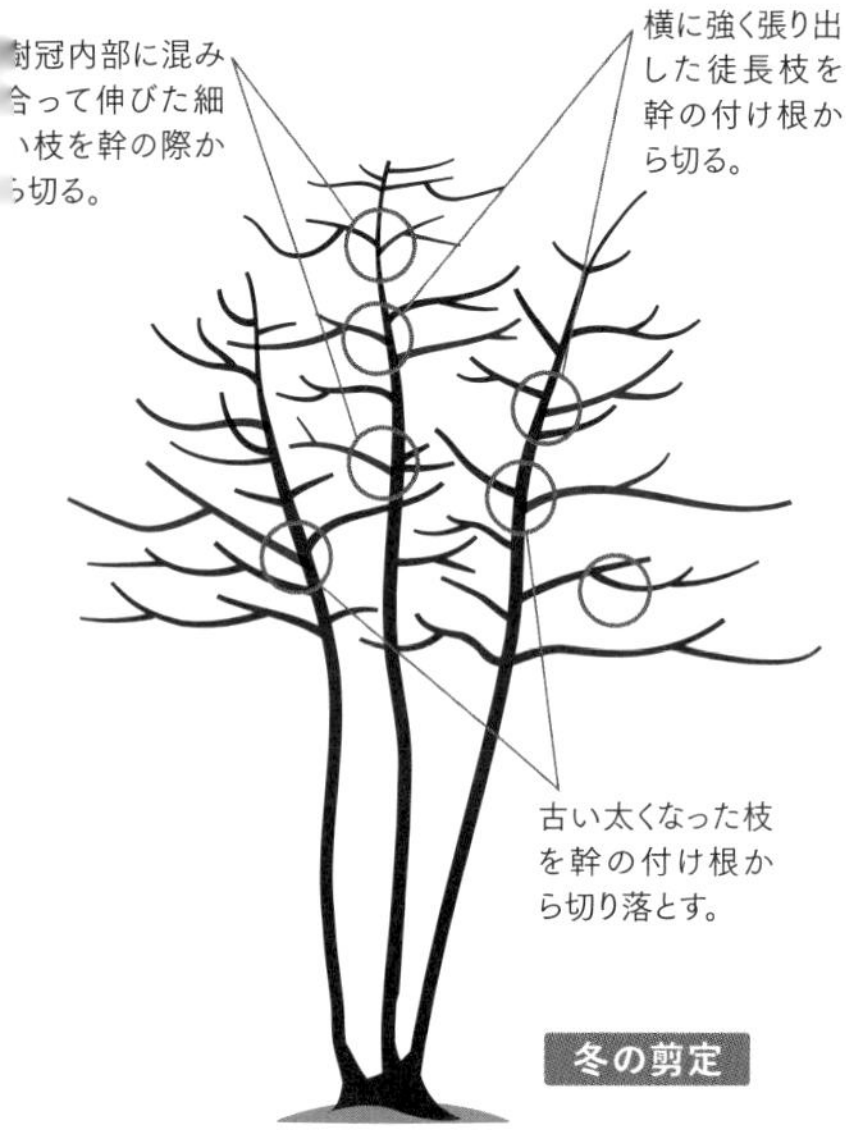

樹冠内部に混み合って伸びた細い枝を幹の際から切る。
横に強く張り出した徒長枝を幹の付け根から切る。
古い太くなった枝を幹の付け根から切り落とす。
冬の剪定

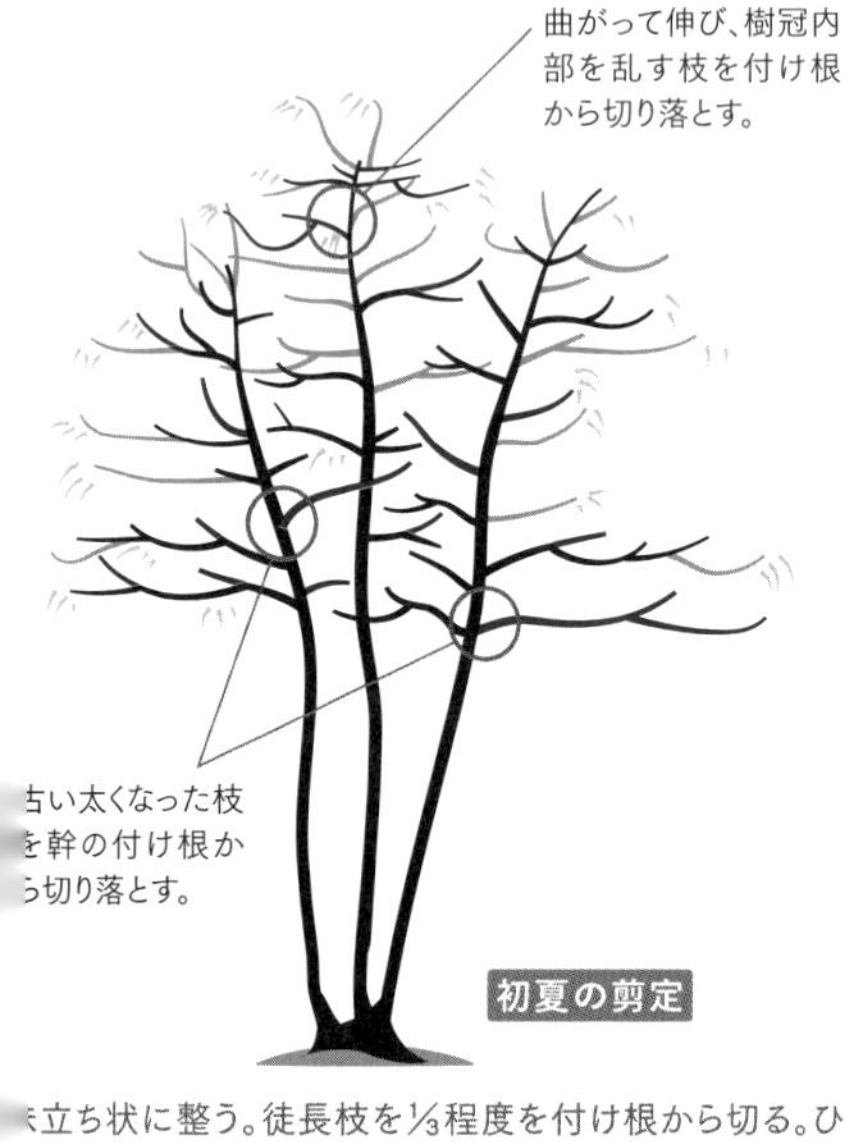

曲がって伸び、樹冠内部を乱す枝を付け根から切り落とす。
古い太くなった枝を幹の付け根から切り落とす。
初夏の剪定

立ち状に整う。徒長枝を$1/3$程度を付け根から切る。ひ
ばえを選んで残し、やがて主幹を更新する。

ロウバイ 蝋梅

分類／ロウバイ科　落葉低木　樹高／2～4m　花色／黄　実色／褐色　根／深い
生長／速い　日照／ひなた　乾湿／全般　植えつけ／11月～2月中旬

半透明なロウ細工に似た繊細な花と甘い香り

特徴　早春の花の少ない時期にロウ細工のような花を咲かせることが名の由来。ウメに似た澄んだ香りを漂わせます。普通種は花の基部が赤くなりますが、花全体が黄色いソシンロウバイは清楚ではかない印象です。枝は直線的でやや無骨です。

日当たりを好み、やや花つきは劣りますが、半日陰でも育ちます。冬に強い北風が当たる場所は苦手です。植えつけ適期は冬ですが、土が凍る厳冬期を避けます。

枝の切り方と管理　放任すると4mまで伸びることがあります。ゴツゴツした古い枝は幹の際から⅓程度切り取り、新しく伸びたしなやかな枝を選んで伸ばします。姿の楚々としたひこばえを選んで残し、数年で主幹を更新します。根づくまでの3カ月ほどは水ぎれと風による揺れに気をつけますが、一度根づけば丈夫で育てやすい樹種です。病害虫は多くありません。

4	5	6	7	8	9	10	11	12	1	2	3
展葉						紅葉	落葉期				
						結実			開花		
		剪定									剪定

太く強く出た頂部付近の枝は付け根の際で切り落とす。
ゴツゴツした古い枝は幹の際から切り落とす。
立ち上がって伸びた樹冠内の混み合った枝を付け根から切る。
冬の剪定

頂部付近に立ち上がって伸びた徒長枝は幹の付け根で切る。
古くなった太い枝を付け根で切り、周囲の新しい枝に更新する。
初夏の剪定

古枝は約⅓をつけ根から切り取る。新しいしなやかな枝とひこばえを残し、数年で主幹を切って更新する。

針葉樹の剪定

剪定の基礎

力強い幹、細く鋭い緑の葉
庭を背景として支える脇役たち

　常緑で深い緑をたたえた葉をもち、立ち姿が雄大で、葉の色やディテールを楽しめるのが針葉樹です。花はほとんど目立ちませんが、実が季節を告げるものがあります。葉が庭の背景として、落葉樹の季節感を際立たせます。スクリーンとして庭のベースになり、主役を引き立たせる脇役の役目を果たします。

　比較的生長のスピードが速いので、剪定には知識と技術が必要です。隣家との境界から少し離して植え、家や庭の中から眺めると、落葉樹の葉が美しく見え、目隠しの役割もしっかり務めてくれます。

　剪定は、マツを代表とするタイプと、ヨシノスギを代表とするタイプの2通りがあります。

樹冠内部に伸びる枝を間引いて切り
スリムで低い樹高を保つ「間引き＋主幹更新型」

　ヨシノスギは、育てやすいのですが、手入れをしないと樹高が40m以上まで高く伸び、樹冠も広がります。

　毎年の手入れは、張り出して伸びた枝を⅖〜½ほど、付け根から切り落とします。

　樹冠が大きくなったら、低い位置から主幹に沿って伸びている胴吹き枝を選び、上側の主幹を切り落として低く仕立て直します。

　やがて残した胴吹き枝が立ち上がって新しい主幹になり、先端までしなやかな枝ぶりのまま、一回り小さな樹冠にすることができます。

小さな枝からなる葉の集まりを枝ごと間引き
全体を一回り小さくする「間引き更新型」

　アカマツやクロマツは、本来、ガッチリとかたまった仕立て物にするのではなく、幹の美しさや風情のある枝ぶりを楽しむものです。

　自然なやわらかい樹形にするには、「緑《みどり》摘《つ》み」は行わず、大きな枝の集まりを構成する小さな枝の集まりを、古いものから間引くように切り、新しい枝に更新します。冬は全体の約⅓を透かすように、切る小枝の付け根で落とします。初夏は新しく伸びて混み合った枝を透かすように、付け根から切り落とします。

間引き剪定でコントロールし 枝の更新で高さや樹冠を維持

主に葉の美しさと幹の雄大な風情を楽しむ針葉樹。下からひこばえは出にくいが、胴吹き枝は比較的出やすいので、主幹を数年おきに切り戻すか、間引き剪定を繰り返して自然な樹形を保つ。

アカマツ

鮮やかな緑の葉が風になびき、赤く凹凸のある幹肌が庭のアクセントになる。意外にも、モダンな洋風住宅に似合う。

サワラ

明るい緑の葉と、針葉樹の中ではしなやかな立ち姿で、下枝も落ちにくい。生け垣やスクリーンに好適な針葉樹。

ヨシノスギ

日本固有の樹種では、最も長寿で大きくなる木。葉は深緑色、樹皮は赤褐色で、縦に裂け、細長く薄くはがれる。庭のアクセントにもスクリーンにもなる、とても利用価値が高い針葉樹。

アカマツ 赤松

分類／マツ科　常緑高木　樹高／30～35m　花色／赤、黄　実色／茶　根／深い　生長／速い
日照／ひなた　乾湿／乾燥　植えつけ／2～3月、5月中旬～6月中旬（寒冷地）

4	5	6	7	8	9	10	11	12	1	2	3
										展葉	
開花					翌年	結実					
	剪定							剪定			

幹が赤く、日当たりのよい里山に生える

特徴 赤くて美しい幹をもち、雑木の庭に欠かせない針葉樹。落葉樹と混植すると周囲を明るく見せます。別名はメマツで、樹皮は赤っぽく、枝ぶりはしなやかで女性的です。葉は比較的やわらかく、触れても痛くありません。典型的な陽樹で、日当たりがよくないと育ちません。やせ地や乾燥地でも丈夫に育ちます。植え場所は水はけのよいところを選びます。

枝の切り方と管理 やわらかい枝ぶりを保つには「緑摘み」は行わず、古い枝を切り落として常に新しい枝に更新するようにします。分岐する付け根から、全体の⅓を間引くように大きく枝を抜いて切り落とします。わきから出てくる枝を伸ばし、翌年以降に備えます。マツクイムシの被害を受けやすいので、冬に集中して薬剤散布などで駆除します。定期的に葉水をかけるのも防除に効果があります。

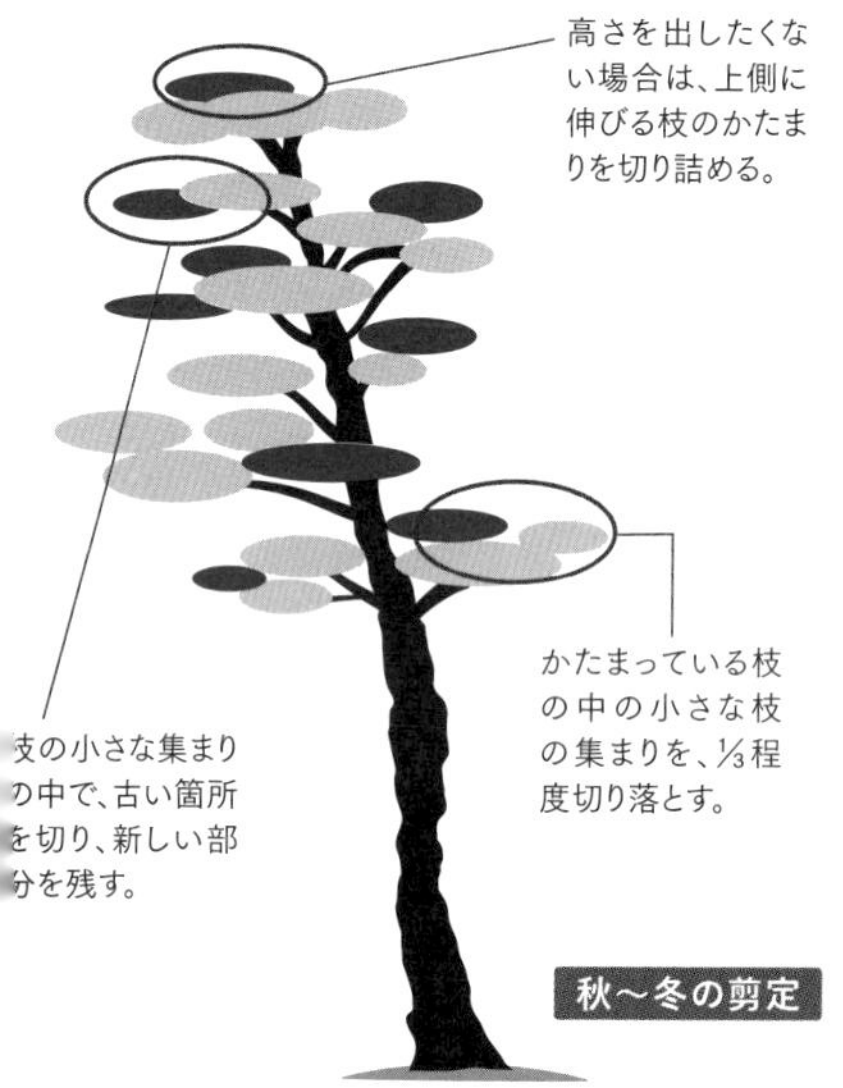
高さを出したくない場合は、上側に伸びる枝のかたまりを切り詰める。
かたまっている枝の中の小さな枝の集まりを、⅓程度切り落とす。
の小さな集まり
の中で、古い箇所
を切り、新しい部
分を残す。
秋～冬の剪定

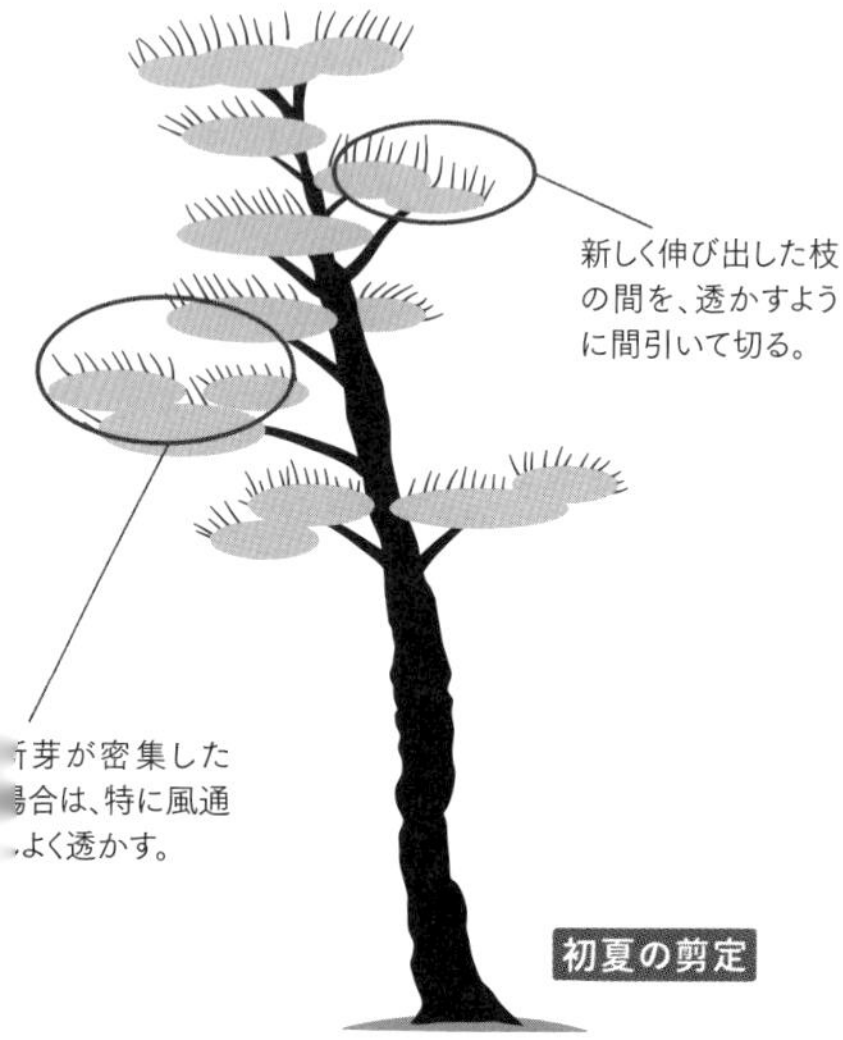
新しく伸び出した枝の間を、透かすように間引いて切る。
芽が密集した
合は、特に風通
よく透かす。
初夏の剪定

岐する付け根から、全体の⅓を間引くように大きく古枝
切る。剪定のつど、新しい枝に更新する。

イチイ　一位

分類／イチイ科　常緑高木　**樹高**／15～20m　**花色**／黄（雄花）緑（雌花）　**実色**／赤
根／深い　**生長**／遅い　**日照**／ひなた～半日陰　**乾湿**／中間　**植えつけ**／3～6月

4	5	6	7	8	9	10	11	12	1	2	3
										展葉	
開花					結実						開花
		剪定									剪定

緑のスクリーンにしたい、寒冷地向きの木

特徴　材から笏を作ったことから、階位の正一位にちなんだ名です。雌雄異株で、春に咲く花は小さくて目立ちません。秋に赤く熟す実は、甘くて食べられますが、中にあるタネは有毒なので注意。寒冷地の生け垣や庭の背景に向きますが、暖地でも植えられます。

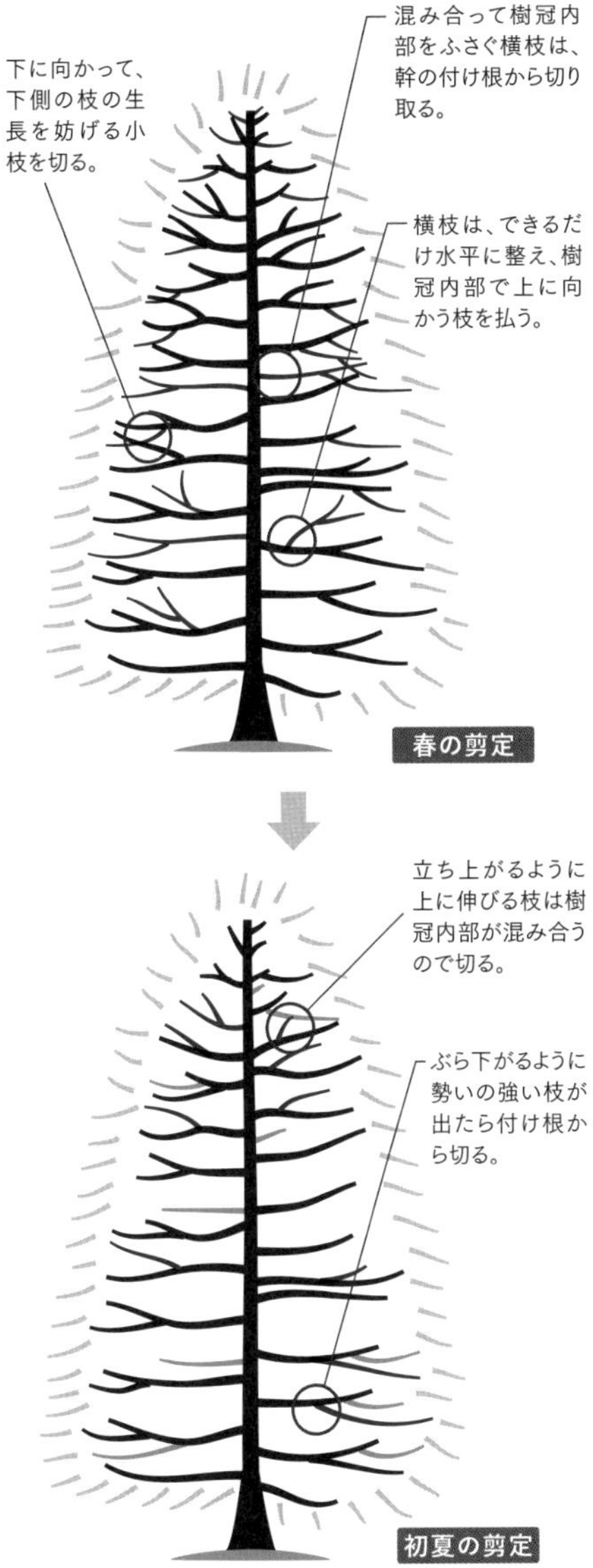
下に向かって、下側の枝の生長を妨げる小枝を切る。

混み合って樹冠内部をふさぐ横枝は、幹の付け根から切り取る。

横枝は、できるだけ水平に整え、樹冠内部で上に向かう枝を払う。

春の剪定
立ち上がるように上に伸びる枝は樹冠内部が混み合うので切る。

ぶら下がるように勢いの強い枝が出たら付け根から切る。

初夏の剪定
樹冠内部の横に張り出した枝を、⅓弱程度付け根で切る。伸びた胴吹き枝を育て、主幹を低く更新。

枝の切り方と管理　落葉樹の背景に植え、刈り込まずに円錐形の自然樹形に整えるのがおすすめ。2m以上の高さになると下枝が枯れてくるので、低めに剪定して余分な下枝は払います。冬の剪定は、張り出して伸びた枝を⅓ほど、付け根から切り落とします。樹冠が大きくなったら、低い位置から主幹に沿って伸びている胴吹き枝を選び、その上側の主幹を切り落として低く仕立て直します。やがて、残した胴吹き枝が立ち上がって新しい主幹になり、先端までしなやかな枝ぶりのまま、一回り小さな樹冠に整えます。夏前の6月には混み合った部分を間引いて風通しをよくします。

4	5	6	7	8	9	10	11	12	1	2	3
											展葉
開花											開花
剪定		剪定			翌年	結実					剪定

イトヒバ、チャボヒバ

糸檜葉、矮鶏檜葉

分類／ヒノキ科　常緑高木～小高木　**樹高**／5～8m　**花色**／茶　**実色**／茶　**根**／浅い

生長／遅い　**日照**／ひなた～半日陰　**乾湿**／中間　**植えつけ**／3～4月、9～10月

円錐形に整う、端正な自然樹形が美しい

特徴　葉が美しく、放任しても5～8m程度にしかならないので、小さな庭でも使いやすい木です。チャボヒバは、枝が短く密生するのをチャボにたとえた名です。葉は扇状になり、やわらかな質感があります。生長は遅く、樹形は円錐形で自然に美しく整い、落葉樹の背景に似合います。繊細な葉や端正な外見に似合わず強健で、病気や害虫にも強いので、どんなタイプの庭にも使いやすくておすすめです。

枝の切り方と管理　混み合った部分の枝は、風通しと日当たりを確保するためにハサミで切り落とします。樹冠内部の枝を全体の1/3弱、付け根から切り取り、横枝はできるだけ水平になるように整えます。美しく自然に見えるように形を整えるには、伸びた葉の先端を手で摘み取ります。葉だけを摘むのではなく、葉の付け根から軽くひねるように摘み取ります。金属を嫌うといわれるので、葉先にはハサミを使わないようにします。

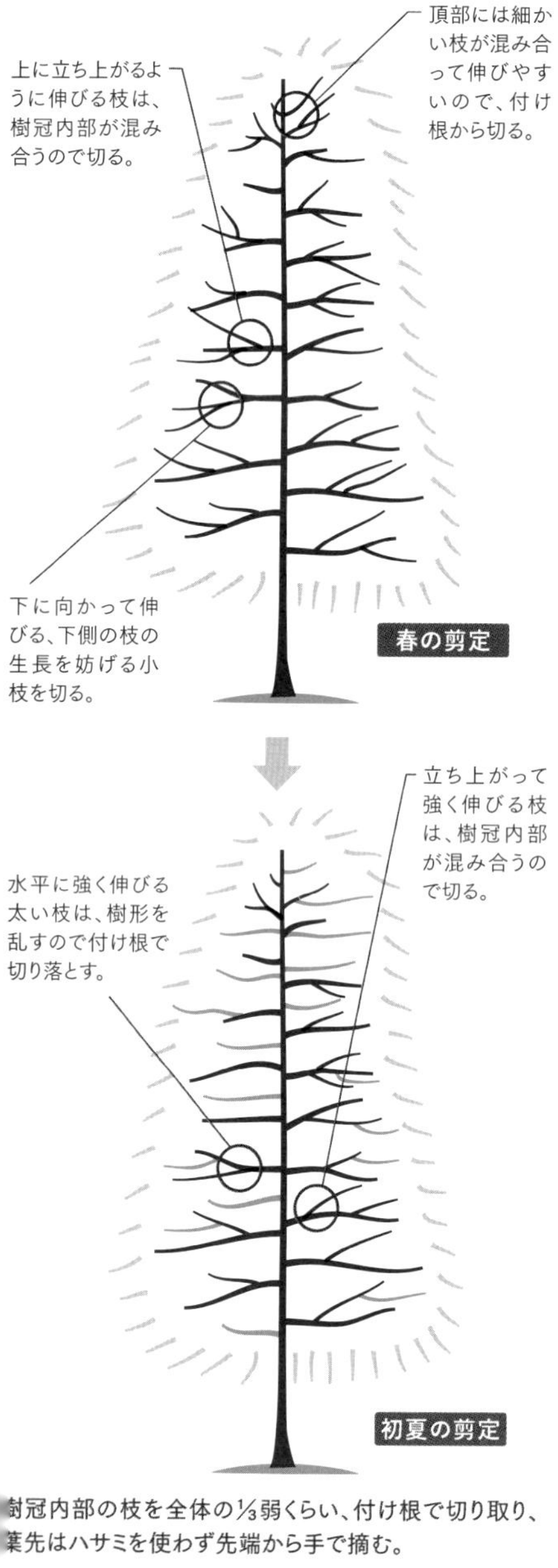
頂部には細かい枝が混み合って伸びやすいので、付け根から切る。
上に立ち上がるように伸びる枝は、樹冠内部が混み合うので切る。
下に向かって伸びる、下側の枝の生長を妨げる小枝を切る。
春の剪定
立ち上がって強く伸びる枝は、樹冠内部が混み合うので切る。
水平に強く伸びる太い枝は、樹形を乱すので付け根で切り落とす。
初夏の剪定

樹冠内部の枝を全体の1/3弱くらい、付け根で切り取り、葉先はハサミを使わず先端から手で摘む。

イヌマキ　犬槇

分類／マキ科　常緑高木　樹高／20m以上　花色／茶　実色／茶　根／深い
生長／遅い　日照／ひなた～日陰　乾湿／中間～湿りがち　植えつけ／3～4月

4	5	6	7	8	9	10	11	12	1	2	3
展葉											
開花					翌年	結実					
剪定					剪定						剪定

細長くて針葉樹らしくない葉が魅力

特徴　日当たりのよい暖地を好み、寒冷地ではやや育ちにくい木です。葉は一般の針葉樹とは異なり、やや幅がある細長い線形で、長さ15㎝、幅1㎝ほど、表面は革質で深緑色、裏面は灰緑色です。樹皮は灰白色で薄くはがれ、放任すると高さ20mを超えます。

落葉樹の背景や、建物の前など庭のポイントに使うのがおすすめです。玉散らし仕立てにはしないで、自然樹形のままのほうがこの木の葉の美しさが引き立ちます。

枝の切り方と管理　秋の剪定では、樹冠内部の張り出した枝を⅓ほど、付け根から切り落とします。樹高が伸びたら、低い位置で主幹に沿って伸びている胴吹き枝を選び、上側の主幹を切り落として低く仕立て直します。春には混み合ったところを間引きます。

ハマキムシ以外は、あまり目立った病害虫はなく、育てやすい木です。

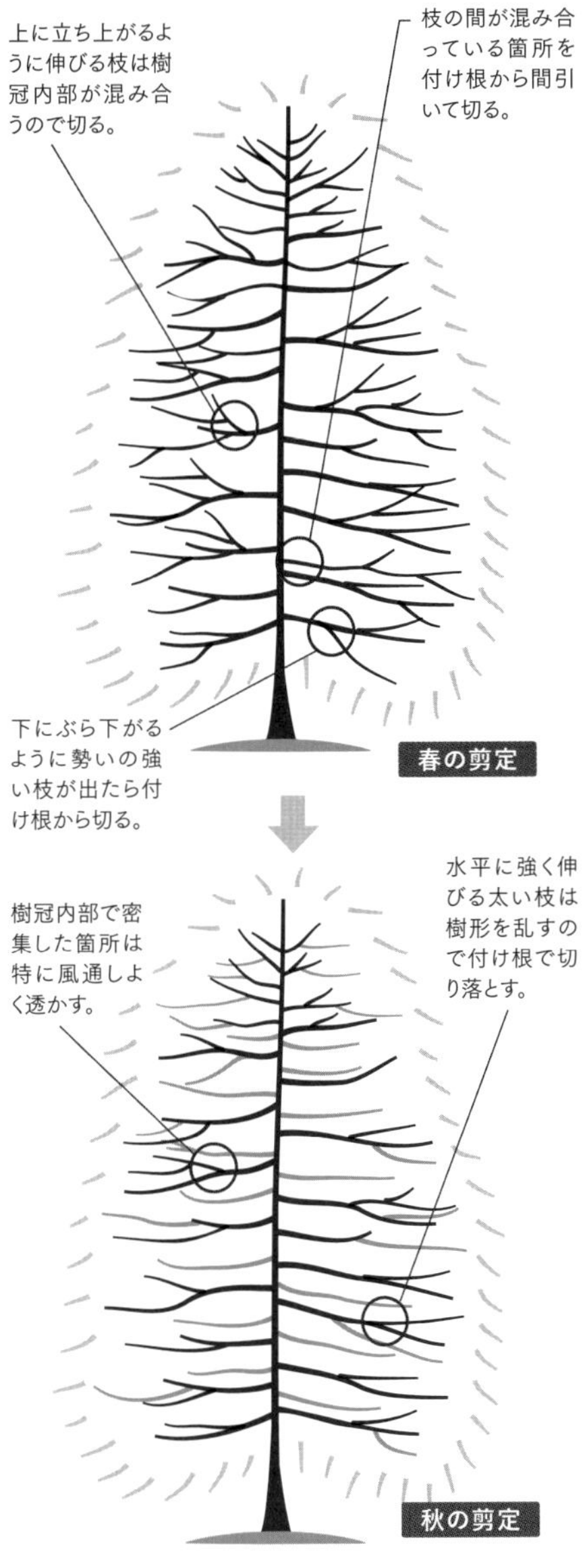
上に立ち上がるように伸びる枝は樹冠内部が混み合うので切る。
枝の間が混み合っている箇所を付け根から間引いて切る。
下にぶら下がるように勢いの強い枝が出たら付け根から切る。
春の剪定
樹冠内部で密集した箇所は特に風通しよく透かす。
水平に強く伸びる太い枝は樹形を乱すので付け根で切り落とす。
秋の剪定

樹冠内部の横に張り出した枝を、⅓弱程度、付け根で切る。胴吹き枝を育て、主幹を低い位置で更新。

カヤ 榧

分類／イチイ科　常緑高木　樹高／20～35m　花色／白（雄花）、緑（雌花）　実色／茶
根／深い　生長／遅い　日照／ひなた～日陰　乾湿／中間　植えつけ／3～4月、9～10月

4	5	6	7	8	9	10	11	12	1	2	3
展葉											
	開花				翌年	結実					
						剪定	剪定				剪定

青緑色の葉で生長が遅く、半日陰でも育つ

特徴　枝をいぶして蚊を追い払う「蚊《か》遣《や》り」に使われたことに由来した名。材は緻密で独特の香りとツヤがあるので碁盤や将棋盤に使われます。樹皮は灰白色で、葉先はとがっていて、触ると痛いです。雌雄異株で、5月に灰白色の米粒のような花を咲かせます。半日陰でもよく育ち、1本立ちで落葉樹に似合う貴重な針葉樹です。枝の間を通った風が涼しく、香りがさわやかなので、建物の近くに植えてもよいでしょう。

枝の切り方と管理　主幹を切ってもすぐにわき芽が真上を向いて伸びるため、切り戻したところがわからないくらいで、自然な樹形に戻りやすい、高さのコントロールが容易な木です。樹冠内部の横に伸びた枝を1/3ほど、付け根から切り落とします。

樹高が伸びたら低い位置で主幹を切ると、すぐに胴吹き枝が立ち上がって新しい主幹になり、一回り小さな樹冠に整います。

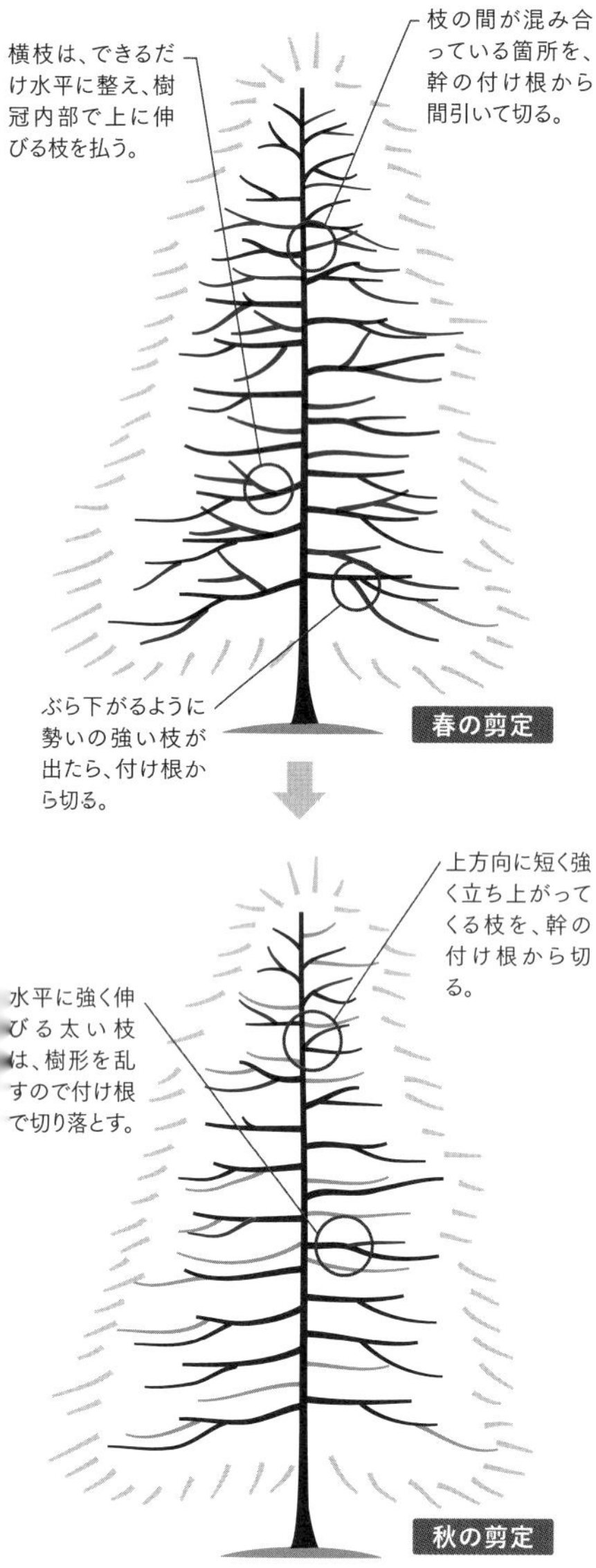
横枝は、できるだけ水平に整え、樹冠内部で上に伸びる枝を払う。
枝の間が混み合っている箇所を、幹の付け根から間引いて切る。
ぶら下がるように勢いの強い枝が出たら、付け根から切る。
春の剪定
上方向に短く強く立ち上がってくる枝を、幹の付け根から切る。
水平に強く伸びる太い枝は、樹形を乱すので付け根で切り落とす。
秋の剪定

樹冠内部の横に出た枝を、1/3くらい付け根から切る。胴吹き枝を利用し、主幹を低く切り戻す。

ヒノキ、サワラ　檜、椹

分類／ヒノキ科　常緑高木　**樹高**／30～40m　**花色**／茶　**実色**／茶　**根**／浅い
生長／速い　**日照**／ひなた～半日陰　**乾湿**／中間、湿りがち　**植えつけ**／3～4月

4	5	6	7	8	9	10	11	12	1	2	3
展葉	展葉	展葉	展葉	展葉	展葉	展葉	展葉	展葉	展葉	展葉	展葉
開花						結実					
剪定		剪定	剪定		剪定	剪定					剪定

清々しい風情で半日陰でも育つ丈夫な木

特徴　サワラは生長が速く、落葉樹の背景によく似合います。樹皮も針葉樹の中ではやさしい表情で香りがなく、枝がまばらで、円錐形の樹形になり、半日陰でもよく育ちます。ヒノキは生長に時間がかかります。ともに清々しい雰囲気をもち、特有の芳香があり、やや暗い日陰でもよく育ちます。萌芽力もあるので刈り込んで生け垣にも使われます。

枝の切り方と管理　樹勢も強すぎず、剪定でコントロールしやすい木です。春の剪定は、樹冠内部の張り出した枝を⅖ほど、付け根から切り落とします。樹高が伸びたら、主幹を低い位置で切り落とし、低く仕立て直します。初夏には混み合った枝を付け根から間引きます。丈夫で育てやすく、移植にも強く、これといった病害虫もありません。施肥はほとんど必要ありませんが、生長が悪い場合は1～2月に少量の油かすなどの固形肥料を施します。

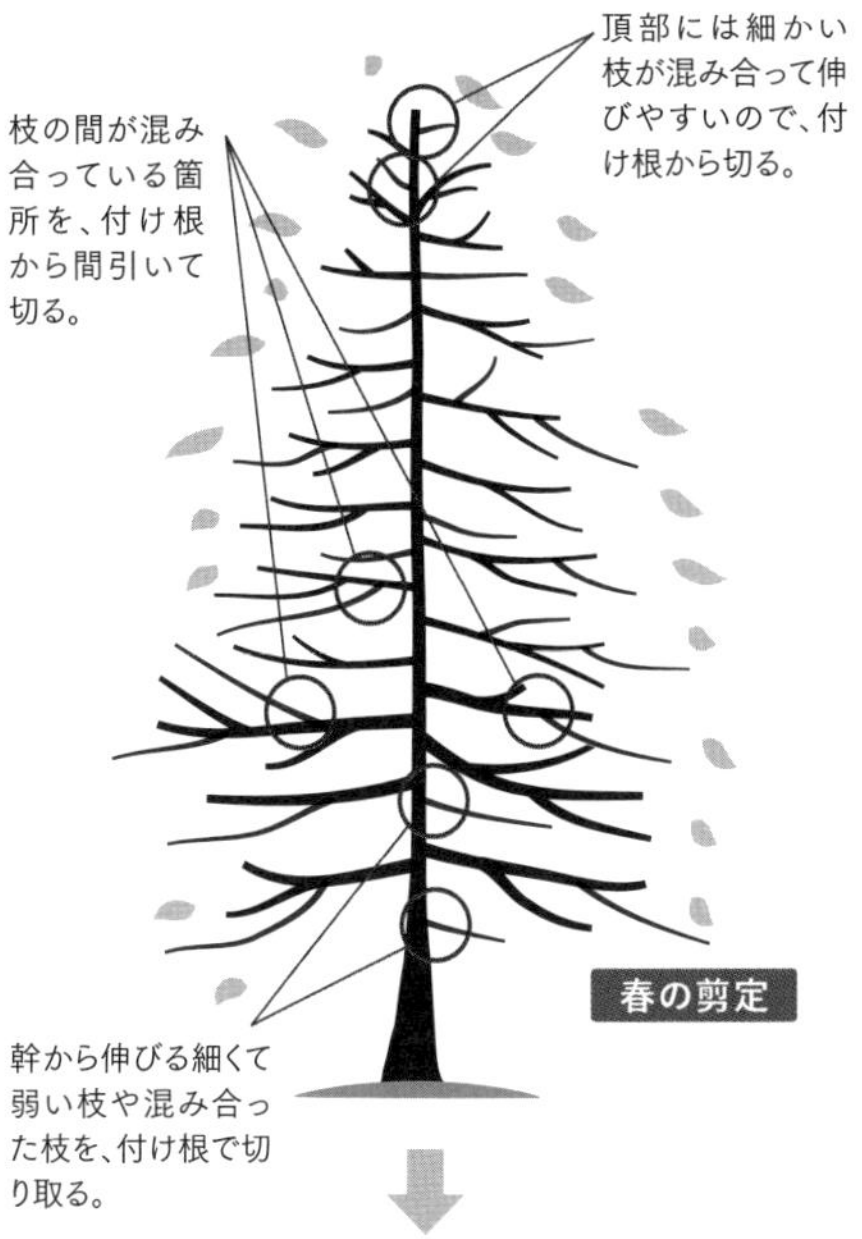
頂部には細かい枝が混み合って伸びやすいので、付け根から切る。
枝の間が混み合っている箇所を、付け根から間引いて切る。
春の剪定
幹から伸びる細くて弱い枝や混み合った枝を、付け根で切り取る。

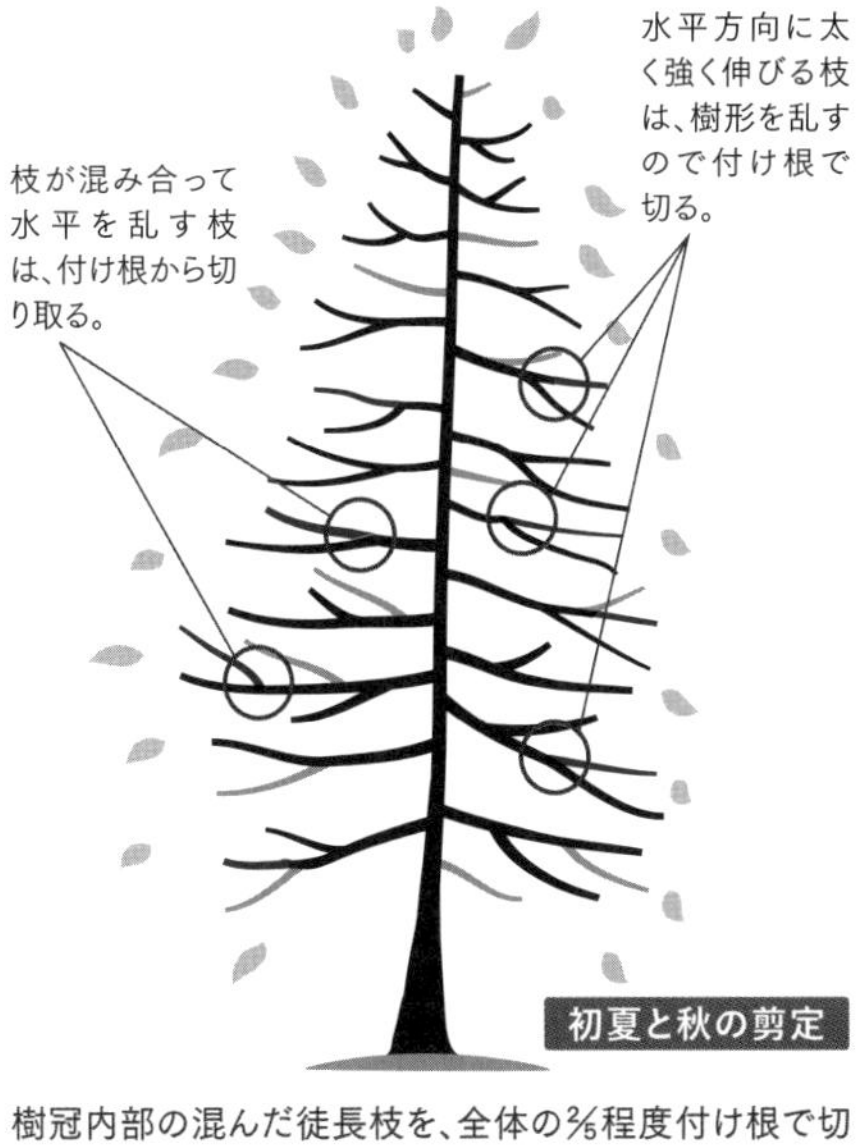
水平方向に太く強く伸びる枝は、樹形を乱すので付け根で切る。
枝が混み合って水平を乱す枝は、付け根から切り取る。
初夏と秋の剪定

樹冠内部の混んだ徒長枝を、全体の⅖程度付け根で切る。胴吹き枝を利用し、主幹を低く切り戻す。

ヨシノスギ

吉野杉

分類／スギ科　常緑高木　**樹高**／30～50m　**花色**／茶　**実色**／茶　**根**／深い　**生長**／速い
日照／ひなた～半日陰　**乾湿**／湿りがち　**植えつけ**／3月下旬～4月上旬、10月中旬～11月

4	5	6	7	8	9	10	11	12	1	2	3
											展葉
開花						結実					
剪定							剪定				剪定

隣地とのスクリーンやアクセントに効果的

特徴　葉は深緑色、樹皮は赤褐色で、縦に細長く薄くはがれて美しい幹肌です。日本固有の樹種では最も長寿で、樹高が40m以上まで高く伸び、樹冠も広がります。生長が速く、整った樹形になるため、スクリーンとして庭と近隣の境界近くに植えると効果的です。手入れしだいでどんな場所にも似合うようにコントロールできる、使いやすい木です。

枝の切り方と管理　毎年、樹冠内部の横に張り出して伸びた枝を、½ほど付け根から切り落とします。庭のアクセントに使うには、下枝を多めに払い、幹の美しさを強調するとよいでしょう。樹高が高くなりすぎたら、低く仕立て直すこともできます。低い位置から主幹に沿って伸びている胴吹き枝を選び、その上で主幹を切り落とします。やがて残した胴吹き枝が立ち上がって新しい主幹になり、先端までしなやかな枝ぶりのまま、一回り小さな樹冠に整います。

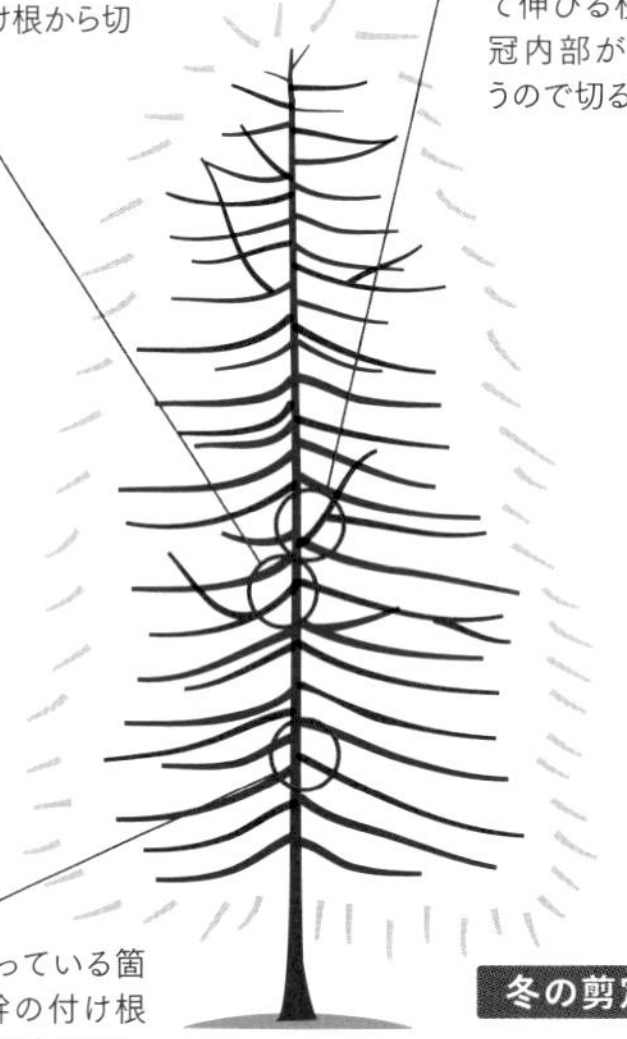

枝が混み合って水平を乱す枝は、幹の付け根から切り取る。
上に強く飛び出して伸びる枝は、樹冠内部が混み合うので切る。
混み合っている箇所は、幹の付け根から間引いて切る。

冬の剪定

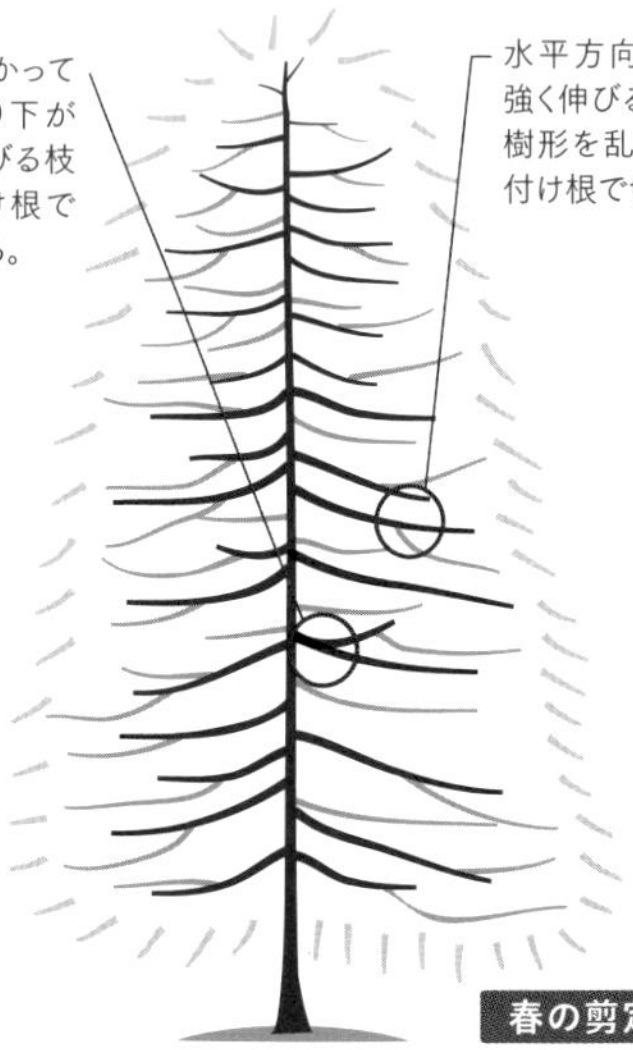

下に向かって強くつり下がって伸びる枝を、付け根で切り取る。
水平方向に太く強く伸びる枝は、樹形を乱すので付け根で切る。

春の剪定

樹冠内部の横に出た枝を、½ほど付け根で切る。胴吹き枝を利用し、主幹を低く切り戻す。

レイランドヒノキ

分類／ヒノキ科　常緑高木　**樹高**／25m以上　**花色**／茶　**実色**／茶　**根**／浅い
生長／速い　**日照**／ひなた～半日陰　**乾湿**／中間、湿りがち　**植えつけ**／3～4月

4	5	6	7	8	9	10	11	12	1	2	3
											展葉
開花						結実					
		剪定			剪定						剪定

扱いやすく、明るい葉色とやわらかな枝ぶり

特徴　北米原産のモントレーイトスギとアラスカヒノキとの属間交雑種です。普及する普通種は、大型の針葉樹には珍しい明るい緑色で、葉や枝にはヒノキに似た芳香があります。樹冠は円錐形から円柱状で、生長が速く、放任すれば高さは25m以上に伸びます。枝しなやかで扱いやすく、初心者でもコントロールしやすい針葉樹で、列植して生け垣にするのもよいでしょう。多くの針葉樹とは違い、蒸れによる枯れ上がりが少ないのが特徴です。

枝の切り方と管理　胴吹き枝が多く出るので、毎年、全体の⅓程度の枝を幹から切り取ります。暴れた枝を透かすように切り取り、樹冠内部の風通しをよくします。

数年に一度、主幹を低い位置で切り戻し、樹高を抑えます。移植にも強く、油かす主体の固形肥料を1～2月に与えます。

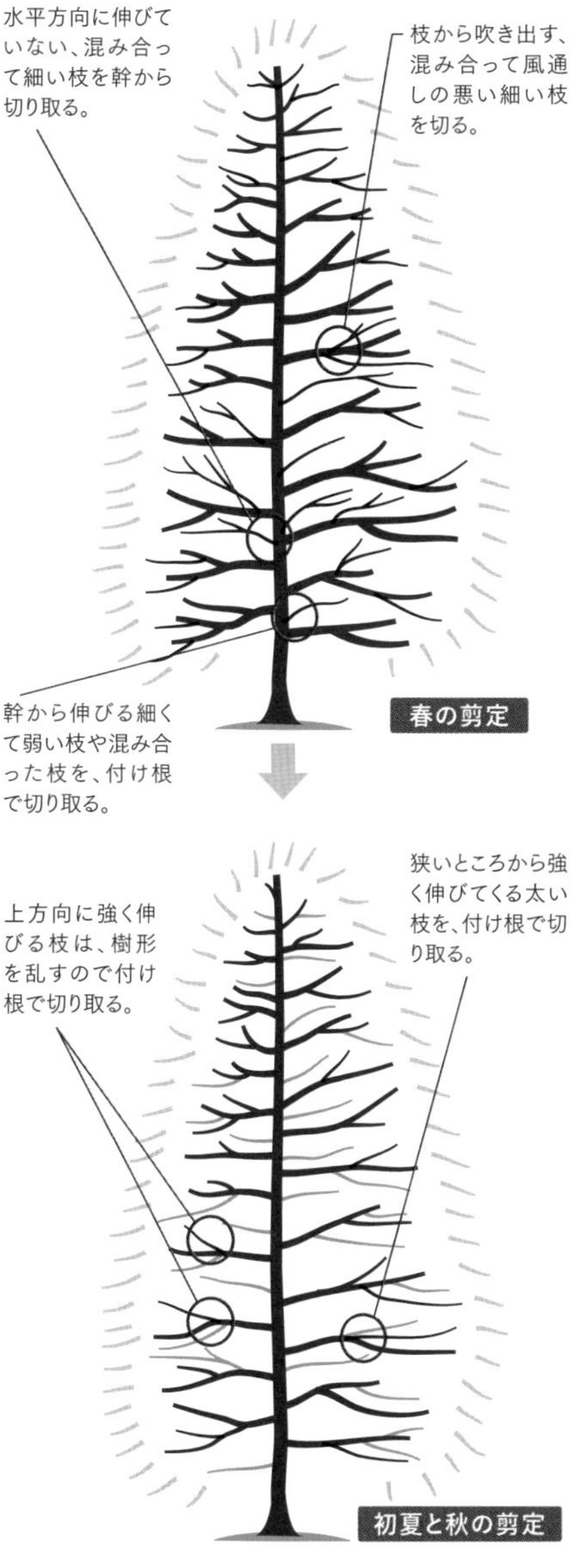
水平方向に伸びていない、混み合って細い枝を幹から切り取る。
枝から吹き出す、混み合って風通しの悪い細い枝を切る。
幹から伸びる細くて弱い枝や混み合った枝を、付け根で切り取る。
春の剪定
上方向に強く伸びる枝は、樹形を乱すので付け根で切り取る。
狭いところから強く伸びてくる太い枝を、付け根で切り取る。
初夏と秋の剪定

樹冠内部の暴れた枝や混み合った枝を⅓程度、幹から切り落とす。数年に一度、主幹を低く切り戻す。

小低木・灌木の剪定

剪定の基礎

庭に彩りに添える美しい花や実 表情豊かな葉が魅力

小低木・灌木の花には華やかで目をひくものが多く、樹高が低いので、人間の視線の高さ近くで花や実を楽しめます。庭のアクセントや彩り、季節感を演出するために使うと効果的で、重要な役割を果たします。

また、あまり生長スピードが速くないものが多く、初心者や小さな庭でも安心して植えられます。毎年、株元から何本もの新しいひこばえが出てくるので、多少切りすぎても、すぐに自然な姿に回復するところも魅力です。建物からよく見える場所や、フェンスや通路の近くなど、ポイントになる場所に配置すると、花や葉、実の美しさが際立ちます。もち味を生かせる場所に植えましょう。

将来性のある「ひこばえ」を残して 一定の大きさを保つ「株立ち更新型」

サワフタギやシロモジは、このグループの代表的な生育パ

代表的な小低木・灌木の剪定の仕方

サワフタギの例

下から生えた強い横枝を切り落とし、幹をきれいに見せる。
古くて、横に
く張り出し
枝を、幹
付け根で
り取る。
初夏の剪定
幹に交差する横枝や、混み合って強く伸びる枝を付け根で切り取る。
最近伸びた若い幹の間に、古い幹があったら、古い幹を下から切る。
古くなった太い幹を、できるだけ地際近くから切り倒す。
冬の剪定

古くなった主幹を地際から切り倒し、下から伸びてくるひこばえに更新。全体の$\frac{1}{2}$ほどを切って入れ替えるが、あまり伸びなかった場合は、混み合った枝を幹の際から切り落とし、余分なひこばえを切る程度にとどめる。

ターンをもつ雑木で、それほど大きく育てません。古木になっても、樹高は6m以下におさまります。

毎年、次々と株元からひこばえが数本生えてきて、整理しないでおくと、大きな株立ち状に茂ります。

また、一定の太さまで育った幹は、自然に枯れていくので、それほど手間をかけなくても風情のある樹形になっていきます。剪定のコツは、いちばん太い幹から順に、バッサリ地際近くで切り落とし、細くて新しいひこばえを選び、残して育て、幹を更新します。

ひこばえを生かして枝や幹を更新する

美しい花が咲くものが多く、樹高が視線に近い小低木・灌木類。伸びたひこばえを選んで残していき、幹を次々に更新させると、しなやかな枝ぶりが常に保てる。

刈り込まずに自然樹形で咲かせたドウダンツツジ。

バイカウツギは、白く清楚で可憐な花を初夏に咲かせる。香りも芳しく、庭のエントランスに似合う。

ヒュウガミズキは、早春にトサミズキよりも小ぶりな黄色い花をたくさんつり下げる。

シロモジは、春に黄色い小花を枝先に咲かせる。

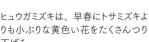

アジサイ 紫陽花

分類／アジサイ科（ユキノシタ科）　落葉低木　樹高／1〜2m　花色／黄緑〜白　根／浅い
生長／速い　日照／ひなた〜半日陰　乾湿／中間　植えつけ／2月中旬〜3月、10月中旬〜11月

4	5	6	7	8	9	10	11	12	1	2	3
展葉					紅葉		落葉期				
	開花										
		剪定				剪定			剪定		

木陰に映える清楚な青い花、白い花

特徴　普及する西洋アジサイは、ガクアジサイが欧米に渡って改良されたものです。北米原産のアメリカノリノキの園芸品種'アナベル'は、咲き始めが黄緑色で徐々に白くなり、1カ月以上楽しめます。北米原産のカシワバアジサイも人気があります。

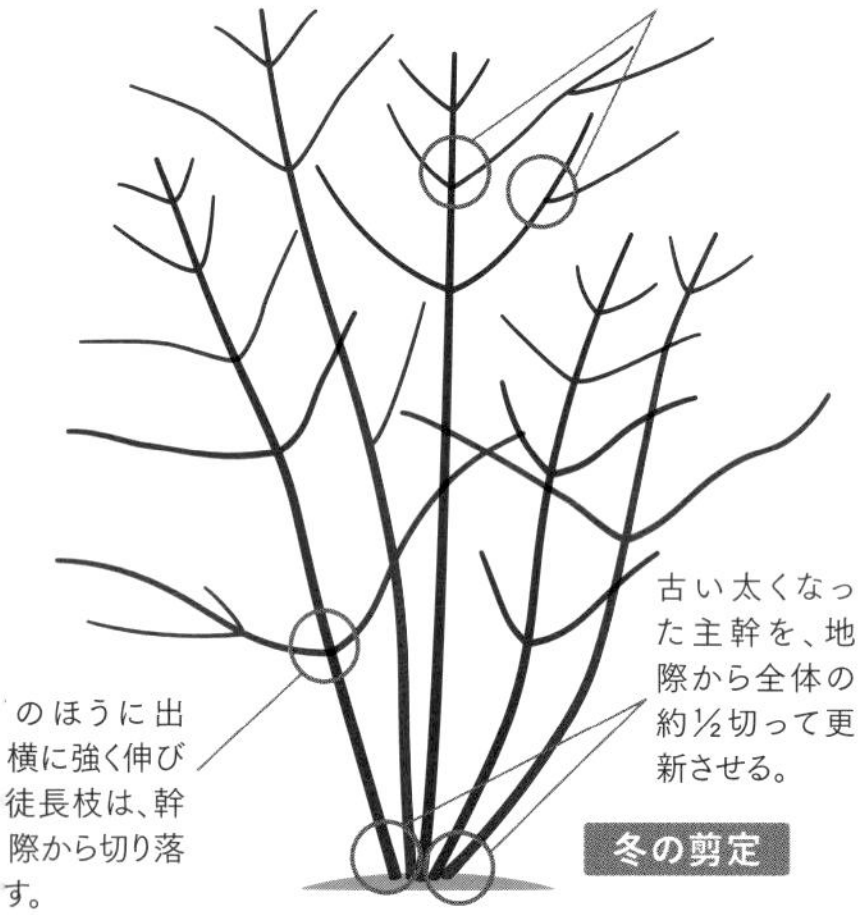
樹冠内部で強く伸びた徒長枝を付け根から切る。
古い太くなった主幹を、地際から全体の約½切って更新させる。
のほうに出横に強く伸び徒長枝は、幹際から切り落す。
冬の剪定

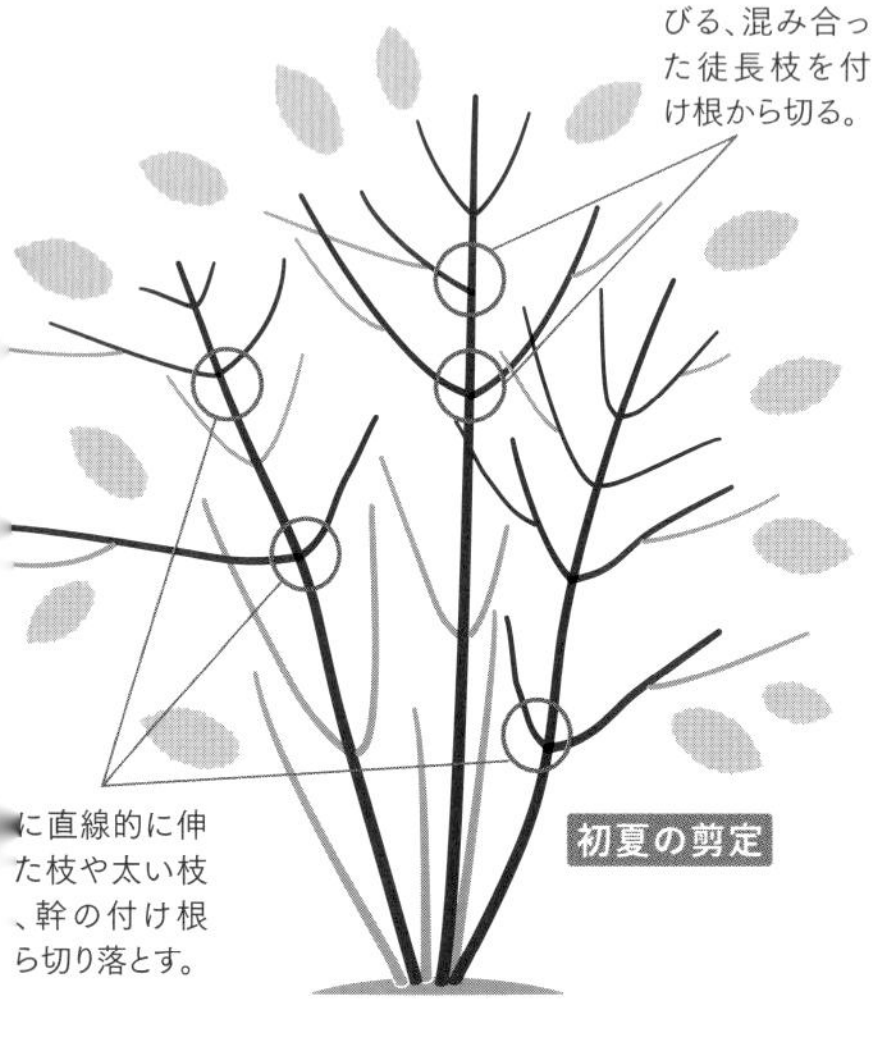
樹冠内部に伸びる、混み合った徒長枝を付け根から切る。
に直線的に伸た枝や太い枝、幹の付け根ら切り落とす。
初夏の剪定

冠内部で横に張り出した枝を幹の際から切って間引
古い主幹を地際から約½切って更新する。

枝の切り方と管理　古い幹立ちは1〜2月に切り取り、花がらは10月までに摘み取ります。施肥は6〜7月と1〜2月。剪定は花後すぐに行います。

アメリカノリノキ'アナベル'は、新しく伸びた枝に花芽がつくので、樹高を低く抑えたい場合は、毎年冬にすべての枝を地際から5㎝の位置で切り戻します。

西洋アジサイの場合は、自然な樹形で楽しみたいなら、混み合った内側の枝を間引くように切ります。また、冬に古い枝を全体の約½地際から切り取り、新しい枝を伸ばしていくのがコツです。樹高が低く抑えられて、株自体の大きさもコンパクトに維持できます。

カマツカ　鎌柄

分類／バラ科　落葉低木　樹高／3～7m　花色／白　実色／赤・茶
根／中間　生長／遅い　日照／ひなた　乾湿／中間　植えつけ／11～2月

4	5	6	7	8	9	10	11	12	1	2	3
展葉					紅葉		落葉期				
開花						結実					
	剪定							剪定			

株立ちの姿と、赤や茶色の実が美しい

特徴　鎌の柄に使うほど、強靭なことが名の由来です。春に小さな白い花を半手まり状に多数集まって咲かせ、秋は長い柄のある楕円形の甘酸っぱい果実が熟します。近縁種の西洋カマツカには、果実を食用にする品種もあります。葉は秋に美しく紅葉します。

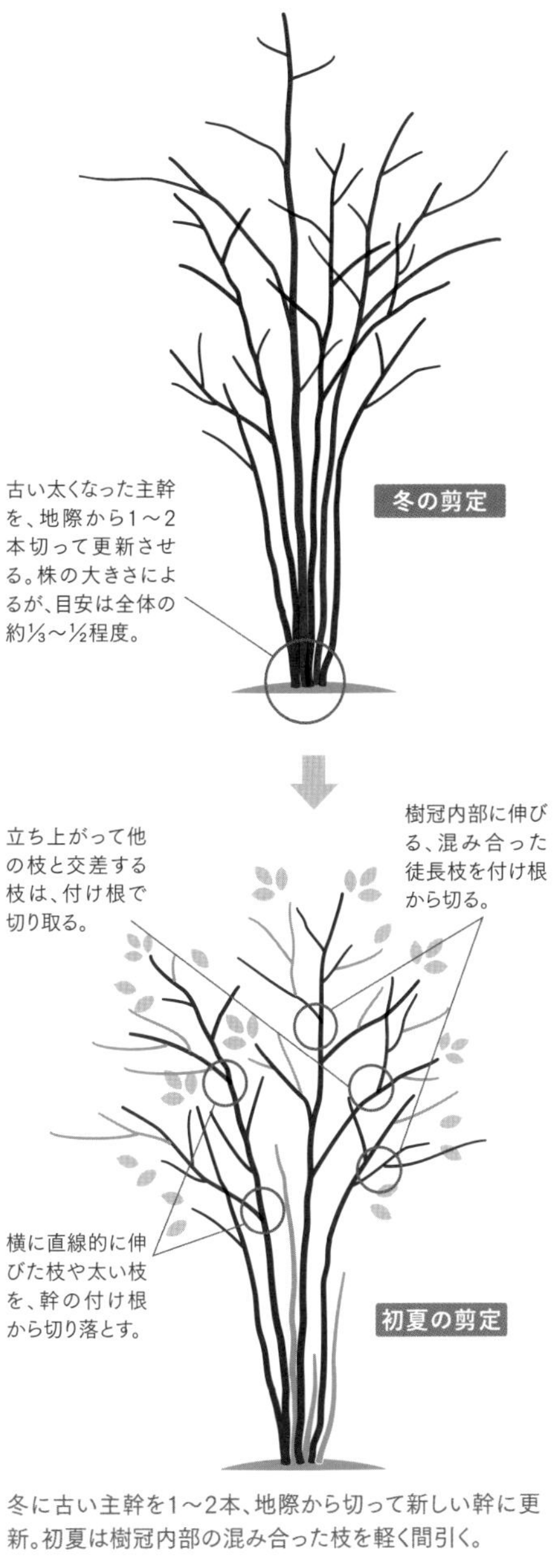

冬の剪定
古い太くなった主幹を、地際から1～2本切って更新させる。株の大きさによるが、目安は全体の約⅓～½程度。

立ち上がって他の枝と交差する枝は、付け根で切り取る。

樹冠内部に伸びる、混み合った徒長枝を付け根から切る。

横に直線的に伸びた枝や太い枝を、幹の付け根から切り落とす。

初夏の剪定

冬に古い主幹を1～2本、地際から切って新しい幹に更新。初夏は樹冠内部の混み合った枝を軽く間引く。

枝の切り方と管理　植えつけの適期は1～2月です。施肥は12～1月と5～6月ですが、あまり多く施すと野趣がそこなわれるので、控えめに与えます。

主要な枝の剪定は11～1月に行います。株元からよくひこばえを出して株立ち状になるので、適度な強さで伸びているものを選んで残します。古くなった太い幹を1～2本、地際から切り取って新しい幹へと更新すると、いつまでもやわらかい枝ぶりを保てます。

初夏の剪定は、樹冠内部の混み合った枝や横に強く伸びた枝を中心に、不要な枝を間引くように整えます。立ち上がって伸びる枝は、付け根から切り取ります。

ドウダンツツジ

灯台躑躅

分類／ツツジ科　落葉低木　樹高／2～3m　花色／白　実色／茶　根／浅い
生長／中間　日照／ひなた　乾湿／乾燥～中間　植えつけ／3～4月、10～11月

4	5	6	7	8	9	10	11	12	1	2	3
	展葉				紅葉		落葉期				
開花						結実					
剪定						剪定					剪定

可憐な花と燃えるような紅葉を楽しむ

特徴　刈り込んで垣根などに仕立てられるのがポピュラーですが、自然樹形で庭植えにするのがおすすめです。新芽、花、新緑、紅葉と、四季を通じて楽しめます。なかでも春にベル形の小さな花を下垂させる姿がかわいらしく、秋は燃えるように紅葉します。

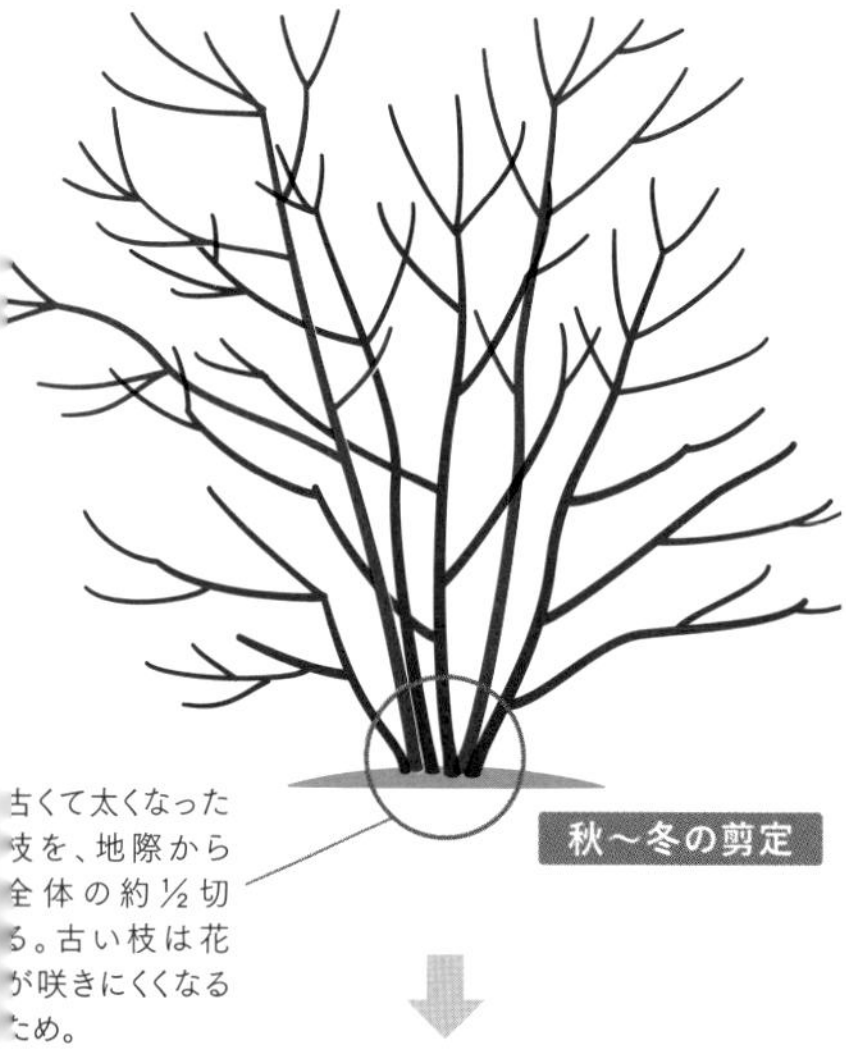
古くて太くなった枝を、地際から全体の約½切る。古い枝は花が咲きにくくなるため。
秋～冬の剪定

樹冠内部に伸びる、混み合った徒長枝を付け根から切る。
春の剪定
下のほうで横に強く伸びた枝や太い枝を、幹の付け根から切り落とす。

古い主幹を地際から約½切って新しい枝に更新。樹冠内部で混み合った枝を幹の際から切って間引く。

枝の切り方と管理　まず大切なことは、よく日が当たる場所に植えることです。日陰では花つきが悪くなり、紅葉も鮮やかになりません。

秋から冬の剪定での大切なポイントは、古い枝をいつまでも残しておくと花つきが悪くなるので、古くて太い枝は地際から切り取ることです。ひこばえがよく伸びて株立ち状になりやすいので、全体の½近くの主幹を切り取り、前年かそれ以前に出た新しいひこばえを生かして枝を更新させます。

春の剪定では、主に混み合った枝を間引きます。樹冠内部の混み合った枝は、付け根から切り取ります。

ブルーベリー

分類／ツツジ科　落葉低木　樹高／1・5～3m　花色／白　実色／紫　根／浅い
生長／速い　日照／ひなた　乾湿／中間　植えつけ／3月、9月中旬～12月上旬

4	5	6	7	8	9	10	11	12	1	2	3
	展葉				紅葉		落葉期				
開花			結実								
剪定								剪定			

かわいい花から紅葉まで、一年中楽しめる

特徴 北アメリカ東部原産の小果樹で、育てやすくて人気があります。春にドウダンツツジに似たかわいい花を多数咲かせ、初夏には新緑、秋は紅葉もきれいです。自家結実性に乏しいため、同時期に花が咲く2種類以上の品種を植えると結実しやすくなります。

枝の切り方と管理 酸性の土を好むため、植え穴に酸度未調整のピートモスと鹿沼土をよく混ぜた用土を入れて植えつけます。株元もピートモスでマルチングします。夏は水ぎれに注意し、朝・夕にたっぷり灌水します。施肥は2月と8月に少量を与えます。病害虫の被害は、ほとんどありません。

冬の剪定では、古くなった幹を地際から切り取ります。株元から伸びたひこばえは、細くて樹勢が悪いものを地際から切り取ります。幹から横に枝が伸びますが、強く出た徒長枝も、幹の際から切っておきます。

春の剪定は、樹冠内部の混み合った枝を間引きます。

細くて樹勢が悪いひこばえを地際で切り取る。
古い太くなった主幹を、地際から全体の約⅓～½切り、新しい枝に入れ替えて更新させる。
冬の剪定

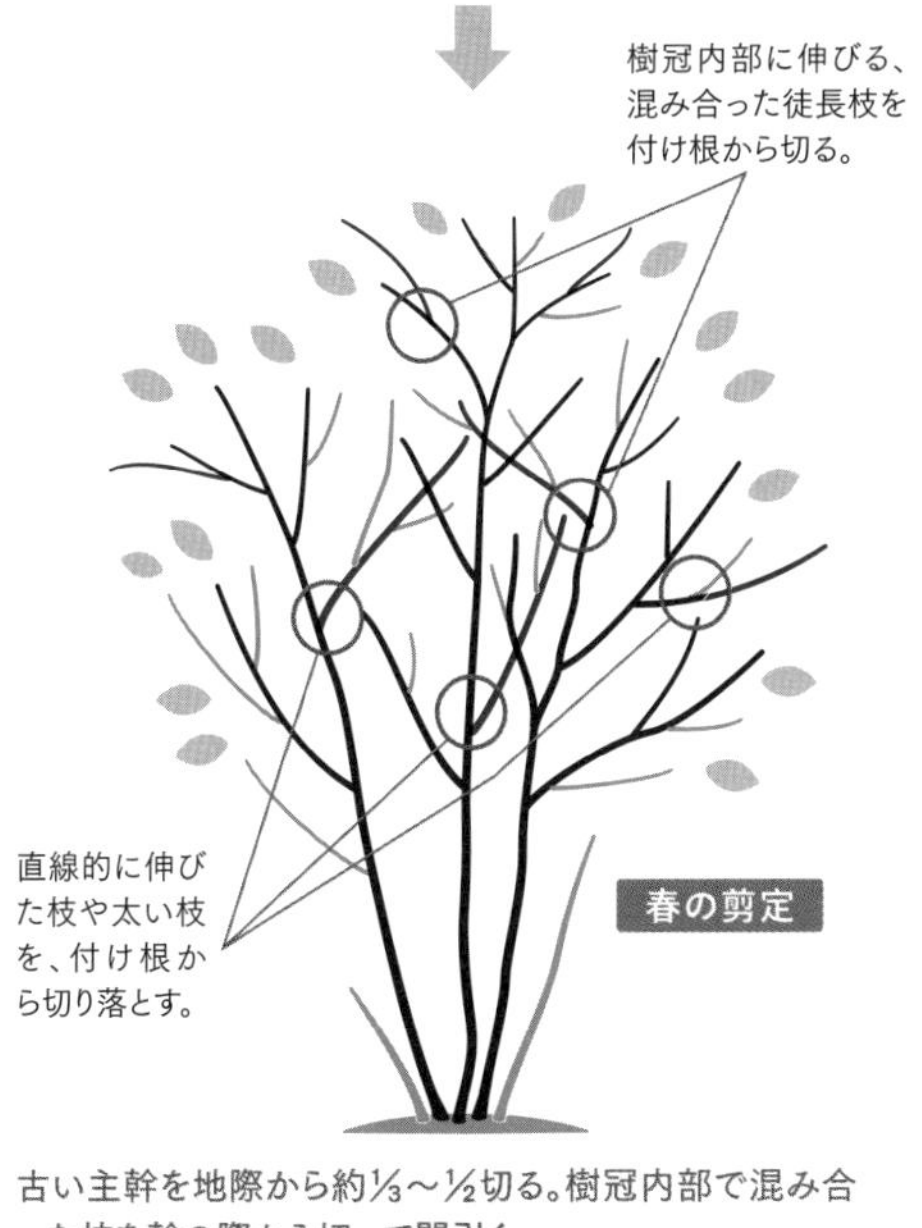
樹冠内部に伸びる、混み合った徒長枝を付け根から切る。
直線的に伸びた枝や太い枝を、付け根から切り落とす。
春の剪定

古い主幹を地際から約⅓～½切る。樹冠内部で混み合った枝を幹の際から切って間引く。

ガマズミ、ミヤマガマズミ　莢蒾、深山莢蒾

分類／レンプクソウ科（スイカズラ科）　落葉低木　樹高／2～3m
花色／白　実色／赤　根／浅い　生長／中間　日照／ひなた～半日陰
乾湿／やや湿潤　植えつけ／12～3月

4	5	6	7	8	9	10	11	12	1	2	3
展葉						紅葉	落葉期				
	開花				結実						
									剪定		

白い花や秋の赤い実と紅葉もあでやか

初夏に白い小花を手まり状に咲かせ、木立の中でも目をひきます。秋は深紅に熟す果実が野鳥を引き寄せ、丸い葉の紅葉もみごとです。

葉は先のとがった円形で、特徴的なはっきりした葉脈が入ります。うどんこ病に注意し、風通しをよくします。アリやテッポウムシに根や幹を食べられないように注意します。

幹の表情やしなやかな枝ぶりを見せるために、細かい枝や徒長枝はあまり切らず、他の枝にぶつかるものや急激に太くなっているものだけを幹の付け根から切り落とします。株元からひこばえが伸びたら切らずに残し、5～6年に一度、太い幹を切って新しい幹に入れかえます。

キャラボク　伽羅木

分類／イチイ科　常緑低木　樹高／1～3m
花色／黄（雄花）、緑（雌花）　実色／赤　根／深い　生長／遅い
日照／ひなた～半日陰　乾湿／中間　植えつけ／3月～6月中旬

4	5	6	7	8	9	10	11	12	1	2	3
					展葉						
開花					結実						開花
		剪定			剪定						剪定

低く密に茂り、扱いやすい針葉樹

雌雄異株で、赤い果実の果肉は食べられるものの、中のタネは有毒です。

生長が遅く、枝葉が密で刈り込みにも耐え、低くおさまります。仕立て物が多く見られますが、横に広がって伸びる樹形を生かして、グラウンドカバーにするのがおすすめです。

木陰でも育ちますが、生長はよくありません。アリが根をかじるため、まれにポックリと枯れるので、気をつけます。

横に張り出した枝を⅓ほど、付け根から切り落とします。胴吹き枝を育て、樹高が伸びたら、低い位置で主幹に沿って切り落とし、低く仕立て直します。6月には風通しに気をつけて、蒸れないように間引きます。

クチナシ　口無

分類／アカネ科　常緑低木　樹高／1・5〜3m　花色／白
実色／黄根／中間　生長／中間　日照／半日陰　乾湿／中間
植えつけ／4〜6月、9〜10月

<table>
<tr><th>4</th><th>5</th><th>6</th><th>7</th><th>8</th><th>9</th><th>10</th><th>11</th><th>12</th><th>1</th><th>2</th><th>3</th></tr>
<tr><td colspan="12">展葉</td></tr>
<tr><td></td><td></td><td colspan="2">開花</td><td></td><td></td><td colspan="3">結実</td><td></td><td></td><td></td></tr>
<tr><td></td><td></td><td></td><td>剪定</td><td></td><td></td><td></td><td></td><td></td><td></td><td colspan="2">剪定</td></tr>
</table>

梅雨空に咲く、強い香りの白い花

初夏から梅雨ごろにすばらしい芳香をもつ花を咲かせます。果実は昔から染料や漢方薬に利用されてきました。標準的な一重咲き以外にも、八重咲きや斑《ふ》入りの園芸品種があります。

かかりやすい病害虫には、オオスカシバがあり、幼虫が葉を食い荒らして筋だけにしてしまうこともあります。

2年目の枝に花が咲くため、花の咲くころに伸びる新しい枝に来年の花芽がつきます。秋以降に枝先を刈り込んでしまうと、花芽をすべて落としてしまうので、花が終わった直後、できるだけ早い時期に剪定します。混み合った部分の枝や枯れた枝を切り落とします。冬の剪定は、混んだひこばえを間引いておきます。

コデマリ　小手鞠

分類／バラ科　落葉低木　樹高／1・5〜2m　花色／白　実色／緑
根／浅い　生長／速い　日照／ひなた〜半日陰　乾湿／中間
植えつけ／1〜3月、9〜10月

<table>
<tr><th>4</th><th>5</th><th>6</th><th>7</th><th>8</th><th>9</th><th>10</th><th>11</th><th>12</th><th>1</th><th>2</th><th>3</th></tr>
<tr><td colspan="12">展葉　紅葉　落葉期</td></tr>
<tr><td colspan="2">開花</td><td></td><td></td><td></td><td>結実</td><td></td><td></td><td></td><td></td><td></td><td></td></tr>
<tr><td></td><td></td><td>剪定</td><td></td><td></td><td></td><td></td><td colspan="3">剪定</td><td></td><td></td></tr>
</table>

株じゅうが覆われるほど小さな白い花が咲く

細い枝が枝垂れて弓なりに下がり、小さな花が手まり状に集まってびっしりと株じゅうを覆います。半日陰でも花がつき、大株になると見ごたえがあります。

日当たりや風通しが悪い場合は、カイガラムシが発生しやすいので注意します。

剪定は、花後すぐに行います。勢いが強い徒長枝は付け根で切り落とします。太くなった古枝は地際で切り取ります。

大株は、落葉後の11〜1月に太い古枝を株元から切り落とし、間伸びした枝や、枝の混み合った部分を整理して樹形を整えます。花芽のある枝を切り落とさないように注意し、若い枝は軽い間引き剪定にとどめます。

コバノズイナ　小葉の髄菜

分類／ズイナ科（ユキノシタ科）　落葉低木　樹高／1～2m　花色／白
根／浅い　生長／速い　日照／ひなた～半日陰　乾湿／やや湿潤
植えつけ／3月下旬～4月上旬、10月中旬～11月

4	5	6	7	8	9	10	11	12	1	2	3
	展葉					紅葉	落葉期				
	開花										
		剪定						剪定			

初夏の清楚な花穂と赤紫色の紅葉

清楚な白い花穂が好まれ、茶花や切り花でも親しまれています。紅葉は濃い赤紫色に変化するまで、観賞期間が長いのも魅力です。

樹高が低くおさまるので小さな庭にも向きます。大株になっても姿が乱れにくく、安心して植えられます。開花期間も比較的長く、とても丈夫で育てやすい木です。

日当たりがよく、やや湿りけのある場所を好みますが、明るい木陰や半日陰でも育ちます。株元から毎年、新しいひこばえが出てくるので、姿のよいものを残して育て、古い主幹を株元から切り取って更新します。

初夏には徒長枝と余分なひこばえを間引き、株元が混み合わないようにします。

コムラサキ　小紫

分類／シソ科（クマツヅラ科）　落葉低木　樹高／1～2m　花色／紫
実色／紫　根／浅い　生長／中間　日照／ひなた～半日陰　乾湿／中間
植えつけ／2～3月、10月中旬～11月

4	5	6	7	8	9	10	11	12	1	2	3
	展葉					紅葉	落葉期				
		開花			結実						
			剪定						剪定		

美しい紫色の実が秋に目をひく

湿り気の多い場所を好みます。乾燥を嫌い、ひなたに向きますが、日陰にも適応します。仲間のムラサキシキブは大きく育ちすぎて、庭ではやや使いにくく、樹高の低いコムラサキのほうがよく植えられています。

株元から毎年、新しいひこばえが出てくるので姿のよいものを残して育て、古い主幹を株元から切って幹を更新します。

比較的生長が速いので、全体の½以上の枝や幹を切り取ります。樹高はあまり伸びませんが、主幹が左右に広がるので、残す枝や幹の向きに気をつけます。徒長枝と余分なひこばえも切り、株元が混み合わないようにします。花後の夏には、混み合った枝と徒長枝を間引きます。

サワフタギ　沢蓋木

分類／ハイノキ科　落葉低木　樹高／2～4m　花色／白　実色／青
根／深い　生長／遅い　日照／ひなた～半日陰　乾湿／湿りがち
植えつけ／2～3月、9～10月

4	5	6	7	8	9	10	11	12	1	2	3
	展葉					紅葉	落葉期				
	開花				結実						
		剪定							剪定		

初夏に白い花が咲き、秋にるり色に実る

半日陰や木漏れ日の当たる樹下などで、やや湿りがちな場所を好みます。初夏には枝先に白い小花を泡のように咲かせます。果実は秋にるり色に熟します。

幹が斜めに伸び、片枝になることが多いので、剪定する際も、そのシルエットを念頭において、傾いている側の枝を多めに切ります。

古くなった主幹を地際から切り倒し、下から伸びてくるひこばえに更新します。全体の½ほどを切って入れ替えますが、あまり伸びなかった場合は、混み合った枝を幹の際から切り落とし、軽く徒長枝を切り取る程度にします。

初夏は徒長枝や余分なひこばえを切る程度にとどめます。

シロモジ、クロモジ　白文字、黒文字

分類／クスノキ科　落葉低木　樹高／2～6m　花色／黄　実色／黒
根／中間　生長／速い　日照／ひなた～半日陰　乾湿／中間
植えつけ／2～3月、10月下旬～11月

4	5	6	7	8	9	10	11	12	1	2	3
展葉						紅葉	落葉期				
開花						結実					開花
剪定								剪定			

春先に咲く黄色の花と黄金色の紅葉

シロモジは樹皮が白く、クロモジは褐色です。シロモジは繊細な枝ぶりと3つに裂けた葉が特徴。ともに若葉が出るころに黄色く小さな花を咲かせ、葉や枝に芳香があります。秋には黄葉し、実に鳥が集まります。

日当たりがよく水はけのよい場所が理想ですが、丈夫で育てやすい木です。

冬の剪定では、強く出た枝を下のほうから、幹の際から切り取ります。古くなった主幹が5～10年で急に枯れることがあるので、常に主幹を更新できるように備えておきます。毎年強く出たひこばえの中から、姿のよいものを選んで残し、育ったら古くなった主幹を地際から切り取り、新しい主幹に更新します。

シロヤマブキ　白山吹

分類／バラ科　落葉低木　樹高／1～2m　花色／白　実色／黒
根／中間　生長／速い　日照／ひなた～半日陰　乾湿／中間
植えつけ／3月下旬～4月上旬、10月中旬～11月

清楚な白色4弁の花とつややかな黒い実

枝先に白い4弁花を咲かせます。秋に4個ずつつく黒い実はつやつやとして印象的です。黄色い5弁花のヤマブキとは同科異属です。

地際から太いひこばえが多く出て、株立ち状に広がって伸びます。株の外側に向かってふえていくので、中心部から飛び出して伸びるひこばえは早めに地際で切り取ります。古い主幹は地際で切り、主幹を更新します。新しく伸びるひこばえは、姿がよく、樹勢の強すぎないものを残します。

先端に出る強い徒長枝は、幹の付け根から切り落とし、混み合った枝も幹の際で切ります。全体の½程度の枝を落として、樹冠を小さくします。初夏に徒長枝を間引きます。

4	5	6	7	8	9	10	11	12	1	2	3
展葉						紅葉	落葉期				
開花					結実						
	剪定								剪定		

ジンチョウゲ　沈丁花

分類／ジンチョウゲ科　常緑低木　樹高／1～2m　花色／白、赤紫
根／浅い　生長／遅い　日照／ひなた～半日陰　乾湿／適湿
植えつけ／4～6月

甘くさわやかな芳香が春を告げる花木

沈香と丁字を合わせた甘い香りがあることから、名がついたといわれます。白花種や葉に覆輪が入る品種もあります。

半日陰でもよく育ちますが、西日の当たる場所や北風の強い場所は傷むので避けます。一度根づくと、移植を嫌うので、植え場所はよく選びましょう。大株は植え傷みが強いので、小さめの苗木を選びます。

剪定は花が咲き終わったころに行います。株元の枝が混み合ったところを風通しよくするために、余分な枝を付け根で切り落とします。

太い枝をたくさん切ると株が衰弱するので、一度に切る量は全体の⅓以下に抑えます。秋は徒長した枝を間引く程度にとどめます。

4	5	6	7	8	9	10	11	12	1	2	3
										展葉	
										開花	
剪定						剪定					

ダンコウバイ　檀香梅

分類／クスノキ科　落葉小高木　樹高／3～7m　花色／黄　実色／黒
根／深い　生長／速い　日照／ひなた～半日陰　乾湿／中間
植えつけ／2～3月

4	5	6	7	8	9	10	11	12	1	2	3
展葉						紅葉	落葉期				
					結実						開花
	剪定								剪定		

早春の黄金色の花と、晩秋の黄葉が美しい

クロモジの仲間で、最も色鮮やかな黄金色の花を咲かせます。秋には浅く2つ切れ込みの入った葉が美しい黄金色に色づきます。木に芳香があり、つまようじなどに利用されます。明るい庭の縁や建物の近くなどに植え、身近で花や紅葉を楽しむとよいでしょう。茶花や切り花でも人気があります。

冬の剪定では、強く出た徒長枝や樹冠内部で混み合った不要枝を付け根から切り、古い幹は地際から切って更新します。全体の⅓程度を切り取ります。株元からひこばえが伸びるので、姿がよく樹勢が強すぎないものを選んで残します。初夏には、強く伸びた枝を軽く間引きます。

目立った病害虫はありません。

トサミズキ、ヒュウガミズキ　土佐水木、日向水木

分類／マンサク科　落葉低木　樹高／1～3m　花色／黄　実色／黒
根／浅い　生長／速い　日照／ひなた～半日陰　乾湿／中間
植えつけ／3月下旬～4月上旬、10月中旬～11月

4	5	6	7	8	9	10	11	12	1	2	3
展葉						紅葉	落葉期				
開花					結実					開花	
	剪定								剪定		

早春に小型で黄色の花が連なって咲く

春の初め、芽吹き前に黄色の釣り鐘形の花が枝からつり下がります。樹形は自然に半球形に整います。

トサミズキは全体に一回り大きく、かたく太めの枝ぶりでボリュームがあります。ヒュウガミズキのほうが樹高も低く、枝も細くて華奢です。病害虫には強く丈夫ですが、大気汚染や塩害には弱いので注意が必要です。

冬の剪定は古い主幹を地際で切り取り、新しく伸びてくるひこばえを選んで伸ばして更新します。大きく株立ち状になるので、毎年全体の⅓程度の幹を切ります。

初夏の剪定では樹勢が強すぎる枝を付け根で切り、姿がよくてそれほど勢いが強くないものを残します。

ナンテン　南天

分類／メギ科　常緑低木　樹高／1～3m　花色／白　実色／赤
根／浅い　生長／速い　日照／ひなた～日陰　乾湿／やや湿潤
植えつけ／3月～4月上旬、9～10月

4	5	6	7	8	9	10	11	12	1	2	3
						紅葉					展葉
	開花						結実				
									剪定		

冬に実る吉祥の赤い実が魅力

「難を転じる」に通じることから、冬に赤く色づく実が縁起がよいとされます。生け垣や高木の根締め、庭の点景にも使われます。

病害虫も少なく、強健で育てやすい木です。耐陰性が強く、ひなたから半日陰のどこにでも植えられる適応力のある木です。ただし、花つきをよくするには、半日陰より明るい場所に植えます。乾燥も苦手です。

冬の剪定は、下枝を切り払い、株元をすっきりさせます。株元から新しいひこばえが生えてくるので、姿のよいものを選んで残します。実をつけた枝には翌年の花芽はつかないので、地際から切り取ります。高くなりすぎたら、低い位置で切り戻します。

ニシキギ　錦木

分類／ニシキギ科　落葉低木　樹高／2～3m　花色／緑　実色／赤
根／浅い　生長／中間　日照／ひなた～半日陰　乾湿／中間
植えつけ／3月下旬～4月上旬、10月中旬

4	5	6	7	8	9	10	11	12	1	2	3
展葉						紅葉		落葉期			
	開花					結実					
		剪定							剪定		

真っ赤に燃えるような紅葉と翼のある枝

紅葉が深紅で美しく、赤い実も実ります。萌芽力が強く、刈り込みにも耐えます。

ひなたを好みますが半日陰でも育ちます。枝の左右の節間にコルク質の「翼」があるのが特徴です。

冬に全体の約⅓の枝を切り取るようにします。横に大きく張り出した下枝や徒長枝を幹の付け根で切り取ります。

地際からひこばえを出し、株立ち状になるので、強く伸びるものや混み合ったものは切り取り、姿がよいものを選んで残します。主幹は数年で更新します。

古い主幹は地際で切り取ります。初夏の剪定は、混み合ったところを間引く程度です。

バイカウツギ

梅花空木

分類／アジサイ科（ユキノシタ科） 落葉低木 樹高／2～3m 花色／白
実色／褐色 根／浅い 生長／速い 日照／ひなた～半日陰
乾湿／中間 植えつけ／3月下旬～4月上旬、10月中旬～11月

4	5	6	7	8	9	10	11	12	1	2	3
展葉						紅葉	落葉期				
	開花				結実						
			剪定						剪定		

さわやかな香りがする清楚な純白の花

初夏に香りのよい純白の4弁花を咲かせます。

多く流通するのは西洋バイカウツギで、大輪や八重咲き種のほか、香りの強いものもあります。日当たりを好みますが、半日陰でも花が咲きます。春～初夏にアブラムシがつくので、多発する前に防除しましょう。

冬の剪定では、強く出た徒長枝と下垂枝、混み合った枝を付け根で切り取ります。新梢の枝先に花をつけるため、枝の先端ばかりを切ると翌年、花が咲かなくなります。

株元から出たひこばえは、細いものと混み合ったものを切り取ります。古い主幹には花がつかなくなるので、地際で切ります。全体の約$\frac{2}{5}$を切り取ります。

ヤマブキ

山吹

分類／バラ科 落葉低木 樹高／1～3m 花色／黄金色 実色／赤
根／中間 生長／速い 日照／ひなた～半日陰 乾湿／中間
植えつけ／3月下旬～4月上旬、10月中旬～11月

4	5	6	7	8	9	10	11	12	1	2	3
	展葉					紅葉	落葉期				
開花					結実						
		剪定								剪定	

明るい黄金色の5弁の花が印象的

春に咲く黄金色の5弁花は美しく、この花色を山吹色と呼びます。八重咲き種のヤエヤマブキは古くから親しまれています。繁殖力が強く、半日陰でも育ちます。

地下茎で株が横に広がり、地際から細いひこばえが多く出て株立ち状に広がります。広がりすぎる場合は、ひこばえを早めに地際で切り取ります。

古い主幹は地際で切り取り、更新させます。新しく伸びてくるひこばえは、姿がよく、樹勢が強すぎないものを選んで残します。

強い徒長枝は、付け根から切り落とし、混み合った枝も幹の際で切ります。全体の$\frac{1}{2}$程度の枝を落として、樹冠を小さくします。

樹木名索引

＊茶色字は写真掲載ページ

あ

か

さ

た

参考文献

『図解 自然な姿を楽しむ「庭木」の剪定』(平井孝幸、講談社)
『手入れがわかる雑木図鑑』(平井孝幸、講談社)
『心地よい庭づくり Q&A』(平井孝幸、主婦の友社)

Staff

装丁・本文デザイン/矢作裕佳(sola design)
撮影/松木 潤、柴田和宣(主婦の友社)
写真協力/福岡将之、林 将之、アルスフォト企画、
澤泉美智子
写真提供/有限会社石正園
図版・イラスト/高橋デザイン事務所(高橋芳枝)、
カワキタフミコ
校正/大塚美紀(聚珍社)
構成・編集/澤泉美智子(澤泉ブレインズオフォス)
編集担当/柴﨑悠子(主婦の友社)

取材協力

戸木田恵子、離岸 GALLERY & CHANOYU、
ひらしま産婦人科・皮膚科、小山邸、吉川邸、船橋邸

有限会社 石正園(せきしょうえん)

〒202-0023　東京都西東京市新町3-7-2
TEL:0422-52-1058　FAX:0422-53-9647
代表:平井 孝幸(ひらい たかゆき)

石正園 Webサイト　http://sekishoen.jp/

新《しん》版《ばん》
大《おお》きくしない! 雑《ぞう》木《き》、花《か》木《ぼく》の剪《せん》定《てい》と管《かん》理《り》

令和5年12月31日　第1刷発行
令和6年 6 月10日　第3刷発行

著　者　平《ひら》井《い》孝《たか》幸《ゆき》
発行者　平野健一
発行所　株式会社主婦の友社
〒141-0021
東京都品川区上大崎3-1-1　目黒セントラルスクエア
電話　03-5280-7537(内容・不良品等のお問い合わせ)
049-259-1236(販売)
印刷所　大日本印刷株式会社

©Takayuki Hirai 2023 Printed in Japan

ISBN978-4-07-456007-3

Ⓡ〈日本複製権センター委託出版物〉
本書を無断で複写複製(電子化を含む)することは、
著作権法上の例外を除き、禁じられています。
本書をコピーされる場合は、事前に
公益社団法人日本複製権センター(JRRC)の許諾を受けてください。
また本書を代行業者等の第三者に依頼してスキャンやデジタル化することは、
たとえ個人や家庭内での利用であっても一切認められておりません。
JRRC〈 https://jrrc.or.jp eメール: jrrc_info@jrrc.or.jp 電話:03-6809-1281 〉

■本のご注文は、お近くの書店または
主婦の友社コールセンター(電話0120-916-892)まで。
＊お問い合わせ受付時間　月～金(祝日を除く)10:00～16:00
＊個人のお客さまからのよくある質問のご案内
https://shufunotomo.co.jp/faq/

@主婦の友
に参加しませんか?
本好きのあなたの声をお聞かせください
● 図書カードやベストセラー書籍などのプレゼント
● 編集会議やモニター会などのイベント
● 会員限定のお得な特典あり!